AF600015

BRUCE LEE.
LAS REVELACIONES DEL DRAGÓN

ALBERTO SANTOS

José Ramón Sales

Bruce Lee

Las revelaciones del dragón

Alberto Santos

Alberto Santos, edición.
Carlos L. García-Aranda, correcciones, diseño de cubiertas, diseño y maquetación.
Fotografías cedidas por **Jesús Bajo**

Letraedro Ediciones, S. L.: Alberto Santos & Carlos L. García-Aranda.

1.ª edición: febrero, 2026

Imágica Ediciones.
Alberto Santos Editor.
Tlf: 619 94 00 62.

Impreso en España.

Impresión y encuadernación: Imprime Tu Letra.

Dep. Legal: M-2844-2026.
ISBN: 979-13-991587-0-0.

www.albertosantoseditor.com
santoscastilloa@gmail.com
AlbertoSantosEditor
@ASantosEd
@albertoseditor
@albertosantoseditor

A los admiradores de Bruce Lee,
presentes y futuros.

Agradecimientos

Aunque la franqueza es una virtud un tanto perdida, no puedo dejar de afirmar y agradecer que Alberto Santos, bajo cuyo sello editorial ha publicado *Bruce Lee. La senda del luchador*, en 2018, y *Operación Dragón. Historia de un clásico*, en 2023, es algo más que el editor de estos libros y del presente. Él es el auténtico responsable de que estas obras hayan sido escritas, pues su admiración por Bruce hizo florecer mi entusiasmo para abordarlas.

En todos mis libros menciono a Mario García. Nos conocimos en el otoño de 1979, en el inicio del *Bruce Lee JKD Club*, y fue una de las primeras personas en inscribirse. Desde entonces somos grandes amigos, y juntos hemos ido desgranando la vida y todo lo referente a Bruce Lee.

Me precio de ser amigo de Jesús Bajo, el gran coleccionista en torno a la figura de Bruce y gran conocedor de su vida, cuyos aportes fotográficos son inestimables a la hora de crear los libros que he escrito sobre Bruce. Además, desatendiendo a menudo su propia e increíble página de Facebook, no duda en ayudarme en calidad de moderador con el grupo de Facebook *Bruce Lee. La senda del luchador*. Nos conocimos en la época del club y es entrañable que ahora, en la madurez, estemos juntos hablando a las gentes de Bruce desde una óptica realista.

Un agradecimiento especial tengo para Carlos Ortiz, alumno y amigo, cuyas entrañables fotos han amenizado los capítulos dedicados al *jeet contact*.

Tengo que recordar y agradecer también todo el cariño y apoyo que recibí de mi añorado José Vicente de Juan, cuya desaparición en septiembre del 2022 me priva de uno de mis mejores amigos. Él y Concha, su mujer, fueron las primeras personas en matricularse cuando abrí mi gimnasio en Valencia. A partir de aquí iniciamos una amistad y creamos un vínculo profundo. Se ha ido antes de ver publicada esta obra y *Operación Dragón. Historia de un clásico*, pero al menos vio nacer *Bruce Lee. La senda del luchador*.

A lo largo de la vida, y como ya cito en los agradecimientos de mis otros libros sobre Bruce, son muchas las personas que han formado parte de la mía en relación a Bruce, ya sea como socios del lejano club, o bien como alumnos durante mi larga etapa como profesor de artes marciales. Pero, entre todo el conjunto, debo mencionar a mis amigos malagueños, María Eugenia y Javier Vilchez, ya que un buen día entraron en mi vida como embajadores de buena voluntad, y Javi, a pesar de mis reticencias, siguió alimentando la pequeña llama que aún pervivía en mi interior en relación al mundo de Bruce Lee. Esto sería muy importante de cara a los años posteriores, en los que comenzaría una vez más mi andadura junto al que considero mi guía en las artes marciales y uno de los más significativos en la vida. En relación a la presente obra, tengo que decir que fue Javier el primero en mostrarme y sugerirme la imagen que vemos en la cubierta del libro, y que Jesús Bajo ha facilitado con la calidad que se requería.

Para finalizar, mi agradecimiento a Bruce, quien ha hecho de la aventura de vivir algo más divertido y gratificante, llenando mi mundo con amigos, momentos irrepetibles y otorgándome un camino de profesión y de vida.

Índice

De tu actitud mental dependerá cómo lo interpretes;
como un escalón o como un tropiezo.

Bruce Lee

Introducción

Esta historia empezó hace más de cincuenta años con la muerte de un hombre, un individuo que en aquel momento era prácticamente desconocido en España, así como en Europa y en casi la totalidad del mundo. Visto así, es un curioso principio.

Bruce Lee dejó el mundo de los vivos el 20 de julio de 1973, y desde ese preciso momento su fama no ha dejado de crecer, hasta el punto de que hoy en día apenas hay alguien en el planeta que no sepa quién es. Así pues, y esto es un dato importante, su fama se crea y consolida después de su muerte.

Yo nací en 1953, así que contaba con veinte años cuando falleció. He cumplido, pues, setenta y dos años en 2025. Una nada despreciable cantidad de vida, parte de la cual ha seguido evolucionado junto al tema de Bruce, su filosofía y el JKD que creó. Mucho tiempo, quizá demasiado. Esta afirmación puede resultar extraña, siendo quién soy dentro de este mundillo, pero tiene una explicación plausible. La respuesta se halla contenida en la filosofía que emanaba de Bruce acerca del desprendimiento, ya que, si alguien pretende llevarla a cabo, debe también ser capaz de aplicarla al propio Bruce Lee, ya sea en el terreno filosófico o marcial, con el fin de no estancarse y hollar su propio camino. Él así lo comprendió y exhortó a ello, aunque a muchos les sea imposible llevarlo a cabo. Esto tiene una razón y una lógica aplastante, de la que hablaremos más adelante.

No hace falta que diga que he asistido al nacimiento de la leyenda de Bruce Lee y a su evolución a lo largo de estas últimas décadas. Si bien en este tiempo han ido saliendo a la luz una serie de aspectos y anécdotas sobre su vida y el JKD, el tronco del árbol permanece casi inalterable, sin importar la prolífica cantidad de libros que se escriben sobre ello, a veces solapándose unos a otros y repitiéndose en las premisas. Muchos de estos libros suelen carecer de objetividad; y esto es así porque, en general, están escritos por fans y seguidores; y es un hecho que nadie puede ser objetivo con aquello que ama o admira. En este sentido, el mejor libro que podría leerse sobre Bruce sería el escrito por un buen periodista. Alguien que llevara a cabo una gran labor de investigación, en la línea de *JFK. Caso abierto* (Philip Shenon, 2013), o *Marilyn at Rainbow's end: Sex, lies, murder, and the great cover-up* (Darwin Porter, 2012). Desgraciadamente, no es algo que hoy por hoy vaya a ocurrir.

Del prolífico panorama literario, capaz de ofrecer nuevas premisas, destacaría el devenido de las cartas de puño y letra de Bruce que salieron a la luz en 2021 sobre su drogadicción, y de las que hablaremos en uno de los capítulos. A esto habría que añadir algunos interesantes trabajos, como los que surgen de la pluma de Marcos Ocaña, y el publicado en diciembre del 2024 por Jaime Elías, *Bruce Lee vs. Wong Jack Man. El combate que cambió la historia de las artes marciales,* puesto que muchos son anodinas interpretaciones de unos y otros sobre los diversos aspectos anecdóticos del mundo de Bruce Lee, con ligeras variaciones. Es evidente que las gestas de los héroes y de las leyendas están condenadas a seguir narrándose una y otra vez a lo largo de la vida, no importa cuántas veces se hayan contado con los mismos o parecidos detalles.

En el 2023, el año en el que se conmemoró el cincuentenario de la prematura desaparición de Bruce Lee, son varios los libros que han visto la luz para recordar y rendir un sentido homenaje a quien ha sido el genio indiscutible de las artes marciales del pasado siglo. Puesto que el signo de mi vida me ha llevado en la madurez a estar todavía más cerca de este fenómeno mundial y generacional, quise sumarme al merecido tributo con *Operación Dragón. Historia de un clásico* (Alberto Santos, 2023).

Otro asunto, mucho más complicado, es el de la mencionada objetividad. En este sentido, y a pesar de mi trayectoria en el tema, nunca he sido un fan al uso, quizá debido a mi propia y fuerte personalidad.

Esto me ha permitido mantenerme siempre en mi propia línea de vida, pues mi carácter díscolo e intelectual dificulta que sea devoto de cualquier hombre o mujer, por importantes que sean. Esta es mi única arma para combatir esa deformación que surge de estar conectado emocionalmente con el objeto del estudio, como he citado antes.

Todavía más difícil es el hecho de no caer en la apática repetición a causa de todo lo que ya se ha hablado y escrito sobre Bruce, que no es poco. Así pues, con la idea siempre en mente de de ser lo más original posible y no aburrirte, he compilado una serie de temas de interés generacional que, por otra parte, son idóneos para conmemorar su recuerdo, traspasado ya el umbral del medio siglo.

Bruce Lee. Las revelaciones del Dragón no es otra biografía. Si estás interesado en la vida y anécdotas de nuestro héroe, te remito a cualquiera de las muchas que se han editado. Mi anterior libro, *Bruce Lee. La senda del luchador* (Alberto Santos, 2023) tampoco lo fue. Este dio origen a un grupo en Facebook, y en los últimos siete años he podido darme cuenta de los temas que más suelen interesar al aficionado, y de los que me hago eco en este libro, además de algunos otros francamente reveladores, conformando lo que puede ser mi libro más personal sobre Bruce Lee. Pero antes de adentrarte en

la obra, te pido lo mismo que pidió Bruce en su famoso ensayo *Hacia la liberación personal* de 1971, cuando expresó:

«Espero que mis camaradas practicantes del arte marcial lean los párrafos siguientes con amplitud de miras, dejando atrás la carga de las ideas preconcebidas y de los prejuicios; este acto, dicho sea de paso, tiene fuerza liberadora por sí mismo; al fin y al cabo, si una taza es útil, es por estar vacía».

Voy a ser muy sincero y honesto en todo lo que exprese, tal y como exigiría el propio Bruce, y lo primero y necesario será que sepas algo más sobre mí, en caso de que no me conozcas.

A estas alturas de mi vida, cuando ya he dejado atrás la juventud, y hasta la etapa de madurez, para entrar de lleno en esa en la que se suele acumular cierta sabiduría, caso de estar atento, soy objetivo cuando afirmo que acumulo un cierto conocimiento en el área que nos ocupa.

Alberto Santos, una persona con muchos años de experiencia en el mundo editorial, como admirador de Bruce, llevaba unos años acariciando la idea de publicar un buen libro sobre él. Sin embargo, no quería un libro como los que veía, dedicados a adular al héroe en cada página. Así pues, buscaba una persona entendida, a ser posible con una trayectoria profesional, y que hubiera vivido la vida y el día a día bajo la influencia y filosofía de Bruce Lee; y más importante aún, la hubiera experimentado en las diferentes etapas del camino. Cuando me contrató como escritor para publicar la saga de Aristarco de Alejandría, supo quién era e influyó para que escribiera algo importante sobre Bruce y mi nexo, y así surgió *Bruce Lee. La senda del luchador*.

Los que me conocen saben que, al margen de haber creado en los ochenta el Bruce Lee JKD Club de España y haber publicado para los socios cien fascículos con todo lo referente a Bruce, me he dedicado a recorrer profesionalmente su camino filosófico y marcial durante treinta años. También dediqué casi diez años de mi vida a investigar y a estudiar en profundidad todo lo referente a la filosofía y al arte marcial de Bruce, de 1974 a 1983, traduciendo todo aquello que me pudiera interesar y me proporcionara más y más conocimiento. No creo que muchos hayan sido capaces de realizar una labor de investigación tan exhaustiva como esta en aquella época. Por todo ello, y gracias además a mi bagaje cultural e intelectual y a mi fundamental labor como escritor, creo que estoy en condiciones de decir que sé muy bien de lo que hablo cuando abordo una serie de temas sobre Bruce Lee, como los que este libro ofrece. En una palabra, y sin pecar de pretencioso, haber creado un club sobre Bruce Lee y escrito 100 fascículos privados durante su existencia, haberme desarrollado profesionalmente como maestro enseñando la ideología de Bruce durante treinta años y escribir libros me ha otorgado una cierta peculiaridad. No deja de ser un llamativo tres en uno.

Como ya habrás intuido, me he pasado la vida de cara al público, explicando, enseñando, rebatiendo; y aunque me ha proporcionado felicidad y entrañables momentos, también me he desgastado lo mío con los extremistas de Bruce Lee, que son como una especie de fundamentalistas de una religión.

Fue en 1985 cuando creé mi propio sistema de defensa personal, amparado en la filosofía de Bruce, que fue reconocido y homologado por la United States Karate Association, a través de su filial española. No es fácil crear un sistema propio de artes marciales, por lo cual comprendo muy bien todo el proceso que vivió Bruce. Desde luego, podría haber fracasado estrepitosamente, pero lo estuve enseñando durante tres décadas y viví de ello. Siempre me digo que, si no hubiera sido un buen sistema, no habría durado más de uno o dos años.

Como artista marcial, he entrenado a gente de muchos estilos, incluidos boxeadores. Unos venían con la taza llena, pero otros deseaban ampliar conocimientos y mejorar, si cabe, lo que practicaban, gracias a una filosofía tan flexible. Algunos querían mejorarse en competición, como de hecho lo hicieron con deportes de contacto como el *full contact*. Mi experiencia, pues, en este campo ha sido también larga y variada, al igual que como preparador físico.

Hay tres cosas que sí he observado durante todo este tiempo y recorrido: 1. Que la cultura y el intelecto refuerzan cualquier tipo de enseñanza. Por eso Bruce era tan peculiar, ya que aunaba destreza física con una gran cultura y no cesaba de leer y estudiar. 2. Que no hay más ciego que el que no quiere ver ni más sordo que el que no quiere oír. Bruce solía expresarlo con la analogía de la taza de té. 3. Que, dependiendo de las décadas y generaciones, el tema de Bruce, y sobre todo el del JKD, parece mutar como las células del coronavirus.

Gran parte del actual malestar está causado por los nuevos gurús de la información en las redes sociales, los cuales han contribuido a ofrecer una imagen distorsionada de Bruce Lee, promoviendo los equívocos. No en vano se habla de estos tiempos como «la era de la desinformación». Desgraciadamente, muchos jóvenes no cuestionan lo que ven en Youtube y similares, y creen a pies juntillas todo los que estos «especialistas» dicen. Te podría asombrar la cantidad de expertos sobre Bruce Lee que hay hoy día. Todos parecen saber mucho, hasta que entran en mi punto de mira.

A pesar de lo petulante que pueda parecer, Bruce y yo tenemos muchas afinidades. No sé muy bien si se debe a las influencias del entorno y el carácter, o que salimos de fábrica con ciertas peculiaridades, pero desde muy joven analizaba ya la vida, y esta impropiedad me causaba disgustos con los más allegados. Algo similar dice Marcos Ocaña de Bruce, cuando cita en su libro del 2019, *Bruce Lee. El guerrero de bambú,* algo que profeso desde mi adolescencia: «Su interés por los numerosos aspectos de la naturaleza y el comportamiento humano [...]».

Por otro lado, tras una vida mecida en este tipo de lecturas y análisis, rebuscando en la filosofía y en el tema de las religiones, casi por necesidad uno se encuentra contemplando la globalidad de estas expresiones humanas, y ante el lado factual no puede dejar de hacerse un montón de preguntas. Entonces, como respuesta, se busca entender cómo trabaja nuestra mente. Y esto es así porque se trata de la raíz de la que surgen las demás premisas. A este respecto, veamos la anotación de Bruce en su diario, en 1961: «He empezado a leer algo de material sobre el comportamiento de la mente».

Esto mismo me ha pasado a mí, excepto que mucho más tarde, puesto que no he ostentado la capacidad de lectura que tenía Bruce siendo tan joven. En mi caso, me adentré hace unos años en «el pensamiento crítico», que es el proceso de la mente para gestionar todo lo que percibe. Es tan importante, que le dediqué un capítulo en *Bruce Lee. La senda del luchador*. Un libro cuyo núcleo ya estaba escrito, gracias a todos los subrayados y anotaciones hechos en los libros que he ido leyendo durante años, y que luego recopilé para la obra. Dan Lee, alumno y amigo de Bruce, fue testigo de algo similar cuando un día visitó la biblioteca de este: «Saqué un libro de taichí del estante y vi que muchos textos habían sido subrayados, rodeados de un círculo y con palabras escritas aquí y allá. Parecía que Bruce había escrito muchas notas con respecto a sus pensamientos, comentarios y críticas».

Pero si hay algo que en verdad me define como persona, es lo que Marcos Ocaña comenta sobre el carácter de Bruce: «[...] y, como todas las personalidades relevantes, no inclinado a seguir a la multitud».

No me tengo como persona relevante, aunque sí peculiar, y no soy dado a demagogia alguna. Todo lo contrario, fiel a mis principios, más bien me muestro algo irreverente con las formas más tradicionales, aunque estén enraizadas en las culturas y en las sociedades. No seguir a la multitud significa, ya de entrada, una oposición deliberada a los patrones clasicistas de pensamiento y, por añadidura, me enfrenta a la mayoría de mis congéneres. Por edad y vida, por carácter y convicción, sé que será así hasta el final de mis días.

A lo largo de mi vida he asistido a lo que es algo connatural en el ser humano, y es su tendencia al dogmatismo. Todo el mundo regurgita el conocimiento adquirido como una suerte de sabiduría sin parangón; unas verdades incuestionables que, al parecer, dotan al individuo de la robustez necesaria de cara a la galería social y le hacen sentirse con los pies en el suelo, cuando la mayoría de ese conocimiento es de oídas, o bien a través de algún documental, en la tele o similar. Yo lo llamo «cultura doméstica». Unos y otros obran igual, en lo que parece un distintivo de los seres humanos. Nadie opta por contrastar lo que aprende, leyendo libros de expertos en las diferentes áreas. Al menos yo lo intento, y el resultado lo vierto aquí y ahora para ti.

Mientras escribo en la soledad de mi batcueva, acompañado de mis recuerdos y unos cuantos quirópteros, no dejo de pensar cómo Bruce habría abordado este libro. Quiero pensar que, ante todo, habría sido honesto, y esa honestidad prevalece en cada una de las páginas y de los sucesos, sean alegres o tristes, positivos o negativos. A él no le habría gustado una historia que ocultara ciertos asuntos y amañara otros. Los que así lo hacen, en un intento por ofrecer una imagen falseada e idealizada, obran mal. De todas formas, el tiempo es muy sabio y pone cada cosa en su lugar.

Soy consciente de que este es un viaje sensorial e intentaré no perderme por el camino. Cuento para ello con la guía de Bruce, que señala el camino a seguir, y con tu presencia como lector, la parte viva de este especial momento.

Bien, pues tras esta larga y necesaria presentación, creo que ya podemos seguir y adentrarnos en la obra. ¿Me acompañas?

Primera parte
El hombre y el artista marcial

1. Un breve y vital recorrido

Iniciemos el recorrido con un breve acercamiento a la vida de Bruce, que he compendiado de *Bruce Lee. La senda del luchador*, pues se trata de un efectivo resumen. Toda obra dedicada a Bruce Lee debería incluir algo así, pues nunca viene mal rememorar su vida a través de una concienzuda síntesis. Es ameno, sencillo y fácil de leer.

Empecemos.

Bruce llega a este mundo el 27 de noviembre de 1940 en San Francisco, entre las seis y las ocho de la mañana. Poco después aterriza en Hong Kong, donde vive hasta abril de 1959 y, como cualquier chico de su edad, se siente atraído por la farándula y las peleas. Que su padre fuera un buen actor de la ópera cantonesa le abre las puertas al mundo del cine y enseguida adosa en su piel un cierto regustillo por la interpretación. En total, si contamos con su primera intervención, con tan solo tres meses de edad, actúa en veintitrés películas. No está mal. Luego tenemos lo de su aprendizaje del wing chun en la escuela de Yip Man —un maestro tan mitificado a día de hoy como el mismísimo Bruce Lee—, sus flirteos con otros estilos de kung-fu, el campeonato de chachachá que ganó en 1958 y su pelea en la final del Campeonato Interescolar de Boxeo en la que se alzó como vencedor, amén de todos sus pleitos entre bandas en las azoteas de los edificios. De entre todo esto cabría resaltar lo del wing chun, como plataforma desde la que Bruce Lee comenzaría tiempo más tarde a desarrollar sus ideas de lucha y que tanto equívoco ha provocado entre los que intentan aprender el JKD.

Llega a San Francisco con dieciocho años y a los pocos meses se

El joven que iba a convertirse en una leyenda

traslada a Seattle, donde se inscribe en la Escuela Técnica Edison y comienza el calvario que sufrían muchos jóvenes de su edad: estudiar y trabajar. Cuando no estudia o entrena, trabaja en el restaurante de Ruby Chow. Tardó poco en empezar a reclutar a su mítico grupo de alumnos: Jesse Glover, Taky Kimura, Doug Palmer, Ed Hart, etc. Tras muchos entrenamientos con su gente en parques, garajes, aparcamientos y Dios sabe dónde, abre el Jun Fan Gung Fu Club, que cuatro meses después tiene que cerrar por falta de fondos. Todo ello poco después de haber ingresado en la Universidad de Washington en marzo de 1961, donde escoge Filosofía como especialidad. En 1963 publica *Chinese Gung Fu: The philosophical art of self-defense.* Ese mismo año regresa a Hong Kong, contrasta sus variaciones con Yip Man y es circuncidado. Más tarde tiene la suerte de ser excluido del servicio militar, gracias a que un testículo no le había descendido.

Al margen de estas anécdotas, a finales de 1963 abre el nuevo Instituto Jun Fan Gung Fu. En esta época conoce a Linda Lee y la relación parece correr pareja a la evolución de sus artes marciales. Tanto es así, que en verano abandona sus estudios en la universidad para centrarse en su carrera como profesor. En julio de 1964 abre su segunda escuela en Oakland, California, junto a James Lee, y se unen al grupo Bob Baker, el malvado boxeador ruso de *Furia oriental* (*Jing wu men*, Lo wei, 1972), Allen Joe, George Lee, etc. En agosto interviene en el Torneo Internacional de Kárate de Long Beach, en California, y días después se casa con Linda, tras solo diez meses de relación y condicionado en gran parte por el embarazo de ella. Durante el célebre torneo es descubierto por el peluquero Jay Sebring —una de las víctimas en la masacre que Manson llevó a cabo en la casa de Sharon Tate en 1967—, quien, tiempo más tarde, habló con William Dozier, el productor de televisión que le consiguió a Bruce su papel de Kato en la serie *El Avispón Verde* (*The Green Hornet*, 1966-1967). El 1 de febrero de 1965 nace su hijo Brandon. Es importante remarcar en esta época la pretensión de Bruce sobre su futuro como profesor de artes marciales y su relación con James Lee, quien lo introdujo, junto con Allen Joe, en el mundo de la musculación.

Durante 1966 alterna su trabajo como profesor con su interpretación en la serie de televisión. Ese año se realizan las sesiones fotográficas que en 1976 y 1977 constituirían la base de los *Bruce Lee's Fighting Method*, editados por Ohara Publications. Tras veintiséis episodios, en enero de 1967 cancelan la serie. Ese año participa en varios certámenes de artes marciales, aparece en el episodio número siete de *Ironside* (*Ironside*, 1967-1975), y comete un pequeño gran error: darle un nombre a su sistema de artes marciales, que presentó públicamente al mundo el 30 de julio en el Torneo Internacional de Kárate de Long Beach.

Todas las criaturas necesitan un nombre, pero en el caso del estudio, un tanto complejo y filosófico de Bruce Lee, dicho nombre se convirtió para la gente en una etiqueta que derivaría en una serie de malas interpretaciones. Esa es la razón por la cual el propio Bruce se pasaría el resto de su vida explicando que solo era un nombre. De esto hablaremos más adelante.

Tras el rodaje de *El Avispón Verde*, Bruce cae en un período de frustración. Se refugia en las artes marciales, abre otro Instituto Jun Fan Gung Fu —el tercero y más famoso de sus gimnasios—, al que se adosan: Dan Inosanto, Ted Wong, Dan Lee, Herb Jackson, Richard Bustillo, Jerry Poteet,

Larry Hartsell y demás; prácticamente la flor y nata de la primera generación de sus alumnos. Comienza a impartir clases a gente famosa, cobrando buenas minutas que le brindan la oportunidad de acceder a ciertos papelitos en algunas series de televisión. Entre los famosillos destacaba Steve McQueen, quien influyó mucho en Bruce Lee en cuanto a lo del estatus cinematográfico y social se refiere. Otros fueron James Coburn, Stirling Silliphant, James Garner, Roman Polanski, Blake Edwards, etc. Entre 1967 y 1969 interviene en algún que otro episodio en diversas series de televisión, siendo el más destacado el ya citado de *Ironside*. Coreografía las peleas de *La mansión de los siete placeres* (*The house of seven joys*, Phil Karlson, 1968), con Dean Martin, Sharon Tate y Nancy Kwan, y en 1969, gracias a Silliphant y a Garner, tiene una pequeña y aclamada intervención en *Marlowe, detective muy privado* (*Marlowe*, Paul Bogart). Por la gracia de Stirling Silliphant, obtiene un trabajo sin acreditar como coreógrafo de lucha en *Secretos de una esposa* (*A walk in the spring rain*, Guy Green, 1970). En abril nace su hija Shanon, y al finalizar 1969 cierra las escuelas. Los motivos eran variados. Algo nace y algo muere.

Y llegamos a 1970. Bruce es un reconocido artista marcial que aparece en publicaciones especializadas como *Black Belt* y se desenvuelve bien con sus clases privadas a precios astronómicos, pero su carrera como actor sigue en paro. El proyecto de rodar *La flauta silenciosa* (*The silent flute*) junto a James Coburn lo embelesa y pone en él todos sus esfuerzos mentales y físicos. En agosto se lesiona gravemente la espalda baja —ya había sufrido otras lesiones de espalda en 1964 y 1968— y durante varios meses alterna la cama y la silla. Le dijeron que ya nunca podría lanzar patadas y que debería olvidarse de las artes marciales, lo que le produce una conmoción. La envergadura de la lesión lo obliga a tomar cortisona para aliviar un dolor del que no se desprenderá jamás y volverá a sufrir durante la mayoría de entrenamientos y rodajes de películas. Pero además de los terribles dolores, estaba la frustración. Todo parecía venirse abajo. Las facturas se acumulaban y no se veía una salida a corto plazo. La depresión no tardó en aparecer. Sin embargo, la cita de Nietzsche, «Lo que no te mata te hace más fuerte», parece adquirir pleno significado en el talante y la filosofía de un luchador nato como Bruce. La nota con la famosa frase «Walk on» («Adelante»), en su escritorio, le recuerda que, aunque la vida te derriba a menudo, debes volver a levantarte y continuar, con más fuerza, si cabe.

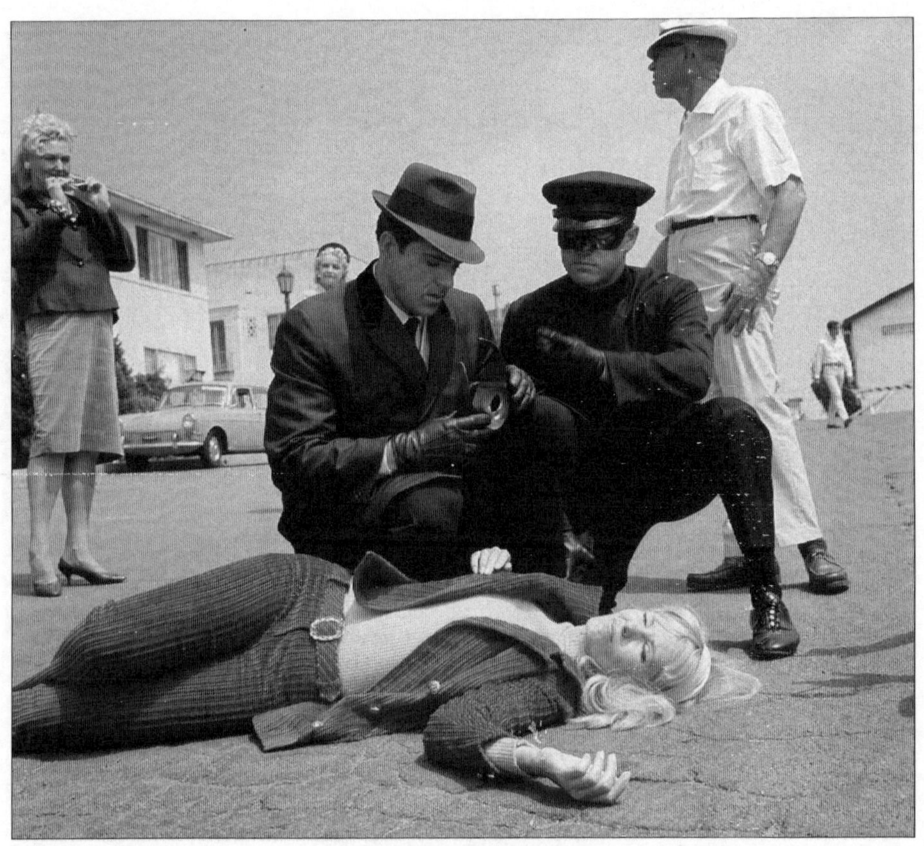

El Avispón Verde (1967)

Bueno, pues tenemos a un Bruce Lee envuelto en una de las etapas más difíciles de su vida, ensimismado con hacer trabajar a tope su cerebro con el fin de compensar la merma física. Es en este duro período en el que avanza con sus apuntes técnicos y filosóficos en torno al JKD, convirtiendo la adversidad en pura energía potencial para avanzar. Todo este trabajo estaba orientado a la publicación de una obra que condensara toda su labor; aunque al mismo tiempo era reacio a tal cosa, pues no deseaba que su visión personal fuera tomada como una ley definitiva, a cumplir por todos aquellos amantes de las artes marciales.

El chute de adrenalina filosófica da resultado y, en enero de 1971, Bruce está en condiciones de reemprender su vida normal. Pero pronto recibirá otro duro golpe. En febrero, el proyecto de *La flauta silenciosa* se va al garete y esta melodía sería tocada años más tarde por David Carra-

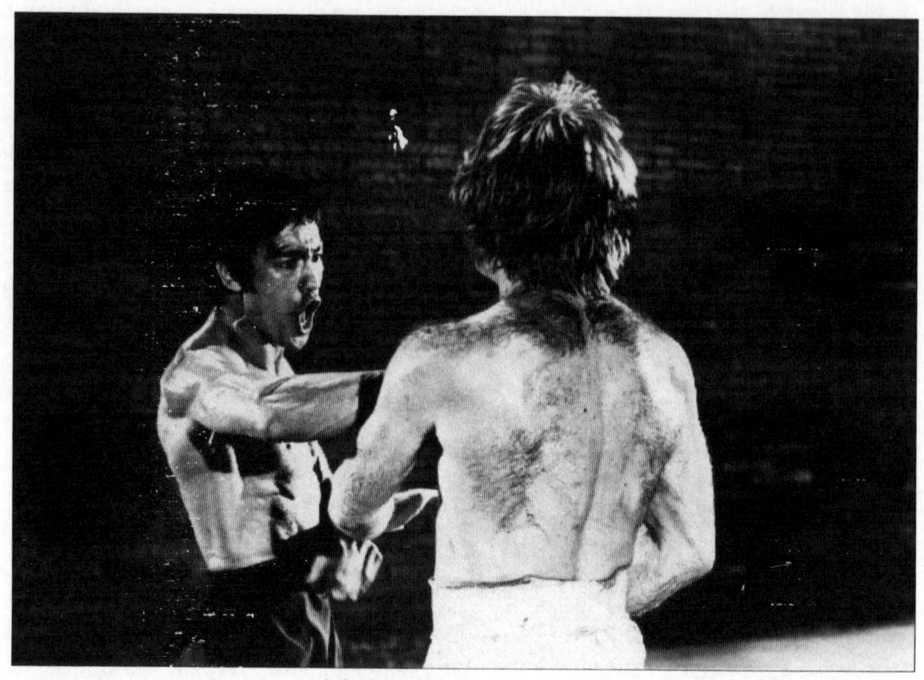

El furor del Dragón (1972)

dine, quien, a su vez, también le arrebataría el papel protagonista de la serie *Kung-fu* (*Kung-fu*, 1972-1975), una idea que Bruce había ayudado a desarrollar. No obstante, y para paliar el efecto, otro proyecto televisivo se cruza en su camino. Se trata de *Longstreet* (*Lonstreet*, 1971-1972), serie en la cual un episodio, *El camino del puño interceptor* («*The way of the intercepting fist*»), inmortalizaría para siempre su arte y su filosofía gracias a su alumno, el guionista Stirling Silliphant. Durante este año rueda tres episodios más de la serie, si bien ninguno tiene la relevancia del primero, en el cual Bruce enseña el JKD al detective ciego interpretado por James Franciscus.

Ya estamos en la recta final. En mayo, Bruce recibe la oferta de la productora china Golden Harvest, y en julio comienza en Tailandia el rodaje de *Kárate a muerte en Bangkok* (*Tang shan da xiong*, Lo Wei, 1971). Catorce días después del estreno se embarca en el rodaje de *Furia oriental*, en la que conoce a un jovencito Jackie Chan. *El furor del dragón* (*Meng long guojiang*, Bruce Lee, 1972), que comienza el rodaje en mayo de 1972, sigue a continuación, con un Bruce Lee ejerciendo un enfático control como productor, guionista y protagonista, amén de implicarse en el *casting*, localizaciones, música, coreografía de luchas y un sinfín de cosas más. Un éxito clamoroso lo envuelve. Dinero, fama, entrevistas en televisión, en prensa y radio. La locura desatada, multiplicada por mil en el animismo chino. A mediados de junio termina la posproducción de la película y, aún exhausto, en agosto comienza con el proyecto de *Juego con la muerte* (*Si wang you ju*, Robert Clouse, 1978). Bruce adelgaza, pero sigue con una energía aparentemente inagotable. Las escenas que rueda para su próximo filme son todo luchas largas y complicadas.

En octubre se paraliza *Juego con la muerte*, pues una oferta de Warner Bros. se cruza en su camino. Tras unas necesarias alianzas, se acuerda que sea una coproducción entre la filial americana y la productora Golden Harvest que dará como fruto *Operación Dragón* (*Enter the Dragon*, Robert Clouse, 1973), una de las mejores películas de artes marciales que se han rodado jamás, gracias a que Bruce Lee era la estrella principal.

Operación Dragón tiene un rodaje complicado en Hong Kong y Bruce tuvo que soportar, entre otras cosas, grandes presiones de uno y otro bando. El rodaje comenzó en enero de 1973 y concluyó con la finalización de la escena que abre el filme, a finales de marzo. Tal vez, *Sangre y acero*, el título que se barajó en primera instancia, habría sido el más definitorio.

Bruce Lee, más escuálido que nunca, como puedes apreciar en la última escena que rodó en vida junto a Samo Hung, tuvo un primer colapso en mayo, cuando doblaba en los estudios de la Golden Harvest las voces y gritos de la película. La tarde del 20 de julio sufrió el siguiente, y esta vez fue definitivo.

2. Bruce y Yip Man

Bruce y el legendario maestro se conocieron en 1953, el año en el que yo llegaba al mundo en medio de sentidos lloriqueos a causa de los cachetes que recibí nada más nacer, y que son el primer síntoma de la dura vida que a uno le espera. William Cheung presentó a Bruce al maestro que tanto ansiaba conocer, y Yip Man y su nuevo alumno congeniaron enseguida. Pero a medida que pasaban los meses, la creciente popularidad de Bruce generó cierta hostilidad, fruto de las envidias y recelos de los otros alumnos. Quedaba muy claro que Bruce estaba hecho de otra pasta. No solo se dedicaba a practicar obsesivamente en cualquier momento, sino que ponía en práctica, en combates callejeros, lo que aprendía. La presión creciente llegó a su punto álgido tras cinco años de estudio, cuando el alumnado de Yip Man lo conminó a que despidiera a Bruce de la escuela, alegando que no era un chino puro, ya que por el lado materno tenía ascendencia extranjera. Este es, a día de hoy, un asunto muy poco conocido, aunque muy interesante. Si quieres ahondar en ello, te remito al libro *Tracing my children's lineage* (Institute for the Humanities and Social Sciences, University of Hong Kong), publicado en el 2010 y escrito por el primo lejano de Bruce, Eric Peter Ho.

En esa época, era una falta grave enseñar a los occidentales el ancestral arte chino de la pelea, y a este descrédito se sumaba el hecho de que Yip Man podía quedarse sin alumnos de la noche a la mañana. La situación del gran maestro no podía ser más precaria, ya que estimaba a Bruce. Al final, la tabla de salvación vino de su apreciado alumno, pues, conociendo el problema, Bruce se dio de baja en la escuela con el fin de evitarle a su maestro mayores contratiempos. El agradecido Yip Man pidió a dos de los camara-

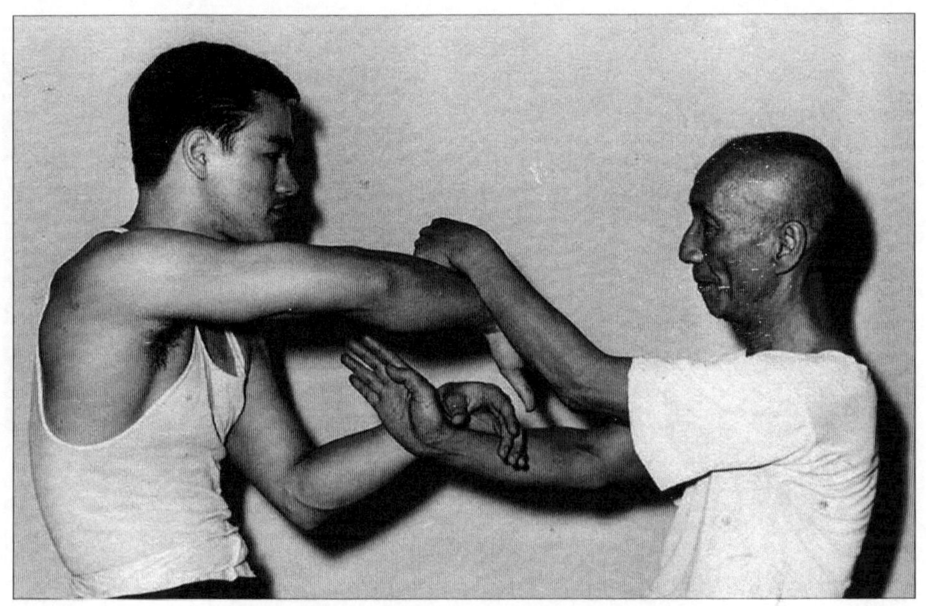

Bruce y Yip Man practicando chi-sao

das de Bruce, Wong Sheung Leung y William Cheung, que lo ayudaran en el entrenamiento para que siguiera evolucionando. Wong Sheung Leung, en una rueda de prensa dada en la década de los noventa en Hong Kong, dijo que, desde su punto de vista, Bruce era excesivamente ambicioso y deseaba abarcar demasiado. No obstante, Yip Man le dijo a Wong que Bruce era muy bueno en artes marciales. Visto así, no es raro que aspirara a lo mejor.

Bruce recordaba de aquella época con Yip Man:

«Cuando yo iba a kung-fu, Yip Man nunca les exigió respeto a sus estudiantes. Era incapaz de mantener el orden durante nuestras sesiones de entrenamiento. Los estudiantes solían dirigirse a él diciéndole "¡Oye, viejo!". Creo que lo respetaban igual que a un hombre de la calle».

El transcurso de los años no mejoró la relación con los alumnos de Yip Man, quienes veían a Bruce como una especie de renegado, incapaz de honrar a su maestro y a la escuela según las antiguas y arraigadas tradiciones. Bruce se había atrevido a mirar y a practicar otras artes marciales; y no solo esto, también se había dedicado a crear su propio estilo, valiéndose de las enseñanzas de su maestro y la escuela wing chun, algo que se consideraba un claro insulto. A este respecto, el libro de Mito Uyehara, *Bruce*

Una foto distendida de Bruce con su maestro, Yip Man

Lee. The incomparable fighter (Ohara, 1988), expone un comentario de Bruce dirigiéndose a Yip Man:

«Se mostró muy comprensivo cuando le dije que había cambiado completamente mi forma de pelear porque me di cuenta de las limitaciones del wing chun. Mostró un gran interés en el JKD, especialmente cuando le dije que el estilo evolucionaba a partir del wing chun».

Desde luego, la mejor forma de ilustrarle a su antiguo maestro la evolución alcanzada y las capacidades del JKD era realizar una demostración con sus alumnos. En este sentido, creo que Bruce deseaba resarcirse por todos los desagravios sufridos, y me imagino que sentiría una gran satisfacción cuando Yip Man aceptó e instó a los alumnos a que formaran una sola línea para luego elegir al primero que se enfrentaría a Bruce, que en este caso sería el alumno principal. ¡Cómo no! Bruce recordaría:

«El tipo estaba muy desconcertado por mis movimientos. Yo seguí entrando y saliendo, lanzando patadas y golpes, y no le di la oportunidad de recuperar el equilibrio. Supongo que se frustró, porque cada uno de mis golpes lo habrían dañado si yo no los hubiera controlado. El JKD es demasiado rápido para el wing chun, así que el siguiente alumno se sintió igual de frustrado».

Y, refiriéndose a Yip Man, añadió:

«Él sabía que mis técnicas eran superiores y quería conocerlas todas. Incluso me retuvo después de la sesión para poder hacerme más preguntas. Estaba realmente impresionado [...]. Quería incorporar mis movimientos y técnicas al wing chun».

Parece ser que Yip Man, después de todo, era más liberal que sus alumnos clasicistas; no obstante, ninguno de los apuntes que tomó ni las informaciones que Bruce le dio tuvieron efecto, ya que poco después, el gran maestro falleció, y esto trajo más roces con los afrentados alumnos. La animadversión hacia Bruce hizo que no lo avisaran en el momento del fallecimiento de Yip Man, lo que, a su vez, sería malinterpretado por los medios, que lo utilizarían, una vez más, en su contra, alegando la poca ética de Bruce al no asistir al funeral de su maestro. Por supuesto, el enojo de Bruce fue mayúsculo:

«Maldita sea, llevaron sus celos demasiado lejos [...]. Fui a ver su tumba, pero no es como asistir al funeral. Me sentí muy mal y decepcionado».

Prueba de la enemistad latente entre ambas partes es que la Wing Chun School no se dignó a asistir al posterior funeral de Bruce en Kowloon. Aunque tampoco acudió casi nadie de la comunidad de artes marciales de Hong Kong, ya que, a la creencia generalizada de que Bruce había traicionado a la escuela de wing chun y a su maestro a causa de su occidentalismo y de su JKD, había que sumar todas las disputas y rencores generados a causa de la dura crítica y de los ásperos comentarios de Bruce hacia las artes marciales tradicionales chinas y sus practicantes. De hecho, durante el período previo a su fallecimiento, apenas unos pocos amigos del wing chun mantenían contacto con Bruce.

Aunque parezca descabellado, hoy en día sigue habiendo gente que pone en tela de juicio el nivel de enseñanza que le prodigó Yip Man, en relación al que obtuvo de sus dos camaradas, o «hermanos mayores», tal y como allí se los suele nominar cuando existen lazos estrechos. Lo que estas personas no contemplan es el proceso de enseñanza y los tipos de sabiduría que ofrecía Yip Man, así como su entrelazamiento con diferentes áreas. Es más, desde mi punto de vista, el legendario maestro no solo le inculcó a Bruce la pasión por el arte marcial, sino que despertó en él el amor por la filosofía, ya que Yip Man era muy dado a filosofar en sus exposiciones, creando así una simbiosis que más tarde Bruce emplearía en sus enseñanzas.

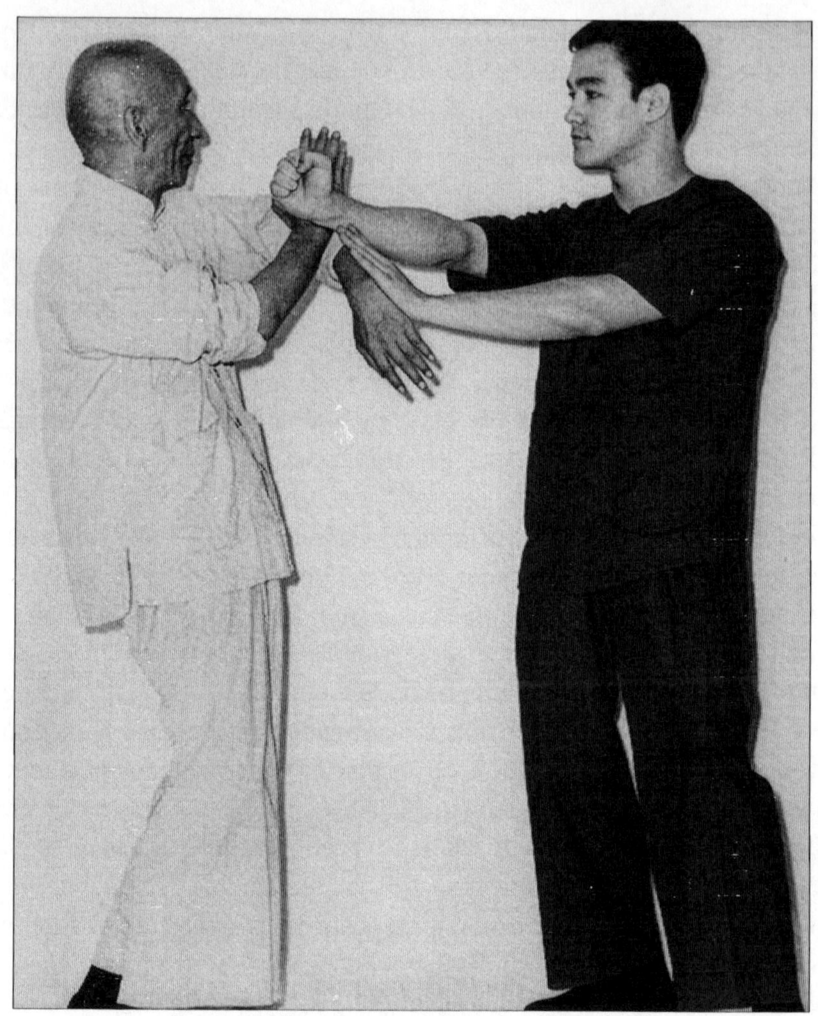

Bruce y Yip Man practicando wing chun

Lo que reluce como el sol es que Bruce consideraba a Yip Man como su buen profesor:

«Aunque soy consciente de que mi estilo es muy diferente al wing chun, para mí fue el único sifu que he tenido. Le estoy agradecido porque él me inició en las artes marciales».

¿Qué más se puede decir ante tanta insípida especulación?

Quizá, que el 20 de julio del 2013, en el programa conmemorativo de Hong Kong ATV, el especial de televisión titulado *Bruce Lee 40th death anniversary*, el hijo de Yip Man hizo unas declaraciones en relación a los rumores sobre Bruce y su padre:

«Mucha gente dijo que mi padre tenía una mala relación con Bruce, pero es absolutamente falso. De hecho, su relación fue siempre muy cordial, como la de un padre y un hijo. Bruce solía visitar a mi padre, incluso después de convertirse en una superestrella en Hong Kong».

Sin comentarios.

3. Hablando con Bruce Lee

Cuando Bruce volvió a Hong Kong en 1965, participó en un coloquio de artes marciales en el gimnasio de su amigo y reputado maestro Shiu Hon-san, en el cual participaron algunos periodistas, antiguos miembros del círculo de artes marciales de este maestro, así como amigos y unos cuantos de sus discípulos. En este informal encuentro, Bruce expresó sus teorías, en las que ocupaba un lugar preeminente la rapidez y el ataque, ya que su idea fundamental era que la iniciativa y el susodicho ataque debían ser lo principal. A continuación describo las contestaciones de Bruce a algunas de las preguntas que se le hicieron en este coloquio, publicadas en su día en algunas añejas revistas hongkonesas de los años setenta.

—¿Has estudiado el arte marcial extranjero?

BRUCE: Se comprende mejor una cosa si se la compara con otra. A decir verdad, hay bastante conservadurismo y supersticiones en el kung-fu chino. Si queremos desarrollarlo, es preciso diferenciar lo verdadero de lo falso.

—¿Cómo debería hacerse?

BRUCE: En mi opinión, desde el punto de vista práctico, muchas de sus influencias son inútiles. ¿Por qué dedicar tanto tiempo a aprenderlas si son impracticables?

—¿Quieres decir que hay que prescindir de esas influencias aparentemente bonitas, pero que no son prácticas en el combate?

BRUCE: Esa es mi opinión. Puede que vosotros no estéis de acuerdo. Cada uno tiene la suya. Es normal.

—¿Cuál es la diferencia entre el kung-fu y el kárate?

BRUCE: Creo que el kárate tiene menos variaciones que el kung-fu. Por ejemplo, en el kárate se suele dar un golpe de puño como este. —En ese momento, Bruce se levanta, realiza un golpe de puño ordinario y después otro extremadamente rápido y potente—. Este golpe se denomina «posición de pierna en arco, golpe de puño hacia delante» en el kung-fu. Mientras que en el kárate, para efectuar un golpe parecido a este, primero es necesario situar los dos puños en las caderas y después extender los brazos hacia delante, aprovechando el movimiento de las caderas para golpear.

—¿Qué piensas de esta forma de dar un puñetazo?

BRUCE: Bueno, esto depende de los casos. En mi opinión, en un combate real no es muy práctico preparar un puñetazo colocando los puños en las caderas.

—¿Y qué hay que hacer?

BRUCE: Hay que entrenarse para poder dar los puñetazos sin que importe en qué posición estés, pero no hay que olvidar que hay diferencias entre el entrenamiento y el verdadero combate. Yo estoy en contra de todas las restricciones o fórmulas fijas.

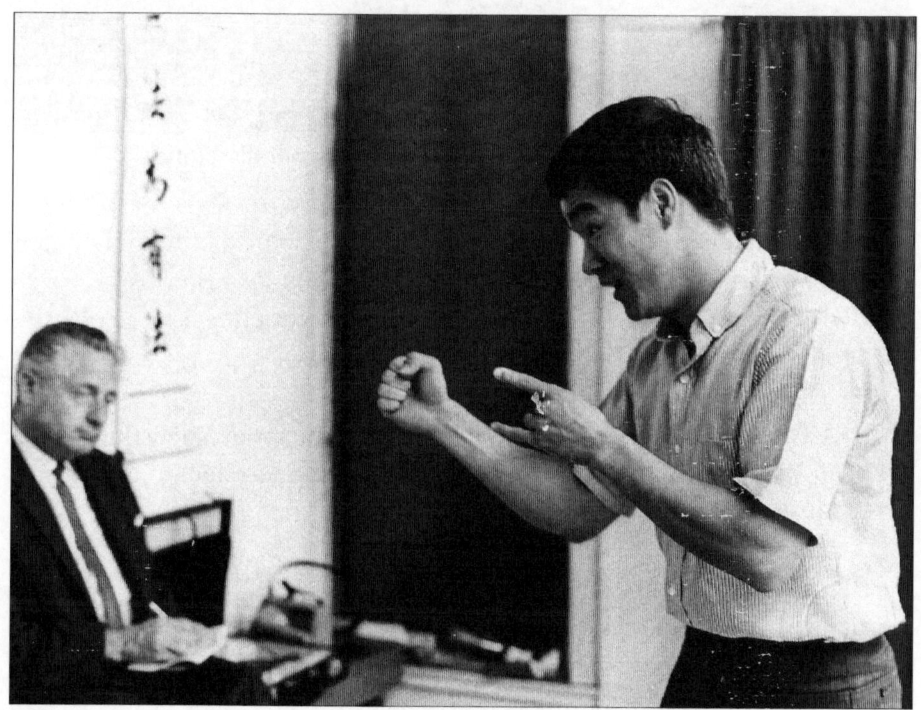

Bruce explica su teoría del ataque y la rapidez

No debemos tener ideas preconcebidas o limitaciones

—Muchos maestros han hablado de la rapidez, la exactitud y la potencia. Esto no lo has descubierto tú, pero ¿cuáles son los criterios?

BRUCE: Es preciso tomar un camino directo para llegar a ese objetivo de rapidez, exactitud y potencia.

—¿Podrías darnos algunos ejemplos?

BRUCE: A mi entender, entrenarse usando métodos superfluos no es un buen sistema. Por una parte, se requiere demasiado tiempo, y por otra, no se ajusta a la realidad.

—¿Qué realidad?

BRUCE: Los hombres tienen constituciones muy diferentes; unos son pequeños y otros grandes; algunos gruesos y otros delgados. Si en los entrenamientos se usaran siempre los mismos métodos y de la misma forma, ¿a quién convienen estas influencias?

—Tienes razón. En China, muchas enseñanzas, tanto en el dominio cultural como en el del arte marcial, tienen en cuenta las particularidades de cada disciplina para enseñarlas mejor.

BRUCE: A mí no me gustan los movimientos de baile o de gimnasia porque los considero una pérdida de tiempo. Los puñetazos y las patadas son inseparables de la posición de las piernas y de la utilización de la fuerza de las caderas. Si los movimientos y las posturas no están bien coordinados, el ataque será flojo. Por lo tanto, no basta con entrenarse ejecutando patrones fijos de movimiento para obtener potencia.

—¿Cuál es entonces la mejor forma de entrenarse?

BRUCE: Creo que, en la práctica, la máxima expresión del arte marcial no tiene una fórmula fija, ya que un método puede vencer o bloquear a otro, no importa en qué circunstancias. Hay algo que ciertos principiantes no entienden bien. Creen que los métodos de combate que han aprendido en sus diferentes ejercicios pueden siempre bloquear a otros métodos, pero eso no siempre es así. Creo que no debemos tener ideas preconcebidas o limitaciones.

—Así pues, tu opinión es que a partir de la forma se puede llegar a la «sin forma», y a partir de los límites se puede llegar también a los «sin límites». ¿Es eso lo que quieres decir exactamente?

BRUCE: Ese es el camino a seguir para entrenarse. En la práctica, es preciso variar y desarrollar la técnica. Al principio, el alumno debe aprender el golpe de puño y la postura de las piernas aplicando sistemas concretos, ya que es una etapa indispensable. Pero en el combate real, la aplicación debe hacerse teniendo en cuenta la circunstancia y las particularidades del adversario. Así, el desarrollo no tiene límite.

Como verás, escuchar a Bruce siempre produce un efecto de lo más insólito. Es como escuchar a un viejo maestro, que resulta modernista, encerrado en un cuerpo joven. Estas son declaraciones sinceras que se antojan lecciones, y en las que podemos observar su temprana ruptura del patrón clásico, un lastre que le impedía elevarse y evolucionar hacia lo que un par de años más tarde denominaría *jeet kune do*, con sus innovadoras mecánicas en pro de un todo más realista.

4. Un carácter enérgico

En los cincuenta años transcurridos desde el fallecimiento de Bruce, hemos descubierto, a través de innumerables textos y declaraciones, su enérgico talante y su lengua desinhibida, capaz de desatar las más calurosas polémicas. ¿Era algo intrínseco de su carácter o era una consecuencia de su denodada lucha contra una mentalidad que consideraba obtusa? La respuesta bebe de ambos postulados.

El carácter rebelde, arisco y deslenguado de Bruce se formó ya de adolescente en las calles de Hong Kong y perduró hasta el final de su vida. Desde su llegada a Estados Unidos, no dejó de abrir la boca para criticar con firmeza las enseñanzas de los estilos de lucha tradicionales chinos, un asunto que él definía como «nadar en tierra seca». El detonante que desencadenó su pelea contra Wong Jack Man surgió de este tipo de declaraciones y de la forma de exponerlas. Al igual que la mayoría, Bruce tenía dos caras, y la más oscura afloraba a veces, como en la carta que le escribió a su amigo James Lee el 7 de agosto de 1965, en la que se burlaba del derrotado Wong Jack Man, al que denominaba «el Corredor», y de paso ironizaba sobre la valía de un profesor cuando ya tiene cierta edad: «Al fin y al cabo, un hombre de setenta y tres años no puede permitirse ir por ahí usando la violencia física; en todo caso, la violencia verbal». Aquí hace patente su gran desconocimiento de la realidad. Yo tengo setenta y dos años y sé que todavía puedo ser bastante peligroso en cuanto a mi potencial y a mis habilidades marciales. En otra carta a su amigo, fechada en abril de 1968, sigue desatando su lengua: «Hay una exhibición nacional de gung fu organizada en Frisco. Un montón de idiotas estarán allí, incluido el Corredor. Me presentaré a mi amigo para darle un susto de muerte».

El genio de Bruce podía estallar de forma colérica.
Furia oriental **(1972)**

Dan Inosanto y William Cheung conocieron a Bruce como persona y artista marcial, y en una entrevista realizada en 1982 para la revista *Fighting Stars*, ambos coinciden en que el temperamento violento de Bruce era quizá su mayor debilidad.

En los años setenta, la madre de Bruce, Grace Lee, hizo unas declaraciones sobre diversos aspectos de su hijo que salieron publicadas en 1977 en la revista *Bruce Lee. The Fighting Spirit*. Uno de sus comentarios podría arrojar algo de luz en el tema que se aborda en este capítulo.

«Recuerdo que Bruce vino de Hong Kong a finales de 1970. Al poco de su llegada, me llevó con uno de sus amigos a comer. Su amigo aparcó el coche cerca del restaurante, pero cuando volvimos al lugar donde lo había estacionado, vimos que le habían pinchado los neumáticos del coche. Un hombre de rostro agresivo se paró cerca del coche, mirándonos despectivamente. Huelga decir que era el responsable de los pinchazos. Bruce se acercó a él y le gritó: "¿Quién ha sido el malnacido que ha hecho esto?". El hombre se sintió de inmediato aludido, se enfadó y le increpó a Bruce: "¿A quién te refieres?". El rostro de Bruce cambió como si hubiera explotado una bomba. Yo pensaba: "¡No te pelees con él!, ¡no te pelees con él!"; si lo haces, nos meteremos en problemas. En ese momento tan delicado, lancé un grito. Si mi enfurecido hijo hubiera golpeado a ese hombre, las consecuencias habrían sido serias, ya que podría haberlo matado o herido de gravedad. Mucha gente nos había rodeado y nos miraba. Alguien se refirió a mi hijo diciendo: "Creo que ese joven es Bruce Lee". Cuando el hombre lo escuchó, se asustó un poco y, pasado un rato, le ofreció la mano para disculparse. Así acabó esta desagradable experiencia. Francamente, estaba tan aterrorizada que casi se me salía el corazón por la boca».

Wong Ak-Chung, de la Golden Harvest, comentó en la entrevista para *Watch Movies Magazine* de China, titulada *Bruce Lee. Un dragón impulsivo*, que en la última etapa de su vida la personalidad de Bruce «cambió y se volvió muy inusual». Después relató el incidente con el director Lo Wei. Ambos tenían roces desde hacía tiempo por una serie de circunstancias, entre ellas, de tipo creativo, y porque además el director alardeaba de que Bruce le debía a él su fama de superestrella. Según Lo Wei, sin su labor como director, las películas no hubieran sido un éxito de taquilla, pues Bruce era un novato en la industria cinematográfica. Lo que Wong relató sobre aquella tarde del cinco de julio de 1973 no tiene desperdicio.

«Recuerdo que un día Lo Wei estaba viendo su nueva película en la sala AV de Golden Harvest y, no sé por qué, Bruce entró de repente y lo vio. Como había tenido disputas con Lo, verlo reavivó su furia. De repente, Bruce se sacó del cinturón un cuchillo de unos diez centímetros de largo. Lo estaba mirando la película y Bruce se paró frente a él y le dijo: "Me gustaría abrirte el estómago con este cuchillo y ver de qué color tienes el corazón".

»Lo estaba a punto de morirse de miedo y lo amenazó con llamar a la policía. Alguien llamó al 999 y la policía vino. Como yo no quería que el público se enterara del incidente, corrí a la entrada del estudio y le dije a la policía que no había pasado nada y que todo había sido un malentendido. Aceptaron algunos regalos míos, pero cuando un grupo de oficiales entró en el estudio para buscar el arma, Lo les dijo que Bruce la había usado para amenazarlo de muerte. No encontraron nada y Lo solo pudo declarar que Bruce lo había amenazado verbalmente y de forma muy agresiva. En realidad, habíamos escondido el cuchillo debajo de un gabinete antes de que llegara la policía, por eso no pudieron encontrarlo».

La policía le pidió a Bruce que escribiera y firmara una carta en la que se comprometía a no amenazar nunca más al director, y el caso quedó así cerrado. Lo que Wong no sabía es que, poco tiempo más tarde, se vería involucrado en un suceso parecido, y él mismo sufriría uno de los brotes de ira de Bruce.

«Estuve a cargo de una publicación de Golden Harvest llamada *Galaxy Pictorial Magazine*. Era una revista de entretenimiento. Un día publicamos un artículo que criticaba a Bruce y eso lo enfadó mucho. Alrededor del 12 de julio de 1973, Bruce no fue a buscarme a mí, sino que se dirigió al despacho de Raymond Chow y le dijo: "Wong Ak-Chung y yo somos colegas, ¿por qué ha publicado un artículo criticándome?". Raymond quiso ayudarme explicándole a Bruce que seguramente la crítica no era malintencionada, sino que trataba de ser constructiva. Sin embargo, Bruce insistió en verme. A Raymond no le quedó más remedio que llamarme y, cuando llegué a su despacho, Bruce me gritó de repente: "¡Siéntate!". Yo no sabía lo que había sucedido y le obedecí. Entonces, Bruce sacó su pequeño cuchillo del cinturón, me lo colocó en el cuello y me dijo: "La pluma que usas para escribir artículos es como mi cuchillo; si no se maneja correctamente, puede quitarte la vida". Realmente, yo no entendía lo que estaba pasando y le dije: "Bruce, por favor, cálmate y dime qué he hecho mal y en qué te he ofendido". Bruce dijo: "Este artículo de tu revista habla mal de mí". Le respondí de inmediato: "Si lo lees con detalle, verás que realmente no habla mal de ti; de hecho, es una crítica bienintencionada. Somos buenos amigos y colegas, nunca diría cosas malas sobre ti". Raymond Chow me ayudó a usar buenas palabras con él, y la ira de Bruce fue disminuyendo gradualmente. Una vez aclarado el malentendido, Bruce me estrechó la mano».

Estos sucesos abren la puerta que conduce a los últimos tiempos que

Su carácter le hacía realizar demostraciones en medio de cualquier coloquio

Bruce vivió en Hong Kong. En esa época, no fueron pocos los periódicos que trataron el aciago tema de la impulsividad de Bruce y sus nefastas consecuencias. Son muchas las publicaciones que surgieron durante 1971, 1972 y 1973 con motivo de esta tensión entre los medios de comunicación, la comunidad de artes marciales de Hong Kong y Bruce.

Puede que cuando Bruce pisó de nuevo Hong Kong, en 1971, para iniciar su aventura cinematográfica oriental, llevara consigo un oscuro sedimento en cuanto a los tremendos contrastes existentes entre las artes marciales clásicas, las enseñanzas tradicionales y las que él promulgaba. Desde hacía años, parecía abanderar una lucha personal con todo esto y nunca perdía la ocasión de hablar de ello en los diferentes medios que se le ofrecían. Lo que es cierto es que la llegada de Bruce a la ciudad aquel año acarrearía un vuelco en cuanto a la cinematografía china se refiere, y también un vendaval como portavoz de un pensamiento modernista y occidentalizado que se opositaba al de la China milenaria.

Sus severas críticas hacia lo que Bruce consideraba anticuado y fuera de lugar ofendieron a la Comunidad de Artes Marciales Chinas de Hong Kong y a un gran sector del público, que creía que estaba denigrando el kung-fu para demostrar la superioridad de su JKD. Tal vez si Bruce hubiera plasmado sus opiniones de forma menos contundente, habría ganado enteros entre su gente, que no tardó a verlo como a un hombre de actitud grosera y lleno de arrogancia.

Hoy sabemos, por las informaciones recogidas, que Bruce estaba en aquel entonces verdaderamente preocupado por cómo los maestros de Hong Kong se dedicaban a enseñar tonterías a sus alumnos, apartándolos de la realidad de la lucha. No puedo estar seguro, pero no sería extraño que se considerara a sí mismo como el adalid que clamara por una visión más realista de las artes marciales y cargara sobre sus hombros la gran responsabilidad de hacer ver a sus congéneres lo erróneo de sus conceptos y métodos anticuados. Por eso los exhortaba hacia principios más modernos y avanzados, que redundaran en una mayor eficacia del alumnado a la hora de pelear «de verdad». Visto así, la intención de Bruce era muy loable, pero no tanto los métodos poco diplomáticos que aplicaba. El carácter, la fuerte personalidad y la franqueza con la que se desenvolvía formaban un conjunto demoledor.

En noviembre de 1971, un joven artista marcial de 27 años, Lau Tat-Chuen, cuatro veces campeón de boxeo, experto en cha kuen y *mongolian wrestling*, en representación de la comunidad de artes marciales de Hong Kong, lanzó un desafío público a Bruce, que no lo aceptó porque consideraba que todos aquellos que lo retaban no tenían mucho que perder y porque, en caso de aceptarlo, solo conseguiría abrir la puerta a más retadores que no dejarían de molestarlo. De todas formas, Bruce nunca se libraría de estos desafíos, que parecían perseguirlo allá donde fuera en su ciudad. Por norma general, los evitaba, motivo por el cual la prensa se cebaba con él, tachándolo de cobarde, de tener miedo a perder y verse despojado de su fama y fortuna. Los medios consideraban que sería más digno que aceptara el desafío cuando provenía de un maestro de artes marciales cualificado. Todo esto hizo que una parte del público comenzara a poner en tela de juicio las habilidades de Bruce y su estatus en los Estados Unidos como gran luchador. Te podrás hacer, pues, una idea de la tremenda presión que Bruce padecía constantemente por parte de la opinión pública, razón por la cual podríamos deducir que Hong Kong fue el lugar que le propició su mayor éxito, pero también su mayor desdicha.

En el otro extremo de la balanza de esta pugna se sitúa la creciente popularidad de Bruce gracias al éxito de taquilla de sus películas, lo que hizo que, poco a poco, la comunidad de artes marciales de Hong Kong comenzara a verlo con otros ojos; a él y a su JKD. A partir de este momento se suscitó una ambivalencia entre los logros y aplausos que recibía en su ciudad y las opiniones más denigrantes que siempre solían llegarle de la prensa sensacionalista. Aunque también es verdad que él era el primero en ofrecerles suculentos sucesos que les permitían propagar este tipo de noticias. Uno de estos notables hechos es bien conocido por los seguidores y admiradores de Bruce, pero no puedo dejar de incluirlo aquí.

La TVB de Hong Kong lo invitó a un programa en el que se daban cita varios reputados maestros de la comunidad de artes marciales. La iniciativa podía considerarse un gesto de buena voluntad, a fin de estrechar lazos con la nueva y emergente estrella del medio. Bruce se dirigió a los estudios de televisión, teniendo en cuenta la petición de su mujer, que le pidió que no se alterara y fuera más tolerante con los viejos maestros, quienes,

Bruce y Lo Wei terminaron sus días enfrentados.
Fotograma de *Furia oriental* (1972)

ya dentro del programa, fueron presentándose, alardeando de su rango y de la escuela que representaban. Como era de esperar, los viejos maestros se mostraron bastante reticentes con Bruce y los comentarios capciosos en su contra no se hicieron esperar. Él intentó reprimir sus impulsos naturales, hasta que todo se desbarató.

En un momento dado, uno de los maestros se decidió adoptar una férrea postura marcial que, según declaró, era capaz de hacer desistir a quienes intentaran moverlo. Por vanidad o quizá por petulancia, enseguida invitó a los demás presentes a intentarlo, algo que uno a uno intentó sin éxito. Cuando solo quedaba Bruce, quien permanecía sentado e impertérrito ante el espectáculo, el maestro, un hombre de mediana edad, lo miró y lo invitó a que intentara moverlo, pero Bruce continuó sin hacerle caso. El maestro lo provocó, sugiriéndole la posibilidad de que tuviera miedo de perder su imagen de hombre fuerte si no lo conseguía, y se rio en su cara. Aquellas palabras agostaron su escasa paciencia e hicieron el efecto del medallón de Bruce en *Kárate a muerte en Bangkok*, porque, de un plumazo, hizo añicos el consejo de Linda y cruzó la línea que le impedía actuar. Se levantó y caminó despacio hacia aquel maestro, que lo aguardaba con tanto interés como todos los del plató, expectantes ante el intento de Bruce. Con una actitud fría y calmada, dominada por un semblante inexpresivo, cuando estuvo frente al hombre le lanzó un rápido golpe y lo derribó. ¿Puedes imaginarte la escena?

Todos se quedaron estupefactos. Los maestros allí reunidos increparon a Bruce por su comportamiento, ya que el maestro daba por hecho que iba a ser empujado y no golpeado y, por tanto, no estaba preparado para defenderse de un ataque sin previo aviso. Bruce se defendió, alegando que todo aquello solo eran trucos que nada tenían que ver con la lucha real. «¡Yo no empujo!», le gritó a la audiencia del plató. En cierta manera, no le faltaba razón, aunque la vía utilizada no era la más idónea. La pretendida buena postura de aquel maestro debía ser capaz de mostrar su fortaleza contra cualquier golpe, imprevisto o no, y no contra tontos empujes. Aquellas eran las cosas que sacaban de quicio a Bruce, y uno de los motivos que le hacían odiar a este tipo de maestros.

Puesto que el programa era pregrabado, el director de TVB decidió eliminar la conflictiva escena con el fin de evitar tan bochornoso espectáculo e incomodar a su audiencia potencial. Sin embargo, algo debió suceder, porque días después, el programa fue emitido íntegramente, con la escena en la que Bruce golpeaba al confiado maestro. Esto es lo peor que pudo ocurrir, porque para terminar de redondear el proceloso panorama, esa misma noche Bruce apareció en otro programa de televisión en el que habló sobre el incidente con Lo Wei y, a modo de práctica demostración, quiso hacer ver lo que le habría ocurrido al famoso director de haber utilizado su auténtico poder. Dicho y hecho, Bruce le propinó un fuerte empujón a Ivan Ho, el presentador y conductor del programa, que cayó y rodó sobre el sofá que tenía a sus espaldas. Años después, Ivan Ho dijo que Bruce no le causó daño alguno y que aquello había sido preparado de antemano; algo que no entiendo bien por el efecto negativo que podría tener, pues los espectadores de la época se tomaron aquello como un agravio y una patente provocación, amén de una arrogante prepotencia, por parte de Bruce. Como ya puedes suponer, la prensa trató a Bruce en consecuencia, y la comunidad de artes marciales empezó a ver el JKD como algo pernicioso, ya que un arte marcial que se dedica a pregonar que se debe utilizar cualquier medio para ganar, incluido morder, golpear a los ojos o a los genitales, era un modelo deshonroso para ellos. En consecuencia, creían que Bruce era un renegado que estaba corrompiendo las auténticas artes marciales chinas.

El amigo y mayordomo de Bruce, Wu Ngan, contaba que no mucho antes de su muerte, Bruce solía estar inmerso en las noticias de los muchos periódicos de Hong Kong, algunos de los cuales lo difamaban, sobre todo tras el escándalo de Lo Wei y lo ocurrido en la televisión. Bruce estaba furioso y se golpeaba la cabeza con los puños. Según él, se sentía incomprendido.

Para agravar más la situación, la prensa atacó con ferocidad a Bruce cuando se enteró de que había muerto en la cama de una estrella de mala reputación, lo que se consideraba impropio y vergonzoso para una persona como él. A esta opinión pública se añadía el hecho de que, en su momento, no asistiera al entierro de su maestro, Yip Man. Demasiadas cosas imperdonables que salieron a la luz para demostrar que el héroe muerto tenía los pies de barro. Fue un epitafio final y sin concesiones de un sector de la prensa.

La reluctancia de la comunidad china hacia Bruce persistió hasta el final. No solo lo boicotearon todo lo posible, sino que mostraron abiertamente su rencor al no hacer acto de presencia en su funeral en Kowloon. Pensaban que la deshonrosa muerte de Bruce era coherente con el resto de su persona y acciones, y los terribles ataques continuaron días después de muerto, algunos por boca de algunos miembros del clan wing chun. Otras escuelas involucradas en la dura crítica hacia Bruce fueron el clan Sang Tsin Kyun, el Tai Seng Pek Kwar, el Tai Chi, el Dragón Forma, el Crane White, el centro de fitness Lok Chi-Fu y la Asociación de Artes Marciales Chinas de Hong Kong.

Las dos caras de una moneda en la vida están aquí presentes. Para el gran público de su ciudad, Bruce fue una persona querida, pero para la prensa y la comunidad de artes marciales, significó todo lo contrario. Con el transcurso de los años, la popularidad de Bruce fue creciendo de forma generalizada en todo el mundo, y al final las reticencias de los sectores que le hicieron la vida imposible en su día terminaron por desvanecerse. Poco a poco conocerían más a fondo las avanzadas ideas de Bruce, su carácter y lo que pretendía, así como la validez del JKD y todo el rico legado que dejó.

5. No he competido, solo me han retado

Otro de los temas de los que se suele hablar constantemente es el referido a la valía de Bruce como «auténtico» luchador, ya que nunca compitió en torneos profesionales. La mayor parte de esta polémica la han provocado los expertos en artes marciales que han competido y compiten, y la han trasladado a quien pueda interesarse en el tema, creándole inseguridades.

Para empezar, esto demuestra una total ignorancia de quién era Bruce y qué es el JKD, pero también es un absurdo, porque es como decir que si no has ganado un premio de literatura, no eres un buen escritor. Por este motivo, James W. DeMile, el alumno de Bruce, decía que siempre disfrutaba explicando las diferencias a los que piensan que ganar trofeos y aplastar cabezas es lo mismo.

En una entrevista de 1982 para la revista *Fighting Star*, Dan Inosanto dijo que la competición no entraba en la filosofía de Bruce. Este le decía: «Si esa es tu meta, ¿necesitarás muchos trofeos? ¿No sería más fácil que te compraras algunos? ¿Necesitas fama? Entonces utiliza todos los medios y hazlo. ¿Qué es mejor para ti? ¿Con qué tipo de gente luchas en los torneos?».

Bob Wall, su compañero de reparto en *El furor del Dragón* y *Operación Dragón*, llegó a comentar:

«Me enseñó que hay un camino más honesto para expresar tu arte que recurriendo a torneos, porque él sentía que con ese sistema no alcanzabas la verdad. De cualquier forma, me hizo pensar en mi filosofía de las artes marciales».

Otra cosa que a la gente parece costarle entender es que el JKD es defensa personal y se rige por estos principios desde su origen, a pesar de que el propio Bruce induce a equívocos. Se debe tener en cuenta que, aunque competir siempre ha sido una característica humana dentro y fuera de las artes marciales, en Oriente se consideraba más un enfrentamiento íntimo entre clanes o escuelas. En Occidente siempre ha tenido otro tipo de connotaciones, algunas deportivas y otras como espectáculo y forma de ganar dinero.

A mi entender, los individuos que retaban a Bruce, como si fuera el revólver más rápido del viejo Oeste, solo buscaban cierta fama, al margen de ganar o no, ya que al menos podrían decir que habían peleado con Bruce Lee. Así que él, por sus características inusuales, no se libró de los retos a lo largo de su corta carrera. Nunca se trataba de medir cuestiones filosóficas o intelectuales. Las mentes simples se mueven mejor en el terreno de lo físico porque es lo único que los motiva, y quieren saber si saltan, corren o golpean mejor que tú.

Los retos entre bandas y escuelas eran algo corriente en Hong Kong y Bruce lo vivió. Más tarde, ya en Estados Unidos, continuó haciéndolo. Inosanto cuenta un ejemplo:

«Durante una de las antiguas demostraciones de Bruce, un japonés, cinturón negro de kárate, ofendido por sus opiniones, lo retó. Bruce intentó explicarle que no era su intención despreciar ningún sistema de lucha en par-

Durante el rodaje, Bruce tuvo que aceptar algunos retos de extras que deseaban medirse con él

ticular y que lo único que intentaba era clarificar sus propios métodos. Pero el experto de kárate insistió, exigiéndole un encuentro, y declaró públicamente: "No sabe nada. No escuchéis a este tipo". Así pues, Bruce se vio obligado a aceptar el reto. El retador quiso establecer ciertas reglas, como no golpear en la cabeza ni en la ingle. Bruce, yendo en contra de su propia disciplina, las aceptó. El karateca empezó con una fuerte patada, que Bruce se vio forzado a esquivar antes de golpear a su oponente. Cuando el breve combate terminó, el retador yacía en el suelo sobre un charco de sangre».

Quizá por la repercusión que tuvo el combate en sí, ya que tras él Bruce se replanteó su condición física y la aptitud del wing chun que practicaba, fue el duelo con el joven Wong Jack Man el que más lo influyó. Este famoso reto ya se ha comentado infinidad de veces, por lo que solo incidiré en los aspectos fundamentales.

Aunque las fuentes difieren, parece ser que lo que provocó el reto en la comunidad china de artes marciales de San Francisco fue el poco tacto de Bruce al hablar de la nula funcionalidad de la mayoría de dichas artes marciales. Inosanto lo resume a la perfección:

«Aparentemente, el reto era un ultimátum de la comunidad de artes marciales de San Francisco. "Estoy representando a esta gente de aquí", admitió Wong, señalando a sus seguidores. "O.K.", fue la sencilla respuesta de Bruce, que se enfadó cuando Wong sugirió que lucharían siguiendo unas reglas. "No estoy de acuerdo —replicó Bruce—. Vienes aquí con un ultimátum y un reto, confiando en que yo huya. Tú propones el reto, así que soy yo el que dicta las reglas. No obstante, por lo que a mí concierne, no hay reglas. Eso es todo"».

Linda Lee, en aquel momento en avanzado estado de gestación, dice que presenció el encuentro, que también relata en su biografía de 1976. Ella recuerda que duró pocos minutos y que, llegado a un punto, los seguidores de Wong Jack Man quisieron parar el combate, seguramente preocupados por la salud e integridad de su representante, que acabó siendo vencido y, claro está, ridiculizado. Bruce le confesó años más tarde a Inosanto que en aquel combate se sintió excepcionalmente cerca del fin, en el límite de sus capacidades, por lo que «reconoció de una vez para siempre las limitaciones del wing chun».

Desde mi punto de vista, y puesto que las versiones de uno y otro bando difieren entre sí y la credibilidad de Linda Lee ha sido puesta en tela de juicio a causa de, entre otras cosas, las reveladoras cartas del 2021, nunca sabremos a ciencia cierta lo acontecido. Personalmente, me decanto en favor de Bruce, aunque con ciertas matizaciones. Si estás interesado en profundizar más sobre este encuentro, te remito al libro de Jaime Elías Castro, *Bruce Lee vs. Wong Jack Man* (autopublicación, 2025).

El hawaiano Ronald Kealoha fue uno de los primeros discípulos que tuvo Bruce y entrenó con él de 1959 a 1964. El fallecido alumno dijo ser testigo de un duelo entre Bruce y un karateca cinturón negro que tuvo lugar en el National Guard Armory en Seattle. Según Kealoha, las disensiones tuvieron lugar cuando el mencionado karateca se personó en la escuela de Bruce con el fin de ridiculizar su estilo. Esto es algo que ya no debiera extrañarnos, porque Bruce era proclive a alegatos entusiastas en los que denigraba las artes marciales que consideraba obsoletas e inefectivas al ser aplicadas a una pelea. Ya sabemos que esto le granjeó amigos y enemigos. Sin ir más lejos, recordemos su agresiva perorata en el teatro Sun Sing en 1964, que provocó la pelea con Wong Jak Man. A día de hoy, conocemos algunos artículos de Bruce y fragmentos de sus disertaciones. La cruda rotundidad de esas afirmaciones y pensamientos lo hace merecedor de la animadversión de muchos artistas marciales, pasados y presentes. A mi entender, el problema no se halla en el carácter de sus declaraciones, sino en el modo de exponerlas.

Kealoha dijo que escuchó hablar del combate y que eso lo llevó a presenciarlo furtivamente. Según relataba, el contrincante de Bruce se dedicó a calentar con énfasis en una esquina del ring. En un momento dado, Bruce entró en el auditorio y paseó con suma tranquilidad hacia el lugar del encuentro con la cazadora sobre el hombro izquierdo y una sonrisa adosada al rostro. Con esa actitud recorrió el cuadrilátero, para luego saltar sobre las cuerdas y colgar la cazadora en uno de los postes.

Bruce giró sobre sí mismo y le preguntó a su oponente: «¿Estás preparado?».

Tal vez fuera el rictus sardónico de Bruce o su relajada actitud, pero el karateca se lanzó al ataque gritando y enfurecido. Bruce desvió el potente puñetazo y contraatacó con un cruzado derecho, al que siguió una andanada decisiva de golpes sobre el pecho y rostro de su agresor. Fin del combate. En tan solo unos segundos todo había terminado y el retador fue trasladado al hospital.

Bruce no podía salir airoso de estas peleas

Chan Wui-Ngai fue uno de los extras y especialistas que trabajó con Bruce en *Kárate a muerte en Bangkok* y *Operación Dragón*, y ya en su primera película en Tailandia recuerda:

«Lo conocí en Pak Cheong, Tailandia, mientras filmábamos *The Big Boss* [...]. Cuando vimos a Bruce, el recién llegado que acaba de pisar el lugar de rodaje, nos cayó mal de inmediato. Bruce lo notó al instante y, deliberadamente, le dijo a Lam Ching Ying que sostuviera un gran equipo de protección, que paeteó, y Lam voló varios metros de distancia. Estábamos todos conmocionados y aterrorizados. El kung-fu de Bruce era increíble. Lo vi bromeando con los especialistas tailandeses, que conocían muy bien el boxeo tailandés, y uno de ellos era un excampeón de boxeo de peso gallo, pero Bruce, simplemente, lo superó. Pensé que este tipo debía de venir de otro planeta».

Esto también lo corrobora Tony Lau, quien participó en todas las películas de Bruce e hizo el papel del hijo del malvado en *Kárate a muerte en Bangkok*.

«Durante el rodaje hubo muchos extras locales que habían practicado boxeo tailandés. Al principio, se mostraban muy poco cooperativos cuando Bruce coreografiaba las escenas de lucha, pero cuando venció a uno en una pelea, empezaron a colaborar más».

En el rodaje de *Furia oriental* tampoco faltó este tipo de incidentes. En una ocasión fue Bob Baker quien se encargó de poner al tipo en su sitio, interceptándolo con un puñetazo directo que lo mandó al suelo sangrando.

Linda Lee recuerda otro caso: «Mientras trabajaban en *Furia oriental*, uno de los extras de la película lo desafió, y Bruce jugó con él lo suficiente como para convencerlo de que estaba perdiendo el tiempo».

Del mismo modo, Alex Ben Block también comenta cómo Bruce se enzarzó en una lucha con uno de los actores que tenía un pequeño papel en *Furia oriental*, y cómo lo puso en su sitio.

De un modo u otro, siguieron surgiendo retos de todo tipo, como el de aquel extra de *Operación Dragón* al que Bruce también tuvo que poner en su sitio. Linda Lee lo recuerda:

«En *Operación Dragón* hubo cientos de extras. Uno de ellos insistía en retar a Bruce, diciéndole: "¡No me creo que seas capaz de hacer todo lo que dices!". Bruce, que no necesitaba en absoluto probarle a aquel hombre su habilidad o su hombría, trató de ignorarlo y se tomó a broma el desafío, hasta que finalmente le dijo: "No me importa lo que pienses"».

La consecuencia fue que aquel tipo empezó a fanfarronear diciendo que Bruce le tenía miedo. Bruce soportó la situación hasta cierto día que, de mal humor por todas las presiones que tenía encima, decidió enfrentarse a él. A las primeras de cambio, Bruce atacó y el tipo cayó al suelo como un bolo, con la boca ensangrentada. Se levantó, pero solo para ser derribado nuevamente. La furia de Bruce se esfumó casi tan rápidamente como había hecho erupción, y a continuación se dedicó a jugar con su oponente hasta que este abandonó el combate [...]. Como de costumbre, los periódicos tergiversaron la historia y contaron que Bruce había dejado casi inconsciente a su oponente. Al parecer, algunos periódicos disfrutaban incitando a Bruce para que se enfrentara a quienes lo retaban a un combate, y con frecuencia lo criticaban si no lo hacía. En cierto sentido, Bruce jamás podía triunfar. Si aceptaba un reto, lo tildaban de bravucón; si lo rehusaba, decían que era un presumido».

Bob Wall también lo recuerda:

«Lo ponían en un gran aprieto cuando la gente lo desafiaba, pues él nunca quería herir a nadie. Solo quería mostrarles que deseaba estar con ellos y no lastimarlos. Normalmente, Bruce eludía los desafíos, pero una vez, en Hong Kong, un chico que estaba sentado sobre un muro se dirigió a él en chino y lo desafió. Yo no hablaba ese idioma y pedí que me tradujeran las palabras del chico. Había dicho que Bruce era un falso, que solo era un karateca de cine y que realmente no era un buen artista marcial. Estábamos en un descanso entre tomas, así que Bruce le replicó: “Baja y pégame”.

»El chico saltó del muro y Bruce empezó a sentirse realmente molesto. Aquel muchacho era bueno, no era un principiante. Tenía fuerza y mostraba seguridad, y empezó a lanzar golpes a la cabeza de Bruce que él esquivó con rapidez. Enseguida hizo retroceder al chico hacia el muro de piedra y lo aprisionó con la rodilla derecha y la mano izquierda. Atrapó la mano del chico y lo golpeó, aunque pareció que solo le había tocado la mejilla. Después bajó la mano y le dijo: “Mira, eres mío”.

»Tenía bloqueado al chico, que no podía moverse y sangraba por la boca. Estando contra el muro, Bruce lo enderezó para que le dijese qué tenía contra él y qué buscaba. Después lo soltó y lo obligó a luchar hasta que no pudo mover un músculo.

»Finalmente, le dijo: “Que te sirva de lección. Quiero que lo comprendas”. Bruce estaba enseñándole. A continuación, añadió: “Mira, tu posición es demasiado abierta; estabas así”. E imitó su posición.

»El chico, con las manos temblorosas, dijo: “Usted es un verdadero maestro de las artes marciales”. Y se volvió a subir al muro.

»Era la primera vez que veía a Bruce realmente furioso, porque aquel chico de verdad quiso golpearlo. Al principio creí que Bruce se lo tomaría a broma, pero ese muchacho mostraba auténtico odio y quería golpearlo de verdad. Sin embargo, al vencerlo, Bruce se convirtió en su héroe. Lo había humillado con dureza, pero también le había enseñado algo sobre su arte marcial. Lo cierto es que Bruce llegó a golpear al muchacho, pero no quiso lastimarlo. Me quedé muy impresionado».

Dan Lee afirma que Bruce nunca tuvo miedo a los desafíos y estaba muy seguro de ganar, pero años más tarde lo llamó por teléfono y hablaron sobre ello. Bruce le dijo: «¿Por qué voy a molestarme en perder el tiempo con estos desafíos? Si alguien me reta, me pregunto si vale la pena o no. Sé que voy a ganarle, así que, ¿por qué debería desperdiciar mi precioso tiempo?».

Sin embargo, Wong Shun-Leung ofrece otra perspectiva cuando rememora, sin ambages, lo que un día le relató Bruce al respecto:

«Leung, déjame contarte un par de cosas que me pasaron. Un día, conocí en el estudio a un extra y cuando me acerqué a él, se puso a cuestionar la validez de mi kung-fu. Se veía claramente que se mostraba orgulloso de

Este tipo de peleas solían ser rápidas y terminaban al poco de empezar

lo que decía, así que le dije: "Si no dominas el verdadero y genuino kungfu, creo que nunca llegarás a practicarlo. ¡Eres un estúpido!". Entonces, aquel hombre me retó a una pelea. Me preguntó: "¿Cómo será la pelea?". Yo le contesté: "¡Pelea! Esa es la regla a la que jugamos". Con un grito, le lancé una patada al bajo vientre. Solo empleé una pequeña parte de mi energía, pero aquel muchacho no supo cómo defenderse y cayó de espaldas contra un tablero. Luego, lleno de furia, corrió hacia mí y volví a patearlo, pero esta vez en el pecho. Lo dejé lastimado. Estaba de verdad herido, pero no se quejó en ningún momento. Tras unos instantes, se acercaron a mí otros luchadores que querían golpearme. Fue entonces cuando el muchacho se disculpó por su forma de proceder. Aunque yo seguía indignado, pude ver el estado en el que se encontraba y no quise volver a lastimarlo. Lo dejé ir y ahí acabó todo.

»Unos días después, en el curso de uno de mis recorridos por Waterloo Hill Road, pasé junto a una obra donde se estaba construyendo un edificio. Cuando uno de los obreros me preguntó si quería luchar con él, salté por encima de un tablón, me paré delante de ellos y, ofendido, les pregunté: "¿Quién quiere pelear?". Ninguno respondió y me puse a insultarlos».

En mi libro conmemorativo de *Operación Dragón. Historia de un clásico* se habla más ampliamente de algunos de estos sucesos. Alex Ben Block, en *La leyenda de Bruce Lee* (*The legend of Bruce Lee*, 1974), establece una correspondencia directa con mi planteamiento al principio de este capítulo:

«Siempre recibía montones de retos, sobre todo por parte de otros actores de películas de acción que deseaban mejorar su reputación al superar al Pequeño Dragón. Y en las calles lo retaban matones que solo querían presumir de que habían luchado con Bruce Lee, o al menos de que habían conseguido retarlo».

Su amigo y colaborador, Mito Uyehara, llegaría a decir:

«Bruce no era el tipo de persona que evitaba las luchas cuando se le retaba. No podías fanfarronear porque él se enfrentaba con cualquiera [...]. Solía criticar a los demás, sobre todo en lo concerniente a las artes marciales. Tenía tanta seguridad cuando golpeaba a alguien que, llegado a cierto punto, decía: "Tu técnica no es buena. No puedes golpear a alguien con un golpe débil". Nadie se atrevía a refutar su opinión porque normalmente podía hacer lo que decía, pero su actitud no lo ayudó a ganar amigos en el círculo de las artes marciales. ¿Por qué era tan bueno Bruce en las escenas de combate de sus películas? ¿Era su saber hacer en la coreografía lo que le hacía tan bueno? ¿O era su carisma? Pienso que todo formaba parte de su éxito, pero para aquellos que lo conocimos personalmente, su técnica en el combate era su mayor recurso. Bruce podía permanecer inmóvil frente a su oponente y seguir imponiéndose. Creo que todo el entrenamiento que había tras él se reflejó en la pantalla».

A día de hoy, los detractores de Bruce siguen haciendo lo mismo que antaño, pues ya en su época denigraban su arte y valía y, como sabemos, algunos lo retaban. Si nos paramos a meditarlo, veremos que se trata de lo mismo, y si Bruce hubiera seguido vivo, habría tenido que seguir ignorando a esta gente o asumir los retos. Es el precio a pagar por ser el número uno. Las épocas se suceden, pero el comportamiento humano es el mismo ante ciertas situaciones.

Como me imagino que a estas alturas de la lectura estarás muy animado, ¿qué tal si en el siguiente capítulo ahondamos un poco más en algunos de los retos más significativos que vivió Bruce?

6. Yoichi Nakachi

Estamos en Seattle, en 1960, concretamente el 1 de noviembre. Bruce ya no podía soportar las continuas e impertinentes provocaciones de Yoichi Nakachi, un joven karateca de veintinueve años, cinturón negro segundo dan, que, amparado en su bagaje marcial, lo había retado en varias ocasiones desde que lo viera en su exhibición en la Escuela Técnica Edison y escuchara una de sus ofensivas disertaciones:

«De entre todos los atletas del mundo, solo en las artes marciales los hay gordos y en condiciones físicas lamentables. ¿Y sabéis qué? Suelen ser los instructores. Solo las artes marciales permiten que el instructor se justifique alardeando de lo que sabe [...]. Le basta con convencer a sus estudiantes de que es indestructible [...]. Se apoyan demasiado en los rituales, con tantas reverencias y posturas. Este tipo de defensa personal oriental es como nadar en tierra seca [...]. Esos tipos nunca pelean. Solo desean romper tablas de un centímetro de grosor, o dos ladrillos, o algo por el estilo. ¿Por qué? Eso no los convierte en luchadores».

Pero aquel día el asunto había llegado al límite. Según recuerda Jesse Glover, uno de sus alumnos:

«Un día, al salir de clase, Bruce estaba tan enfadado que apenas podía hablar. Le pregunté qué le pasaba y me dijo que iba a pelear con ese hijo de puta y que quería que yo fuera con él [...]. Por el camino me contó lo que había pasado. Nuestro amigo el karateca había enviado a un imbécil con el siguiente mensaje: "Si Bruce quería ir al hospital, solo tenía que ir a donde él se encontraba"».

Al parecer, Bruce estaba tan enfadado que necesitaba acabar enseguida con aquello, y quiso que ambos pelearan en la tercera planta de la escuela.

Bruce flanqueado por Jesse Glover (izq.) y Ed Hart (dcha.)

Pero Glover le hizo entrar en razón, explicándole que todos serían expulsados del centro si la pelea tenía lugar allí. Como alternativa, le propuso la cancha de baloncesto del Centro YMCA. Glover haría de árbitro, y otro de sus alumnos, Ed Hart, se haría cargo del cronómetro. Glover lo relató así:

«Bruce probó sus zapatos en el suelo y decidió que iba a pelear descalzo. Se quitó la camisa, y allí estaba, con su camiseta interior, cuando entró el karateca. Bruce hizo un par de flexiones de piernas y se quedó esperando a que comenzara la lucha. El karateca se puso su kárategi y realizó unos ejercicios de calentamiento. Bruce le preguntó si estaba seguro de querer pelear y él le contestó: "Sí, sí, sí". El combate se fijó en tres asaltos de dos minutos. Un derribo significaba ganar el asalto».

Podemos imaginarnos la escena: Bruce, de pie en medio de la cancha, adoptando su postura en guardia de wing chun; el karateca, con su uniforme blanco, su cinto negro y su pose de kárate, frente a él. Tensión en el ambiente. De repente, el karateca lanza una patada frontal al estómago de Bruce que él desvía con el antebrazo para, acto seguido, enviarle una rápida andanada de puñetazos, manteniendo la línea central. Sin poder hacer nada ante el furioso contraataque, el karateca pierde el equilibrio y cae al suelo. De rodillas y antes de que pueda levantarse, Bruce le propina una buena patada en el rostro. Fin de la pelea. El cronómetro de Ed Hart: ¡Once segundos!

Apenas empezada la pelea, ya ha concluido. Ahora recreemos la siguiente imagen. Vemos al tipo allí tendido, inconsciente y sangrando. Apenas hay sudor en su lívido semblante, pero la hemorragia nasal perla de puntos rojos el blanco uniforme. Glover prosigue su relato:

«Nunca había visto a una persona derrotada en un período de tiempo tan corto. Tenía miedo de que, si el hombre no estaba muerto, estuviera

El kárate y Bruce estuvieron reñidos. En sus películas, siempre los derrotaba

muriéndose. Tardó mucho en recuperar la consciencia. Cuando empezó a moverse, me sentí agradecido de que siguiera vivo. Tenía el lado izquierdo de la cara tan hinchado que no podía verle el ojo, y el derecho no tenía mejor aspecto. Más tarde supimos que sufrió una fisura en el cráneo, cerca de la cuenca ocular».

Yoichi Nakachi no pareció tomarse a mal la derrota. Según Taky Kimura, tardó más o menos una semana en volver a la escuela, y ante las aún visibles secuelas, alegó que había sufrido un accidente de coche. Casi puedo visualizarlo en el cinemascope de mi mente. ¡Pobre hombre, cuánta vergüenza pasaría! Las cicatrices físicas se curan, pero las emocionales duran toda la vida. Aunque parece que el japonés se lo tomó con aplomo, puesto que le pidió a Bruce que lo aceptara como alumno. Y, al igual que la rabia y las pulgas son al perro, el karateca siguió con su estólida postura, puesto que una vez dentro del grupo, ya en su primera clase, le preguntó a Bruce si podría derrotar a su ayudante, Taky Kimura. Increíble, ¿no?

Yoichi Nakachi duró poco tiempo en las clases de Bruce, que ya le había dicho a Kimura: «Mira, no vamos a enseñar demasiado a este tío porque es un listillo». Tal y como vemos, razón no le faltaba.

7. Wong Shun Leung

Wong Shun Leung fue uno de los maestros de kung-fu que se cruzaron en la vida de Bruce, y al que quiso darle un papel en su futura película, *Juego con la muerte*. Para ello, la Golden Harvest preparó una prueba de cámara. Bruce también le ofreció un papel secundario a uno de sus mejores estudiantes, llamado Wan Kam Leung, que entrenaba con el maestro desde 1962. La inesperada muerte de Bruce truncó el proyecto.

Wan Kam Leung fue entrevistado en un programa de radio de Hong Kong titulado *The Dragon seeks its way*, en el que relató una pelea entre su maestro y Bruce. A continuación expongo un extracto de la entrevista:

Locutor: ¿Hay muchas revistas que dicen que su sifu y Bruce tuvieron una sesión de combate de doce horas, a puerta cerrada, en la sala de entrenamiento de Bruce? ¿Era cierto?

Wan: Sí, estuve allí y fui testigo de todo. En realidad, no duró doce horas, sino cuatro o cinco minutos.

Locutor: ¿Cómo sucedió?

Wan: Todo comenzó cuando Bruce le preguntó al sifu su opinión sobre una de sus patadas. Entonces [...], comenzaron con gung sau («manos parlantes»). Después con chi-sao («manos pegajosas»), y luego con bok gik («combate libre»). Para ser justos, la patada de Bruce fue realmente rápida y asombrosa. Si hubieran estado en una verdadera pelea, dudo que el sifu hubiera podido derribarlo. Por supuesto, estaban luchando de forma amistosa [...]. Bruce tenía el torso desnudo y vestía un pantalón de chándal, y eso le dio más libertad para moverse y ejecutar sus golpes y patadas con flexibilidad.

Locutor: ¿Podrías describir más específicamente la pelea?

Wong Shun Leung (dcha.) en el set de *Operación Dragón*

Wan: Claro. El sifu usó sus líneas centrales favoritas para atacar y cerrar los huecos moviéndose rápido, obligando a Bruce a moverse hacia un lado y luego hacia atrás. Sin embargo, Bruce pudo evitar todos los golpes del sifu con mucha facilidad. La postura de caballo de Bruce también fue increíblemente ágil. Sus reacciones fueron rápidas y, cuando se retiraba o se movía, todos sus pasos eran muy coordinados y rápidos. Bruce le dijo al sifu: «No puedes quedarte quieto si tienes la intención de moverte. Los talones deben separarse del suelo y así los pasos se volverán ágiles. Si los talones no están fijos al suelo, tendrás una mayor movilidad y tu movimiento será más rápido. Sin embargo, cuando te estás preparando para luchar, tu talón debe evitar despegarse del suelo porque tu cuerpo estará flotando si tus talones se separan de él».

Locutor: ¿Qué comentó su sifu sobre esto?

Wan: Bueno, estuvo de acuerdo con el punto de vista de Bruce, aceptó el consejo y, desde ese momento, se adaptó a estos nuevos cambios.

Locutor: Entonces, ¿quién ganó el combate al final?

Wan: Ninguno. Estaban luchando por diversión. Debido a la limitación de espacio, se movían con cuidado, pero muy rápido y ágilmente. De hecho, el sifu estaba tan ansioso por derribar a Bruce, que pudo rechazar todos sus ataques y usó sus patadas rápidas para luchar. Honestamente hablando, las habilidades y la condición física de Bruce superaban a las del sifu, pero, para mostrar respeto, Bruce se contuvo para no herir al sifu. Recuerdo que después del combate, ambos se abrazaron. Bruce le dijo: «Ja, tus manos siguen siendo tan rápidas como antes y sigues siendo muy preciso en tu línea central». El sifu respondió: «Por supuesto, ya te he dicho y no olvides que soy tu sihing». Bruce sonrió y continuó: «Pero me moví más rápido que tú y evité tus ataques muchas veces». El sifu dijo: «Los evitaste una vez, pero no puedes evitarlos todo el tiempo, ja, ja, ja». Entonces, ambos siguieron peleando de una manera distendida. De hecho, Bruce aún respetaba mucho al sifu.

Locutor: ¿Qué otras cosas del sparring te impresionaron?

Wan: Me impresionó mucho la extraordinaria capacidad de patear de Bruce. Sus patadas eran muy agudas y rápidas. Podía patear cualquier parte de la zona superior del cuerpo, incluso a una distancia cercana. Sus

Bruce y Wong Shun Leung en el set de *Operación Dragón*

músculos estaban tonificados y bien definidos. Realmente lo envidiaba. Bruce me dijo que le costó mucho tiempo y esfuerzo entrenarse, y si a mí me interesaba y era capaz de aguantar el dolor, también podría desarrollar ese tipo de músculos. Sin embargo, me dijo que, al construir esa musculatura, debía conseguir explosividad y no rigidez. De modo que cuando golpeas, estás lleno de ese poder explosivo. De hecho, nos dio muchos consejos útiles.

Locutor: ¿Alguna curiosidad interesante después del combate?

Wan: Oh, sí, después de salir de la casa de Bruce regresamos a nuestro kwoon y descubrí que los brazos del sifu estaban magullados e hinchados. Afortunadamente, la manga larga le cubría los brazos y nadie notó los moratones. El sifu me dijo que había usado el tan sau del wing chun para esquivar las patadas de Bruce, pero no pudo evitar que le golpearan gravemente los brazos. Las zonas golpeadas estaban llenas de moratones.

Gran parte de la entrevista no viene al caso para lo que deseo plasmar en estos capítulos, así que es suficiente con lo que se ha expuesto para tener una idea de la habilidad de Bruce, tanto en la lucha real como en la de sparring. Pero pasemos al siguiente episodio, que no cambia la visión ya obtenida.

8. Hwang In-Shik y Ji Han-Jae

Chaplin Chang, que falleció en el 2020, ejerció la labor de jefe de producción en *El furor del Dragón* y la de asistente de dirección en *Operación Dragón*. En el 2013 publicó un libro con entrevistas a diversos personajes relacionados con Bruce titulado *The Bruce Lee they knew*. De entre ellos, quiero citar al amigo de Bruce, Robert Chan, pues no solo compartieron momentos de la infancia, sino que posiblemente fue el primero que influyó en Bruce en cuanto a la musculación, ya que era un ins-

Hwang In-Shik y Bruce entrenan para *El furor del Dragón*

Hwang In-Shik y Bruce en los exteriores para *Juego con la muerte*

tructor de culturismo. Robert Chan fue asistente de Bruce en sus dos primeras películas y desempeñó papeles menores en *El furor del Dragón* y *Operación Dragón*. Robert Chan Peng-chi falleció en el 2012, pero el eco de su voz resuena en el libro de Chaplin Chang:

«Cuando era un adolescente, Bruce era delgado y su cuerpo no estaba en buena forma, así que le sugerí que viniera conmigo a entrenar en el gimnasio. Bruce pensó que era una buena idea y vino al gimnasio a entrenar a diario; en consecuencia, su cuerpo se puso más y más en forma. Cuando regresó a Hong Kong en 1965, trabajó en el Hak Keung Gymnasium o Fitness Club».

Cuando se le preguntó si Bruce aprendió otros estilos de artes marciales, además del conocido wing chun, Robert Chan nombró el western boxing, el hung gar, el choy li-fat, la praying mantis y añadió la coletilla de un etcétera. También dijo que el maestro Siu Hon-San le enseñó varias formas de kung-fu de Jing Mo School, aunque matizó que a Bruce le gustaba utilizar el wing chun en las peleas callejeras.

Hwang In-shik ya era un gran artista marcial, especializado en hapkido y famoso por su habilidad en las patadas, cuando Bruce lo contrató para el papel de un experto en artes marciales a quien el jefe mafioso de la película pagaba para acabar con Tang Lung, el protagonista de *El furor del Dragón*, interpretado por Bruce. Según Robert Chan, durante el rodaje se jactaba de lo bueno que era en hapkido, y la mayoría del reparto decía que podía patear muy rápido. Muy posiblemente, el malestar en el ambiente se agravó debido a esas voces anónimas que gustaban de añadir leña al fuego para ver qué pasaba. Al final, Bruce decidió zanjar la cuestión proponiéndole a Hwang una competición de pateo ante la cámara, que registraría la acción cuando intentaran patearse el uno al otro con la mayor velocidad posible.

Ji Han-Jae y Bruce en *Juego con la muerte*

Ji Han-Jae y Bruce en el set de *Juego con la muerte*

«Cuando se dijo: "¡acción!", la pierna de Bruce, que era mucho más rápido que Hwang, ya había alcanzado la cabeza de este, mientras que la de Hwang aún estaba en posición de levantamiento. Después de algunas tomas, el resultado seguía siendo el mismo».

El caso de Ji Han-Jae es algo más notorio. Gran maestro de hapkido, Bruce lo llamó para interpretar al guardián de uno de los pisos de la pagoda denominada el Templo del Dragón. Puesto que era un reputado maestro, presidente de una asociación de hapkido en Corea del Sur e instructor de los guardaespaldas del presidente, su estatus le impedía moralmente ser derrotado en la pantalla por un actor de Hong Kong, así que las discrepancias llegaron a un punto culminante:

«Bruce entrenó con él y probó la habilidad de combate de Ji, pero el resultado fue decepcionante. Después de varios intentos, Ji no solo no logró vencer a Bruce, sino que fue completamente sometido por él».

Una vez más, llegamos al mismo punto. Mis arduas investigaciones siempre alcanzan la misma conclusión: que Bruce era un luchador excepcional. No solo se trata de una habilidad física, sino también de unos amplios conocimientos teóricos que llevaba a la práctica con total perfección.

9. Un hombre duro y rápido

Eunice Lam, la exesposa del hermano de Bruce, Peter Lee, relató en una entrevista un suceso que llegó a presenciar y del que se hizo eco Paul Lee, uno de los historiadores de Bruce. Sea verdad o ficción, ameniza el comienzo de este capítulo:

«En 1965, Bruce regresó a Hong Kong. Después de asistir a la función *Bienvenidos a los EE. UU.* en el extranjero, Bruce y Eunice tomaron un ferri de regreso a Kowloon. Como la brisa del mar era bastante fuerte, Bruce, que era un caballero, se quitó la chaqueta y se la puso a ella sobre los hombros, dejando al descubierto la camisa que llevaba debajo, que era de color rosa. Cuatro gamberros lo vieron y comenzaron a señalarle con los dedos y a reírse de él. Bruce les advirtió que se dejaran de tonterías o se meterían en serios problemas. Cuando el ferri llegó a su destino, los cuatro bajaron antes que Eunice y Bruce y esperaron a Bruce cerca de las astas de la bandera del muelle para retarlo a un combate. Bruce le pidió a Eunice que se hiciera a un lado y, en un momento, Bruce se movió como un destello hacia los cuatro. Eunice estaba horrorizada y sintió cómo, en un segundo, dos habían caído al suelo, otro había huido y el cuarto miraba con desconcierto, para luego arrodillarse en el suelo con las manos cubriéndole la cara».

James W. DeMile conoció a Bruce cuando este daba exhibiciones en la época en que ambos asistían a la Escuela Técnica Edison de Seattle. Durante una de esas exhibiciones, Bruce pidió un voluntario y James, que era un tipo fornido y excampeón de boxeo en las Fuerzas Aéreas en la categoría de peso pesado, creyó que no le resultaría difícil vencer a aquel pequeño chino de no más de 63 o 64 kilos. Pronto se dio cuenta del error e, impresionado por la habilidad de Bruce, le preguntó si le podía enseñar su estilo de lucha. Bruce accedió y James se convirtió en uno de sus primeros alumnos. El resto es historia. James falleció en el 2021, pero antes de su partida compartió algunos buenos recuerdos. Destaco la entrevista realizada en el 2005 por el historiador Paul J. Bax, quien ha llegado a entrevistar a muchos de los estudiantes originales de Bruce y recopilado algunas de esas entrevistas en su magnífico libro *Disciples of the Dragon: Reflections from the students of Bruce Lee. Deluxe edition* (Independently published, 2019).

James W. DeMile recuerda:

«Danny había visto a Bruce entrenar con Lewis y Norris y dijo que sería capaz de neutralizar todo lo que intentaran. Su capacidad para cerrar, atrapar y detener cualquier ataque era asombrosa. No lo dudé, puesto que yo había tenido ya una experiencia personal con sus habilidades. Bruce era un luchador callejero y ellos luchadores de torneos. Hay una diferencia clara entre ambas cosas. Siempre me ha gustado explicar la diferencia a aquellos que piensan que ganar trofeos y aplastar cabezas es lo mismo».

Esto nos conduce, a su vez, a una reflexión, pues habría que discernir quién es un auténtico luchador, el que gana campeonatos en torneos o el que sale victorioso en peleas callejeras.

Bruce con James W. DeMille

Bruce realizó rompimientos de tablas a pesar de que siempre estuvo en contra de ello

En el 2008, Dan Inosanto también se pronunciaría al respecto, cuando un aficionado japonés le preguntó y respondió que él y otro estudiante presenciaron cómo Bruce se peleaba con Joe Lewis y otros de los campeones que solían entrenar con él. El consenso generalizado es que Bruce hizo sparring con Joe Lewis, Chuck Norris, Mike Stone y Louis Delgado, y que estuvo muy por encima de todos ellos. Richard Bustillo, un estudiante de Dan Inosanto, dijo que presenció una sesión de sparring con Chuck Norris y Bruce, que dejó a Norris enrojecido. Según Inosanto, la mayor virtud de Bruce era su totalidad como artista marcial, y como tal, nunca vio un punto débil en él. Bruce era muy bueno lanzando golpes, bloqueando, barriendo, derribando y utilizando cualquier tipo de herramienta como los codos o las rodillas.

Pasemos a otro experto, a uno de los grandes en judo. Me refiero a Hayward Nishioka, cinturón negro noveno dan, que había ganado cinco campeonatos nacionales consecutivos, de 1965 a 1970, y que había alcanzado la categoría de ser el quinto en la clasificación mundial en los años 1965 y 1967. Por sorprendente que pueda parecer, Nishioka afirmaba que había entrenado con Bruce en los años sesenta. Dijo al respecto:

«Fue la persona más rápida que he visto en mi vida. En esa área, él era el rey, y lo sabía. Tenía esa misma arrogancia que tienen los estadounidenses. Bruce estudió y dominó muchas artes y técnicas diferentes y en el 72 y 73 era un artista marcial muy diferente al de los sesenta. El consenso que mantenían luchadores como Norris, Lewis, Wallace, Stone y Rhee acerca de Bruce era que lo consideraban el hombre más rápido, y posiblemente el más fuerte, que jamás habían visto. El maestro Rhee declaró categóricamente: "¡Le mostraba a Bruce una patada nueva, y una semana más tarde él era capaz de hacerla tan bien como yo!"».

En el libro del 2011, *Bruce Lee conversations: The life and legacy of a legend*, el autor, Fiaz Rafig, entrevistó a Nishioka y este se reafirmó en su creencia de que Bruce estaba capacitado para participar en torneos de «lucha por puntos», pero que era algo que no le interesaba. Otro de sus comentarios versa sobre las duras sesiones de entrenamiento de Bruce con Chuck Norris, Joe Lewis y Bob Wall, a quienes, a pesar de ser luchadores de primer orden, la extrema velocidad de Bruce superaba con creces. Era tan rápido que podía moverse dentro y fuera de su rango de visión antes siquiera de que ellos pudieran reaccionar.

Para Nishioka, Bruce era un adelantado a su tiempo. No solo se entrenaba con dureza extrema para un combate callejero real, sino que aplicaba una serie de técnicas especiales de entrenamiento y preparación física que no solían contemplar los artistas marciales de su época. Por esa razón sus habilidades eran muy superiores a las de cualquier luchador y lo hacían sobresalir entre el conjunto de artistas marciales de su tiempo.

Dice Nishioka:

«Cada vez que discutía con él, sentía que, independientemente de las técnicas o el contenido, siempre salía con algo nuevo. No tenía ninguna duda sobre su capacidad para participar en un torneo. En un combate real sin reglas y regulaciones, creo que Bruce era cuatro veces más aterrador que la competencia».

La dureza en el entrenamiento se manifiesta a una edad temprana en Bruce, como todos sabemos. Hay quien cree que, al margen de sus cualidades innatas, casi la totalidad de sus grandes habilidades se debía a su denodado esfuerzo en las muchas actividades en las que se involucraba, a un nivel que para una gran mayoría es poco menos que imposible.

Otro de los seres humanos que se cruzó en la vida de Bruce fue Roger Klay, quien, a principios de los sesenta, comentó sobre su aprendizaje con Bruce:

«Bruce podía ser duro. Recuerdo que una vez, en una de sus visitas a nuestra casa para cenar, se puso a entrenarme y empezó a patearme continuamente el empeine hasta que me hizo llorar. Mi padre tuvo que intervenir y detener la tortura. Bruce explicó que la lección era para enseñarme cómo

Bruce y Tony Lau en el set de *Kárate a muerte en Bangkok*

manejar un barrido y que debería haber movido mi pie fuera de la trayectoria. Cuando vi *Operación Dragón* y lo vi golpear a ese muchacho en la cabeza, en esa famosa escena sobre el dedo y la luna, empaticé con él».

Bruce era excepcionalmente duro en las artes marciales y en el entrenamiento. Para su amigo William Cheung, sus mejores recursos eran la velocidad, la potencia y la inacabable energía. No en vano uno de los dichos favoritos de Bruce era: «Si te has mojado todo el pantalón, has hecho un buen trabajo. Pero si te has mojado hasta las zapatillas, has hecho un trabajo excelente».

Según cuenta Mito Uyehara en su famoso libro de 1993, *The incomparable fighter*, cuando Bruce estuvo en las Bahamas en 1970 junto a Jhoon Rhee, durante una exhibición trató de romper cinco tablas que sostenía un voluntario. El primer intento resultó algo fallido, pero al segundo las rompió casi todas. Conociendo el talante de Bruce, aquello no podía quedar así. Por esta razón, un par de días después de regresar del viaje, llamó a Uyehara para decirle con gran entusiasmo que era capaz de romper tablas de dos centímetros de grosor, ¡dejándolas caer en el aire!

Tony Lau no solo participó en todas las películas de Bruce, sino que tenía previsto aparecer en la original *Game of death*. Como era de esperar, Tony llegó a entrenar con Bruce e intercambiaron confidencias, tal y como expresó en su entrevista para la revista *Wu Shu* en noviembre del 2011:

«Alguien que practica las artes marciales generalmente suele dar puñetazos mientras corre, pero Bruce era diferente, pateaba mientras corría y parecía que le resultaba muy fácil. Dijo: "El puñetazo debe ser tan potente como patear y patear debe ser tan ágil como dar puñetazos". Podía patear fácilmente la cabeza del oponente a muy corta distancia. Incluso podía hacerlo en cualquier ángulo dentro de un ascensor con personas alrededor. Su puño era como una bola de hierro unida a una cadena y parecía completamente relajado antes de golpear. Con frecuencia, Bruce hablaba sobre combate libre y kick boxing. Decía que cuando se participa en una pelea, se debe intentar aprovechar la oportunidad de los huecos y golpear al oponente en ese momento [...]. JKD significa que no bloqueo al oponente, pero evito su golpe y al mismo tiempo lo golpeo a través de los huecos [...]. El verdadero luchador sabe la importancia de controlar la distancia. Cuando quiera pegarte, golpeará en el punto, pero cuando trates de tomar represalias y golpearlo, no podrás hacerlo. JKD también hacía hincapié en la fuerza de la cintura, y es diferente del kárate. Una patada de kárate es solo una patada. JKD, por otro lado, utiliza la cintura y, con la cooperación del juego de pies, moviliza completamente la fuerza de la cintura para ejecutar la patada con vehemencia. Esto se llama "cintura y pies en la unidad"».

Mito Uyehara, responsable de los incomparables libros sobre el método de lucha de Bruce Lee, decía que este acechaba a sus oponentes como si fuera un animal. Estudiaba con rapidez los movimientos de su contrincante y se movía con astucia, atacando o retrocediendo según la estrategia del otro.

«Tenía un repertorio de técnicas que podía confundir a cualquiera. Se movía sobre sus pies con la ligereza de un bailarín de ballet. Sus puños eran duros como rocas; sus puñetazos, imposibles de bloquear, y sus golpes y patadas, más potentes que las de un peso pesado».

Uyehara afirmaba que era exasperante luchar con Bruce y que no importaba lo bien que retrocedieses, porque él siempre te alcanzaba. Y si intentabas golpearlo, se zafaba tan rápido que no podías tocarlo. El propio Jhoon Rhee le confesó a Uyehara:

Tony Lau (izq.) en *El furor del Dragón* (1972)

«Luchar con Bruce es frustrante porque está sobre ti antes de que te puedas mover. No sé cómo lo hace, pero no puedes golpear a un tipo como él».

Cuando uno lee las opiniones de los expertos en artes marciales que conocieron a Bruce, así como las de los alumnos y gente que lo vieron en acción, quedan pocas dudas sobre su inusual habilidad. No en vano es quien es hoy día. ¿Cuántos Bruce Lee conoces? Solo hay uno, y su fama trasciende el tiempo y las generaciones en el mundo entero. ¿Hay alguien del que se pueda decir algo así?

Segunda parte

Las variables del jeet kune do

10. Mente oriental y mente occidental

Hay una frase representativa de Bruce dentro del tema que nos ocupa, y que resuena por su lógica, ya que no admite discusión:

«Tu mente es consecuencia de un millar de días pasados».

No hace falta decir, pues, que estamos condicionados por el ambiente en el que hemos nacido y crecido. Somos un producto de la época, país y región en la que nos ha tocado vivir; y así, todas nuestras apreciaciones y verdades están filtradas y condicionadas por esta crucial circunstancia. Para cambiar esto, Bruce escribe:

«Limpia y disuelve toda tu experiencia para volver a nacer».

Yo diría que esto es un imposible. Según la comunidad científica, nuestro ser ha quedado atrapado por todo lo que hemos aprendido durante la etapa infantil, hasta los seis u ocho años aproximadamente. Y aunque no lo parezca, actúa desde el subconsciente.

Es evidente que no es lo mismo estar imbuido en una cultura china o japonesa que en una europea o americana. Si eres tibetano, hindú o esquimal, tu mentalidad no se parecerá a la de un ruso, alemán o inglés. Todas nuestras creencias y nuestra forma de ver las cosas se supeditan a la cultura de la que formamos parte. Así que, de la misma forma en la que Bruce no podía sacarse de encima su heredad como chino, yo soy, pienso y actúo como un occidental. Como tal, tiendo a lo pragmático y me apoyo mucho en el pensamiento científico, sobre todo en lo referente al proceso cognitivo. En otras cuestiones, tales como la religión o lo místico, echo mano del «pensamiento crítico». Otro asunto bien diferente es el que tiene que ver con la espiritualidad, la cual puede extraerse y sentirse en diversas cosas y medios.

Como antes cité, ya de adolescente demostré un talante agresivo y pe-

Bruce llegó a Estados Unidos con su cultura y tradición chinas

culiar sobre la vida, la sociedad, las costumbres y los pensamientos, lo cual redundó en estudios y análisis profundos. Al llegar a la madurez, y siguiendo la directriz de la libertad y el no apego que tanto proclamaba Bruce, aunado al conocimiento y a la experiencia que promueve la vida ya vivida, he obtenido unas conclusiones definitivas. Como resultado, puedo ver, observar y analizar algo sin dejarme llevar fácilmente por los postulados, ya sean orientales u occidentales.

Los orientales no son tan prácticos como los occidentales; ellos ponen más énfasis en los misticismos, espirituales o no. Una misma cosa, explicada desde una perspectiva oriental, se suele mover con una deliberada lentitud y circunloquios dentro de un alambicado mundo de metáforas y aforismos, con tendencia al misticismo. A veces suelen recurrir a un nudo de leyendas o cuentos en forma de parábolas para definir algo que en su raíz es bastante simple para una mente occidental.

Leí una de estas parábolas en boca de Bruce y, tras una larga exposición de elementos, al final solo venía a decir que la esencia divina está en nuestro interior. Algo que la mayoría ya postula. Es decir, tratan temas simples y naturales como si fuera un asunto casi religioso. Por ejemplo, se han llenado páginas y más páginas con el tema del no-pensamiento o la no-acción, del que Bruce se hizo eco enseguida. Te evitaré todo el dolor de cabeza resumiéndote que se trata de que cuando uno estudia o ejerce algo y es capaz de ponerlo en práctica sin pensar, ha alcanzado poco menos que el nirvana. Para nosotros, los occidentales, esto no tiene ningún misterio; creemos que todo profesional o experto en alguna materia al final la desarrolla sin pensar. Se trata de un mero producto de la experiencia, que nos hace dejar atrás paulatinamente todos los elementos que vamos analizando paso a paso mientras aprendemos. Así de fácil. Cuando uno aprende bien a conducir, ya no presta atención al embrague-cambio-freno. No me hace falta desarrollar una estructura mística con todo esto.

Además, cuando se pelea en serio, y esto lo puedo decir por experiencia, no tienes tiempo de pensar, pues todo pasa demasiado rápido. Solo te mueves y nada más. ¿Por qué tanta complejidad?

Otros asuntos se vuelven algo cómicos para la forma de pensar occidental. Veamos cuando se aduce al término de maestro supremo para reflejar a aquel que se mueve sin pensar con la máxima naturalidad y sin aspavientos de ningún tipo. Es entonces cuando el arco, la flecha y el

El contacto con la cultura americana lo occidentalizó

hombre son una sola cosa, o cuando la espada y el dueño son uno. Así las cosas, el pensamiento oriental habla del puñetazo que se da por sí mismo, o de la espada que encuentra su camino por sí sola. Lo plantearé con mi flema occidental: al final, yo soy uno con el coche y este me lleva a casa por sí solo. El zen, desde luego, le daría a esto una connotación espiritual. En resumen, son formas de ver las cosas.

Si hablamos de mi experiencia como escritor, al principio, en mis primeros libros, estaba muy pendiente de muchos asuntos: estilo, gramática, ortografía, sintaxis, estructura narrativa, ritmo, etc. Y, sobre todo, las palabras. Ahora, cuando escribo, ya no estoy pendiente de esas cosas; las palabras simplemente fluyen, aunque algunas sean complejas. Pero eso se debe únicamente a que la mente ha procesado ya todo y lo retiene en el hipocampo de mi cerebro, que es el causante de la memoria. Está ahí almacenado a la espera de que mi subconsciente lo rescate. Repito que, por educación y convicción, tiendo a buscar las explicaciones más científicas y, claro está, no voy a dejarme llevar por un rapto místico aludiendo que mi pluma escribe sola.

Ejemplos hay a cientos, y podría pasar aquí un buen rato contigo contándolos, pero tenemos que seguir avanzando. De todas formas, es importante dejar clara mi posición desde el principio, ya que, entre otras cosas, pretendo, tal y como ya hice con *Bruce Lee. La senda del luchador*, ofrecerte otras perspectivas y paisajes para hacerte pensar y que puedas alcanzar la ansiada liberación. Bruce no pudo llevarla a cabo del todo en su corto periplo por la vida. Al mismo tiempo, vemos una especie de antítesis entre su mensaje, abocado siempre a lo directo y a lo simple, y esa farragosa y compleja filosofía oriental con la que trabajaba al mismo tiempo. Estoy seguro de que Bruce, al igual que yo, tras un largo viaje por los entresijos de este mundo, de haber vivido más tiempo y alcanzado la madurez, al final se habría desprendido de la mayoría de atavismos, incluidos los que nos atan por nacimiento y cultura. Y aquí recuerdo el parecer de Wong Ak-Chung, de la Golden Harvest, cuando dijo: «Honestamente hablando, Bruce tenía una personalidad occidentalizada». Es interesante, por cuanto al final todo es un asunto de actitudes y no sabemos el cauce por el que habría discurrido la mente de Bruce con el paso de la vida y los años.

11. JKD. ¿Wing chun o boxeo?

Es este uno de los temas que más dividió la opinión en Facebook del grupo *Bruce Lee. La senda del luchador*, y que suele ser un tema de debate, no importa la década, si bien en la época actual ha resurgido con fuerza. Creo que esto es debido a las informaciones erróneas que circulan por la red sobre diversos aspectos de la vida de Bruce, sostenidas por gente no profesional en el tema que manejamos. Por eso no debe extrañarnos que algunos profesores de sistemas de kung-fu intenten confundir a la gente con el fin de darse importancia y conseguir seguidores para sus escuelas. Las películas con las fantásticas proezas de Yip Man, el maestro de Bruce en Hong Kong, hacen palidecer a cualquier héroe de Marvel o DC. Increíblemente, y a pesar de la fantasía y la ficción, son muchos los que se creen a pies juntillas todo lo que se dice en estas películas. A esos fans, los exhorto a que indaguen en páginas especializadas de internet y se descubran la realidad, siempre menos vistosa, ya que todos los seres humanos tenemos zonas oscuras. Pero me estoy saliendo del tema del capítulo. Tranquilo, volvemos a ello.

Si por una parte están los que abanderan el wing chun como parte integrante e importante del JKD, otros hacen lo propio con el boxeo occidental, aduciendo que Bruce copió casi todas las formas y guardias de boxeadores famosos, con nombre y apellido. Algunos acuñan estas informaciones, alegando que tal o cual alumno de Bruce dejó caer ciertos comentarios al respecto. Ya sabes, «porque fulano contó que…». Está claro que cada cual lo lleva a su terreno y, curiosamente, en todo esto no se habla del inherente aspecto filosófico del arte de Bruce. Aquí solo parece interesar el aspecto físico de la cuestión.

La gente duda si el JKD es más wing chun que boxeo

Si te parece, empecemos con el wing chun.

Sin que esto sirva de perjuicio para los muchos practicantes y seguidores del wing chun, hay que recalcar una vez más que Bruce comenzó practicando este estilo de kung-fu, pero luego, conforme avanzó y conectó con otros métodos, se dio cuenta de sus puntos débiles y limitaciones y lo dejó atrás para desarrollar su jeet kune do, que al final solo contenía un mínimo porcentaje de wing chun, que además modificó para adaptarlo a su creación. Entiendo que, puesto que fue el primer arte marcial que estudió, la gente siga creyendo que Bruce y wing chun son una misma cosa, a pesar del equívoco. Bruce es jeet kune do y punto. Linda Lee nos cuenta en su sentida biografía de 1976:

«Bruce no tardó en darse cuenta de que la base de su arte de combate, el wing chun, era insuficiente, pues ponía demasiado énfasis en la técnica de las manos, incluía muy pocas técnicas con los pies y, esencialmente, era algo parcial [...]. Una vez que se percató de las limitaciones técnicas del wing chun, empezó rápidamente a proliferar, a explorar, a poner a prueba nuevos movimientos y a repensar los estilos tradicionales».

Veamos otra declaración de Bruce a su amigo y artista marcial William Cheung, en una carta que Bruce le escribió el 4 de enero de 1969:

«William, he perdido la fe en las artes clásicas chinas (aunque siga calificando de china a la mía), porque, en esencia, todos los estilos, hasta la escuela wing chun, son fruto de "nadar en tierra seca". Mi formación se orienta más bien al combate callejero eficaz, en el que todo vale, llevando la protección en la cabeza, guantes, protección en el pecho, espinilleras, rodilleras, etc.».

Uno de los alumnos de Bruce, Patrick Strong, recuerda las modificaciones que fue haciendo en su jun fan gung fu en 1965, y la influencia que tuvo la esgrima y el boxeo, al punto de que la nueva guardia se parecía a la de un boxeador, pero manteniendo la línea central del wing chun. En sus comentarios llegó a decir:

«El cambio más obvio fue romper aún más con el método clásico. Al mismo tiempo, le restó importancia en su enseñanza al chi sao del wing chun».

Este proceso de desprendimiento gradual ya lo comentó Joe Lewis cuando ambos entrenaban y Bruce iba a la zaga de métodos cada vez más eficientes para el combate. El siguiente comentario de Lewis lo aclara aún más:

«Honestamente, y esto podría sorprender a mucha gente, él pensó que lo de los atrapes era un montón de basura. Y en un momento dado me dijo que lo iba a eliminar gradualmente de su sistema. Podría hacer un solo atrape, o una pequeña obstrucción como la que los vemos hacer de vez en cuando a algunos boxeadores profesionales. Pero esta trampa doble y triple es una tontería. Si tienes tiempo para atrapar, tienes tiempo para golpear. Cuando te acercas lo suficiente a un oponente para hacerle atrapes, hay tres cosas que no haces: 1. No golpeas. 2. No cubres. 3. No te mueves».

Este parecer de Bruce no debe asombrarnos debido a su espíritu renuente ante lo tradicional y clásico; lo que no deja de ser algo inusual en un oriental. Ed Parker, el fundador del kenpo kárate, ya dijo un año antes, en 1964: «Era de mentalidad muy liberal acerca de las cosas. Su kung-fu era anticlásico, y pensaba que todos eran como robots».

Todo ello lo llevó, en 1967, a desestimar la publicación del *Tao del Gung Fu*, que venía a ser como una segunda parte, mejorada y ampliada, de su anterior libro de 1963. Más adelante, su nueva concepción del arte marcial se alejaba ya de los aspectos clásicos de las artes marciales chinas, incluido el wing chun y el chi sao, por lo cual todo lo que había desarrollado para dicho libro no le servía para nada. En su lugar, lo cambió por un nuevo proyecto literario que se titularía *Tao del jeet kune do*.

He aquí un comentario suyo de 1967:

«He llamado a mi estilo "jeet kune do". La razón de no adherirme al wing chun es porque, sinceramente, siento que mi estilo tiene más que ofrecer en lo referente a la eficacia».

Y viceversa, si es más boxeo que wing chun

Con estos comentarios, algunos del propio Bruce, creo que el asunto está bastante aclarado, por más que muchos se empeñen en lo contrario. En cuanto al tema del boxeo, mi opinión es que, cuando Bruce aceptó al reto lanzado en su escuela por Wong Jak Man en aquel otoño de 1964, y tardó lo suyo en vencerlo, tomó conciencia de la debilidad de su sistema clásico y empezó a adoptar más y más influencias del boxeo occidental. Dan Inosanto dice al respecto:

«Hasta el choque con Wong Jak Man, la mayor satisfacción de Bruce fue practicar su original estilo de wing chun. Todo eso cambió cuando empezó a analizar la lucha, estudiando su falta de habilidad, ya que el combate debió de durar solo unos segundos, y no fue posible debido a las impenetrables técnicas de lew horn kuen que utilizó su oponente. Bruce me confesó algunos años más tarde que él estuvo excepcionalmente cerca del fin, lo cual le demostró que no estaba en forma y le hizo ver, de una vez para siempre, las limitaciones del wing chun».

Ahora leamos un comentario en la carta que le envió en enero de 1970 a Wong Shun-Leung:

«Desde que empecé, en 1966, a practicar de manera realista, con guantes, protectores y demás, tengo la sensación de que antes tenía muchos prejuicios que son erróneos. De modo que he cambiado el nombre de la esencia de mis estudios, llamándola «jeet kune do». «Jeet kune do» no es más que un nombre. Si bien los principios del boxeo son importantes, es más importante todavía el sentido práctico. En Estados Unidos, donde hay boxeadores de boxeo occidental, suelo practicar con ellos. Aquí hay muchos que se dicen maestros del wing chun, ¡espero que no sean tan ciegos como para luchar contra esos boxeadores occidentales!».

Vemos que Bruce parece enfatizar la superioridad del boxeo. Linda Lee cuenta en su libro que él solía comprar cintas de boxeo, en especial de Muhammad Ali, con el fin de estudiar las técnicas de combate. Creo que Bruce adoptó en las películas la guardia baja y algunos de los pasos de Ali. Así lo relata Linda Lee:

«En casa teníamos una grabadora de vídeo conectada a la televisión para que Bruce pudiera grabar programas occidentales de boxeo y lucha. Compraba también películas de boxeo, como las de Muhammad Ali, y solía reproducirlas para estudiar las técnicas de combate, pensando en las escenas de lucha que necesitaría en su siguiente película».

Esto lo ratifica Dan Inosanto en su *Jeet kune do. The Art and Philosophy of Bruce Lee* de 1976:

«Estudió a Muhammad Ali y otras películas de boxeo ante un espejo para simular los ataques con la mano derecha».

O como citó Mito Uyehara:

«Cuando vio que sus estudiantes intentaban anticiparse a sus movimientos, empezó a experimentar con algo que aprendió de los libros de boxeo occidental. Un buen día, incorporó una técnica llamada "ritmo quebrado". En lugar de disparar sus puñetazos lo más rápido posible, empezó a cambiar su tiempo de movimiento».

Otro elemento a favor del boxeo es la extensa colección de títulos en la gran biblioteca de Bruce, en la cual el boxeo era, con diferencia, del que más títulos había. Esto nos proporciona un sentido real de la importancia que él le confería. No obstante, el JKD tiene su propia identidad, por lo cual lo único que podemos argumentar aquí es la proporción en la que ambos sistemas influyen en él, y en este sentido, parece que el boxeo gana. En cualquier caso, a día de hoy sabemos a ciencia cierta que en los últimos años de su vida, Bruce había eliminado de la ecuación el wing chun, dejando apenas alguna reminiscencia. Un cambio drástico en una intensa década de evolución.

12. Jun fan gung fu y jeet kune do

A lo largo de mi carrera como artista marcial, profesor y analista de Bruce Lee, nunca entendí por qué mucha gente se empeña en estudiar lo que él estudió y luego abandonó para mejorar y crear su propio método. Es ir un paso atrás, repetir asuntos desechados por el propio Bruce y echar por tierra todo el esfuerzo y la experiencia de un hombre que luchó por crear algo que nos fuera en verdad útil. Si él ya realizó todo ese esfuerzo, ¿por qué no tenemos nosotros que tomarlo en consideración y volver a realizar todo el proceso? ¿O es que acaso algunos pretenden ser como Bruce Lee? Si es así, os acompaño en el sentimiento, amigos.

Lo que ya nos debe quedar claro es que, al igual que Bruce llegó a entender las limitaciones del wing chun, también consideró que su siguiente composición, el jun fan gung fu, tampoco era lo que necesitaba y resultaba insuficiente y limitado ante perspectivas más ambiciosas que contemplaran la totalidad del arte marcial y la lucha.

Nos lo cuenta Dan Inosanto:

«Realmente, él se dio cuenta de que los movimientos compactos y las tácticas de distancia corta del wing chun, ideales para las atestadas condiciones de Extremo Oriente, no resultaban efectivos para las amplias áreas metropolitanas de San Francisco y Seattle, sus dos primeras paradas en Estados Unidos [...]. Igual que Bruce vio que el wing chun ponía demasiado énfasis en la distancia cerrada o en la pelea en corto con técnicas de mano, a expensas de la distancia larga con técnicas de pie, él incorporó también algunas de las patadas más refinadas de los estilos del norte de China. Y esta híbrida forma de wing chun es lo que conocemos como Jun Fan.

»Originalmente, el término *jun fan gung fu* era utilizado para designar la

Instituto Jun Fan Gung Fu de Seattle

escuela y no el arte de Bruce. El Instituto Jun Fan Gung Fu era el nombre que Bruce les puso a los establecimientos «no comerciales» de Seattle, Oakland y Los Ángeles. Más tarde, el significado cambió, en cierto modo, para indicar el lugar donde se entrenaba JKD. Entonces, cuando el JKD estuvo finalmente establecido como una entidad misma, se consideró el jun fan como el arte que Bruce había enseñado antes en Seattle y Oakland, que en principio era como el wing chun, pero con técnicas de pie añadidas [...]. Hasta 1967, nuestro método se llamó «jun fan gung fu», que era una modificación de varias técnicas de la Mantis del Norte y del Sur, del choy li fut, de la "Garra del Águila", del boxeo americano, hun gar, boxeo thai, lucha, judo, jiu jitsu y varios estilos de gung fu del norte. Es obvio que el wing chun era el núcleo principal y todo lo demás evolucionaba a su alrededor [...]. El jeet kune do es, pues, una forma liberadora del jun fan y abarca mucho más».

Inosanto ilustra muy bien qué era el jun fan gung fu, que forma parte del proceso y es la antesala del JKD. Aunque parte de todo ello se integra en el resultado final, tenemos que apreciar el salto cualitativo y cuantitativo que Bruce dio con el JKD, y nosotros deberíamos hacer lo mismo con el fin de recorrer el camino que él nos señala. Es decir, centrarnos en el JKD.

A lo largo de ese camino, uno se encuentra con gente que no duda en preconizar que hay que estudiar Jun Fan y JKD. Bueno, como vas a ir viendo, hay un piélago de interpretaciones y gentiles sabidurías en referencia a la invención de Bruce. Tal vez la voz de uno de los estudiantes de Inosanto, Chris Kent, arroje un poco más de luz sobre las tinieblas:

«Al principio, cuando entrenábamos, estábamos aprendiendo JKD. No jun fan, no los conceptos de JKD, sino JKD. El jun fan gung fu es en realidad el precursor de jeet kune do. Sin embargo, había un código no escrito que decía que el arte de Bruce no debía ser prostituido. Entonces, cuando comenzamos a enseñar, usamos el término "jun fan" para evitar capitalizar el nombre "jeet kune do". Por eso en todos nuestros certificados pone "jun fan"».

Pues ya veis. Está más claro, ¿no? Si estás interesado en el JKD, no te diluyas, céntrate en la línea directa, sencilla y rápida hacia él y no remolonees entre el batiburrillo de ideas de unos y otros.

Jeet kune do con Dan Inosanto

13. ¿Arte marcial, filosofía o una idea?

Estamos ante un tema que sigue originando debates década tras década, y eso es así porque la mayoría desconoce en profundidad lo que es el JKD, tal y como Bruce lo concibió. La mayoría de los que dicen saberlo proporcionan una información tan trivial como errónea. A eso contribuye la visión, eminentemente física, de la mayoría de los que se tienen como expertos en JKD. Por eso no nos extraña que hoy en día solo se contemple como un sistema eficiente de lucha; «el arte marcial que creó Bruce Lee».

Enseguida te darás cuenta de cuán alejados están muchos de ese JKD que Bruce bautizó en 1967 y que siguió desarrollando hasta el final de sus días, aun cuando era famoso y rodaba películas. Para entenderlo, lo mejor es recurrir al propio Bruce y a personas muy allegadas a él, y alejarnos de las interpretaciones de los «sabios internautas del siglo XXI».

Yo no soy el único que ha estudiado a fondo a Bruce. Ha habido otras personas, en diferentes campos, que han horadado las tinieblas, como Marcos Ocaña, quien, en su pormenorizado libro *Bruce Lee. El guerrero de bambú,* cita:

«[…] innumerables personas han tratado de definirlo y darle una forma bajo la cual difundirlo, comercializarlo, enseñarlo […], sin darse cuenta de que el jeet kune do no era ni más ni menos que la forma personal de Bruce Lee de expresarse a través de las artes marciales. Muchos lo definen como un estilo o sistema de lucha, pero no entienden que esos adjetivos con los que lo etiquetan son precisamente aquellos que Bruce trataba de evitar».

Como ya he mencionado, este problema siempre ha existido, pues el propio Bruce tuvo que explicar muchas veces en su época qué era el JKD. En la temprana obra de Dan Inosanto, *Jeet kune do. The art and philo-*

Bruce dialogaba mucho
y expresaba su filosofía marcial y existencial

sophy of Bruce Lee, se cita algo en el prólogo, que fue, ya en aquella época lejana, toda una declaración de intenciones:

«El propósito de este libro es aclarar todos los errores e inexactitudes que se han dicho sobre Bruce Lee y su arte del jeet kune do».

Uno de esos grandes errores al estudiar en profundidad el arte de Bruce es ir capturando datos de aquí y de allá. Ese picoteo crea a menudo una serie de malas interpretaciones. Cualquiera que estudie una materia, la que sea, sabe que una frase o una cita sacada de contexto puede inducir a equívocos. Por otro lado, si quieres aprender arquitectura, consultarás obras especializadas y no vídeos de YouTube. Cualquier estudiante que desea hacer un máster, o cualquier otra cosa, estudia en las bibliotecas, consultando textos relevantes y fuentes de alto valor instructivo. Nadie que desee llevar a cabo una buena labor de investigación se deja llevar por el medio antes citado o similares.

Si nos remontamos al punto primigenio del que parte todo este embrollo, nos encontramos con esta declaración de Linda Lee:

«Por sus propias observaciones, Bruce se había dado cuenta de que la mayor parte de las formas de kung-fu, kárate, taekwondo y de otras artes marciales se basaban en estilos que, básicamente, eran incompletos. La mayoría tenía sus propias armas, movimientos y cosas así, y los que practicaban esas disciplinas entraban en combate creyendo que tenían todas las respuestas; por eso él rehusaba llamar "estilo" al jeet kune do, pues pensaba que hacerlo lo limitaría. En consecuencia, el jeet kune do no tenía reglas, ni un número fijo de normas y movimientos, ni un número fijo de técnicas que oponer a otras técnicas. Su esencia misma era la autoexpresión, cosa que exigía una gran cantidad de conocimiento propio. Por lo tanto, no era una manera de combatir que pudiera enseñarse fácilmente».

La mayoría de las personas que hoy en día creen saber lo que es el JKD de Bruce no pueden estar más equivocadas. Incluso los más especializados se llevarían una sorpresa si hablaran con Bruce y contrastaran con él sus apreciaciones. A pesar de que lo dice él, lo dicen sus alumnos y también algunos grandes artistas marciales que lo conocieron, muchos de nosotros tenemos la pretensión y arrogancia, desde nuestra alejada posición, de aseverar que lo sabemos y lo entendemos. La ignorancia es muy atrevida.

Para comprender seriamente el arte de Bruce, hay que empezar por entenderlo a él y crear un perfil psicológico, como si lleváramos a cabo una investigación criminal en la que, para avanzar, se deben exponer todas las piezas del puzle. Hay que reunir toda la documentación fiable para empezar a estudiar el caso.

La personalidad de Bruce, obviamente, se transmite en su trabajo. Comprenderlo a él como persona es comprender lo que viene después. Y para entenderlo hay que estudiar (no leer) sus textos, ensayos y notas personales e ir añadiendo las apreciaciones de la que fue su esposa y las de la gente que lo conoció. Una vez asimilada la personalidad de Bruce, ya estamos en disposición de adentrarnos en su obra con un mínimo margen de error.

Leer a Bruce Lee no es lo mismo que estudiar a Bruce Lee. Al estudiar, se analiza cada frase, oración gramatical y palabra. Y aun así, volvemos a repasar la sintaxis con el fin de estar seguros de que entendemos bien el significado. Mucha gente, al leer, no se percata de que una sola palabra puede tener más de una connotación. Bruce tiene sutilezas en el lenguaje y a veces puede resultar claro como el agua, pero otras no tanto.

Para hablar con propiedad del JKD, hay que englobarlo todo: la parte conceptual, la física, la filosófica y la que algunos denominan espiritual. Al principio se debe empezar por establecer de la forma más fiel posible los conceptos que rigen el JKD, y hay que ir paso a paso con el fin de no cometer errores.

Si tomamos en cuenta lo perfeccionista que era Bruce y su bagaje cultural e intelectual, comprenderemos que nos hallamos ante una personalidad capaz de otorgar a cada elemento en el que se afianzaba una explicación coherente, tanto filosófica como científica. Su avidez como lector y su biblioteca personal, que englobaba más de 2500 libros, la mayoría de los cuales analizaba y llenaba de apuntes, nos deja claro, ya de entrada, la complejidad con la cual Bruce podía revestir su ulterior enseñanza.

Solía explicar la filosofía detrás del movimiento

Otro elemento que promueve la confusión en quienes no profundizan mucho son las excesivas variables en torno a algo que mutaba a gran velocidad, lo que impedía la necesaria visión de conjunto. Y esto es así porque, hasta el final de su vida, Bruce estuvo quitando, añadiendo y, en suma, modelando su JKD. Esto hace que, dependiendo de la época en la que uno se acerque al JKD, obtenga una visión distinta, al margen de que, como decía Bruce, cada uno tenemos una forma de ver las cosas e interpretarlas. Pero, en definitiva, todas estas dudas se despejan para aquel que haya profundizado en el tema.

Creo que ahora es un buen momento para acercarnos un poco a cómo eran sus clases y cómo era él como profesor. Eso ayudará a hacernos una idea de cómo trataba Bruce la enseñanza de su arte. Veamos los testimonios de algunos alumnos suyos.

Leo Fong, de la escuela de Oakland:

«No solía enseñar mucha técnica. Se sentaba y hablaba. Por ejemplo, practicábamos cómo cerrar el hueco y luego daba una charla durante media hora sobre la teoría de lo que acababa de hacer. Era muy bueno conceptualizando las cosas. Pero lo que realmente recuerdo es cuando me dijo que tenía que encontrar mi propia verdad. Eso me dio información para ser yo mismo. Bruce me preguntó: "¿Por qué asistes a todas estas clases de gung fu?". Y yo le dije: "Bueno, estoy buscando lo definitivo". Bruce soltó una carcajada y añadió: "¡No hay nada definitivo! ¡Lo definitivo está dentro de ti!". Es fácil intentar imitar a alguien, pero cuando pierdes tanto tiempo y energía tratando de ser otra persona, no te haces ningún favor. Cuando miro atrás, comprendo que lo que Bruce me enseñó no era solo sobre el combate físico, sino sobre la vida. Siento que lo que dijo tenía cierta implicación con artes marciales, pero en el fondo iba más allá. Fue más profundo. Cualquiera que pueda cruzar los límites del combate físico entenderá que el JKD tiene que ver con ocuparse de las situaciones de la vida. Es fácil dar un puñetazo a alguien que te ataca, pero necesitas algo más que habilidad física para sobrellevar la pérdida de alguien querido, afrontar la muerte, el divorcio y otras adversidades. Lo que Bruce me mostró y enseñó fue la necesidad de desarrollar fuerza interior y autoconfianza».

Dan Inosanto:

«Fue uno de los poquísimos que aplicó la filosofía al arte marcial. Probablemente, veo a Bruce más como un filósofo que como un artista marcial, aunque creo que los dos estaban profundamente entremezclados. Cuando entrenaba con él, creía que era demasiado filosófico, pero al echar la vista atrás, veo que simplemente no estaba preparado para lo que tenía que decir».

Joe Lewis incidió en un punto que, a día de hoy, ha cobrado más relevancia: la, en ocasiones, literalidad con la que Bruce hacía suya la filosofía de los grandes pensadores. Contamos actualmente con textos de grandes estudiosos e historiadores que nos revelan con exactitud la procedencia de la mayoría de sus citas filosóficas, al punto de no ver ya a Bruce como un inventor de tales citas y pensamientos filosóficos, sino como un divulgador que las adaptó a su causa:

«Cuando Bruce Lee intentaba agregar sustancia y esencia intelectual a su arte, constantemente citaba a Krishnamurti. Nunca usó el nombre delante de mí, pero solo tienes que leer algunos de sus numerosos libros y podrás detectar más fácilmente, no solo las semejanzas, sino incluso redacciones exactas. No hay nada de malo en eso; yo hago lo mismo. Estaba tratando de dotar al jeet kune do de una calidad o un marco intelectual que lo diferenciara de otras artes marciales».

Ted Wong:

«Me enseñó, por ejemplo, su forma de razonar para entender de verdad de qué va todo esto. Gran parte del camino es cómo introducir la filosofía de la forma más clara y ordenada posible en el modo de pensar y, básicamente, enseñar cómo ser y a simplificar las cosas. Realmente le gustaba la filosofía y la añadió como un patrón en el movimiento físico. Pienso que, por un lado, era un filósofo y, por el otro, un artista marcial. Y creo que ambas eran igual de importantes para él. La mayoría de la gente piensa en las características físicas de Bruce, quizá porque era una estrella cinematográfica, un artista marcial, pero, por encima de las patadas, los puñetazos y el cuerpo, sobresale que, cuando hablaba con él, me decía que, al hacer lo que fuera, debía encontrar el aspecto mental. El JKD es expresarte a ti mismo con filosofía y es solo una forma de simplificar el proceso. Me dijo que había que intentar alcanzar ese nivel. Debes coger lo que tienes, trabajar con ello y tratar de delimitarlo para, finalmente, hacerlo más sencillo. Y creo que esa es la clave que realmente hay que aplicar a lo que haces o a lo que sea que quieras hacer, en particular en las artes marciales».

Dan Lee nos cuenta:

Era capaz de extraer la filosofía contenida en una simple patada. En la foto, con Taky Kimura

«No hablaba solo de "golpea esto" o "golpea aquello" desde un punto de vista físico o mecánico. Siempre hablaba de la parte filosófica que lo respaldaba. Era una aproximación diferente a la instrucción de las artes marciales. Estudiábamos filosofía con Bruce porque la filosofía era su tema subyacente y su dirección. Fue realmente mi mentor al mostrarme los lazos entre la filosofía y el arte marcial. Son inseparables».

Taky Kimura:

«La versión de las artes marciales de Bruce no solo era un arte físico de lucha. También enseñaba la filosofía necesaria para superar a los oponentes mentalmente. Bruce fue uno de los grandes filósofos de nuestro tiempo».

Y de nuevo Ted Wong:

«El problema es que mucha gente no entiende la filosofía de Bruce».

Creo que como muestra es suficiente para quitarnos de la cabeza la idea de que todo esto solo va de algo físico. Así que podríamos pensar que todo el que elimina la filosofía en el JKD y no es capaz de adaptarla a cada elemento y a la vida misma no está en la línea correcta, y muy posiblemente el mismo Bruce reprobaría esta forma de actuar.

14. Influencias

Repasemos brevemente algunas de las muchas cosas que influenciaron a Bruce en su camino hacia el JKD y, como tal, a su expresión marcial y de vida.

Cuando hizo pie en los opulentos Estados Unidos, llevaba un escaso equipaje material, pero amplio en lo emocional y cultural. Ya sabemos que nuestras raíces son, básicamente, nuestras señas de identidad. No llegó un tipo educado de la India o de la península arábiga, sino un chino criado en Hong Kong y versado en kung-fu, y lo que trajo con él fueron ideas taoístas y las filosofías propias de su cultura, que son las que lo marcarían de por vida.

Una vez instalado en su nuevo hábitat, tomó contacto con la nueva diversidad cultural y poco a poco fue abriéndose a otro tipo de ideas; si bien, lógicamente, siempre prevalecieron las de su etnia. Ávido de aprender lo que el Nuevo Mundo le ofrecía, comenzó a comprar, leer, estudiar y analizar una serie de libros sobre muy variadas cuestiones, sobre todo de artes marciales y de temas filosóficos.

En relación a las artes marciales, Bruce se interesó bastante por el boxeo occidental, la esgrima, el judo, el aikido, el jiu jitsu y el wrestling. Si hablamos de entrenamiento físico, además de todo lo referente al fitness, también se decantó por temas como la anatomía, la kinesiología, la isometría o la fuerza. Para canalizar esto y otros asuntos correctamente, leyó mucho sobre motivación y autoayuda.

El elemento filosófico y espiritual viene dado de la mano de autores como D. T. Suzuki, Alan Watts, Jiddu Krishnamurti o Christmas Humphreys. Hay quienes aventuran que, por leer la obra de Krishnamurti, Bruce

Al principio, Bruce estaba muy influenciado por su país de origen

tenía que ser por fuerza alguien seguidor de su doctrina. Nada más lejos de la verdad. Lo que ocurre es que, como Bruce adaptó casi literalmente algunas partes de la filosofía de Krishnamurti, como las referidas en *Sobre la ética y los medios de vida* (*The right livelihood*, Edaf, 1995) sobre la cualidad de un maestro y las enseñanzas, la gente tiende a interpretarlo a su modo y confunde los medios con la esencia. Es decir, aquello que decía Bruce sobre tergiversar la verdad y el camino.

En sentido contrario, y puesto que no se ha publicitado mucho, Bruce sí era un admirador confeso y un seguidor del filósofo británico Alan Watts, del cual hablaremos en su momento.

Debemos comprender que, entre todo lo que Bruce devoraba, solo buscaba elementos para aplicar a su propia filosofía. Cogía de cada cosa lo que le interesaba y el resto simplemente lo desechaba. Esto no lo haría una persona que profesa seriamente la ideología de cualquier gurú, incluida la del gran filósofo hindú. Porque, por ejemplo, si se estudia con seriedad el pensamiento de Krishnamurti, enseguida se percibe que el filósofo está en

A Bruce pronto le atrajo todo lo concerniente a la musculación

contra de la ambición del éxito y de otras muchas cosas profesadas por Bruce. El filósofo hindú decía que cuando la mente no se empeña en lograr algo, en tratar de ser mejor que otro, cesa por completo toda comparación, toda competencia, todo deseo de triunfar, de realizarse, pues solo la mente ambiciosa se encuentra ocupada. Y, como todos sabemos, Bruce no llevó a la práctica nada de esto.

Bruce se interesó por temas como el zen y el budismo, leyó sobre el islam, el Corán o la Biblia y se adentró en los escritos de Confucio, santo Tomás de Aquino, René Descartes, Chuang Tzu, el premio nobel y polémico Bertrand Russell, Kahlil Gibran, Huston Smith, Buda, Lao Tzu, Platón o Sócrates. Libros generalistas sobre religiones o filosofías no faltaron en su ansia de lectura, incluido el famoso libro del siglo VIII, *El libro tibetano de los muertos*, también conocido como *Bardo Thodol*. Esto nos lleva hasta la temática de las creencias de Bruce. Unos dicen que era ateo y otros que muy espiritual, incluso religioso. ¿En qué se basan? En todos mis años de estudio nunca he encontrado una base sólida que me permita afirmar una cosa o la otra. ¿Alguno de sus allegados lo comenta? ¿Lo dice el propio Bruce?

Siempre pasa lo mismo. A lo largo de la historia, los héroes son revestidos con las aptitudes que las personas desean o que ellas mismas profesan. De ese modo, poco a poco, los héroes son cada vez más inteligentes, más valientes, espirituales, de gran corazón; cualidades todas ellas perfectas y sublimes.

En cuanto a una creencia de tipo religioso y hasta espiritual, cualquiera puede iniciar su andadura siendo ateo y acabar convirtiéndose en creyente. O viceversa, ser espiritual y terminar siendo un ateo. Como ya sabemos, Bruce cambiaba y se desarrollaba constantemente cada día. ¿Cómo, pues, tenemos la certeza de su grado de espiritualidad y si la tenía? ¿Por nacimiento, cultura y peso de la tradición? ¿Porque había leído libros filosóficos de alto contenido espiritual? Lo primero es cambiable, y lo segundo es como decir que si yo leo el Corán, soy musulmán, y si leo a Confucio, profeso el confucianismo. Siguiendo este mismo razonamiento, podríamos deducir que, como Bruce estudió a santo Tomás de Aquino, también fue católico.

Tenemos que ser más prácticos. Bruce se crio en un ambiente de diferencias religiosas. Su padre era budista y su madre católica. Por fuerza, tuvo que darse cuenta a una edad temprana de que la verdad se diluía entre tantos credos. Por eso llegaría a decir sobre las religiones:

«Lo que me inquieta de estas vías es el hecho abrumador de que puedo aceptarlas o rechazarlas con independencia de su validez».

No es extraño, pues, que Bruce también dijera:

«Algunas personas luchan entre sí porque creen en religiones diferentes. En realidad, si se lo pensaran mejor, no lucharían por una causa tan tonta».

Fred Weintraub, el conocido productor de *Operación Dragón,* dijo al respecto:

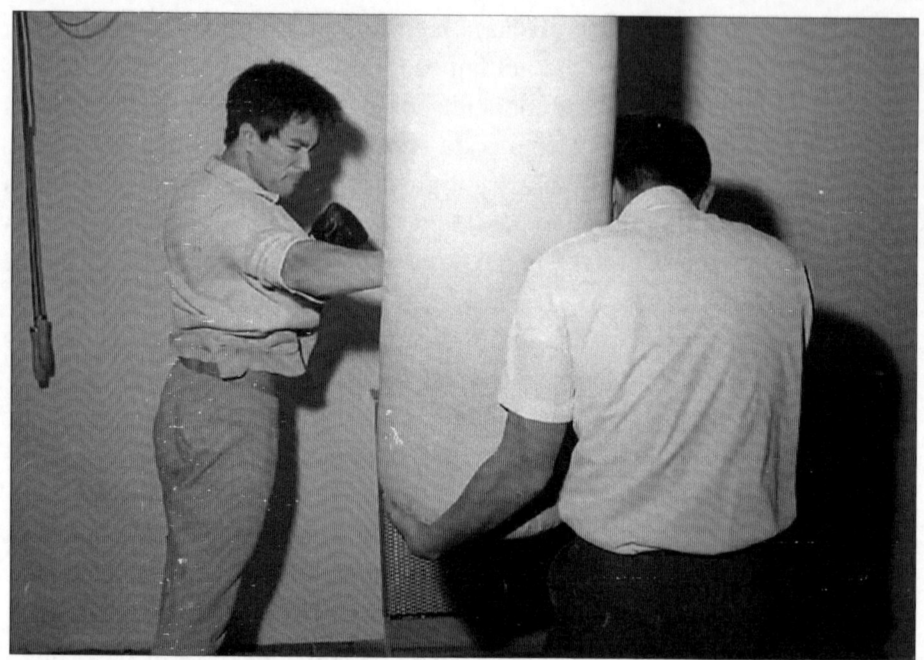

El boxeo occidental influenció cada vez más a Bruce

«Bruce podía hablar de zen, del islam, de Buda... Quizá no creía en Dios, pero era profundamente espiritual en un sentido zen».

El periodista Alex Ben Block comenta lo que le dijo Bruce en una ocasión en el año 1972:

«Si he de ser realmente franco, en realidad no creo».

Tenemos que ver que la propia filosofía de Bruce no lo hace proclive a quedar atado a una religión ni a ningún credo. En su lugar, al igual que el JKD, él los contempla y asimila sin adherirse a ninguno de ellos.

Pero veamos qué nos puede aclarar Linda Lee sobre el tema que nos ocupa:

«Creía que el hombre es un producto hecho por sí mismo. Si existe un dios, es en el interior de uno mismo. Bruce creía que las religiones dividen a la gente».

Y sigue diciendo en su famoso libro:

«Cuando lo conocí, Bruce había descartado toda religión formal y, ciertamente, no podía uno describirlo como religioso en ningún sentido».

Así pues, y como consecuencia, su querido hermano Robert recuerda que cuando alguien le preguntaba a Bruce por sus creencias, él simplemente contestaba:

«Yo no creo en nada. Solo creo en dormir».

Yo también he disfrutado de algunas de estas lecturas, y aunque otras no han sido las mismas que leyó Bruce, sí lo han sido las áreas, los temas y algunos de los autores. Libros de Krishnamurti, las *Analectas. Reflexiones y enseñanzas* (Círculo de Lectores, 1999) de Confucio, *El camino del Tao* (*Tao: The watercourse way*, Kairós, 1976) de Alan Watts o *Las religiones del mundo* (*The world's religions,* Kairós, 1999) de Huston Smith forman parte de mi acervo cultural. Por supuesto, como soy occidental y mi activismo es más científico, por aquello de la inteligencia sumada a la curiosidad, te diré, a modo de anécdota, que en mi pequeña biblioteca se encuentran libros como *Dios y la nueva física* (*God and the new physics*, Salvat, 1994) de Paul Davies, mezclados con obras como los pensamientos de Buda en una buena edición del *Dhammapada*, cuyo texto se dice que data del siglo III a. de C. *Invitación a la sabiduría* (*Invitació a la saviesa*, Espasa Calpe, 1998) de Raimon Panikkar se une a *La evolución de la física* (*The evolution of physics*, Salvat, 1994) de Albert Einstein y Leopold Infeld, y a libros como *Gramáticas de la creación* (*Grammars of creation*, Siruela, 2001) de George Steiner y el genial e imprescindible *Coerción. Por qué hacemos caso a lo que nos dicen* (*Coercion: Why me listen to what "they" say*, La Liebre de Marzo, 1999) de Douglas Rushkoff. Obras como *Masa y poder* (*Masse und Macht*, Alianza, 1983) de Elias Canetti, *Consilience. La unidad del conocimiento* (*The unity of knowledge*, Galaxia Gutenberg, 1998) de Edward O. Wilson o *Tiempo, amor, memoria* (*Time, love, memory,* Galaxia Gutenberg, 2001) de Jonathan Weiner me proporcionan un visceral acercamiento a una psicología humanista. Cuando estructuro el conocimiento que me brindan las obras de filósofos como Epicuro, Marco Aurelio, Séneca, Schopenhauer, Nietzsche, Lichtenberg, el increíble Ghandi o Bertrand Russell, y lo confronto con otros ensayos que he leído y que versan sobre la vida y la muerte, la religión, el ateísmo, la astronomía, el darwinismo, etc., obtengo un estrato bastante sólido. A su vez, al contrastarlo con temas que versan sobre la estructura del cerebro, sus funciones y aplicaciones en el subconsciente y cómo afectan a nuestra realidad, es entonces cuando veo con más claridad el sustrato de la vida y la patología social inherente. Como es natural, cada uno usa un camino, y

La inmensa biblioteca de Bruce se llenaba con todo tipo de materias

yo, ya en el siglo XXI, he ido utilizando algunas partes del JKD para orientarme y pisar el terreno firme de mi propia investigación. Como decía Bruce: «En el JKD está el mejor entendimiento de nosotros mismos y del universo que nos rodea».

En los estudios de Bruce no faltaron obras como la célebre *El arte de la guerra* de Sun Tzu, libro datado sobre el siglo V a. de C., y también temas sobre el *bushido*, los samuráis y el kendo, que al parecer lo influenciaron muchísimo, hasta el punto de copiar, casi literalmente, frases enteras para el JKD. Sobre este aspecto de la literalidad de la influencia, debemos pensar que a todos nosotros nos influencian desde pequeños otros seres humanos, y así, el resultado final de las partes que componen a un individuo viene a ser la síntesis de las influencias que ha recibido y ha hecho suyas, moldeándolas o no, a lo largo de la vida.

Pero no todo en la existencia se resume al conocimiento que aportan los maestros y pensadores en sus libros o por vía directa. Las experiencias que absorbemos a través de nuestro contacto con otros elementos y personas en nuestro particular camino de vida nos brindan su sabiduría. En el caso del arte marcial de Bruce, Dan Inosanto lo reflejó muy bien:

«Primero, tenía que haber sido boxeador. Tenía que haber entrenado wing chun y haber aprendido la línea central. Tenía que haber conocido a alguien que supiera esgrima. Tenía que haber sido un buen luchador callejero para saber lo que era funcional y lo que no lo era. Tenía que haber conocido a gente en el estilo del kung-fu del norte para desarrollar sus patadas. Tenía que ir a América para conocer a boxeadores y luchadores para alcanzar otro nivel. Y, finalmente, tenía que tener una personalidad como Bruce tuvo [...]. Era un perfeccionista, caminando siempre por delante de su tiempo. Algún día, puede que haya una persona con el talento y el físico de Bruce, pero dudo que alguien alcance su conocimiento y su profunda comprensión de la naturaleza humana».

15. El camino del bushido

La influencia del *bushido*, «el camino del guerrero», es más que notable en el JKD de Bruce. Es el código de los antiguos samuráis, cimentado en sus llamadas siete virtudes. Los historiadores han coincidido en que tiene su fundamento en la propia cultura feudal de una nación autoaislada hasta bien entrado el siglo XIX. Hasta ese momento, la historia de Japón era una cruenta sucesión de guerras entre feudos, hasta que en la Edad Media los ejércitos evolucionaron hasta producir una casta de guerreros distintiva, los samuráis, cuyo código de conducta recibió el nombre de *bushido*. Según este código, morir al servicio de su señor era el mayor honor al que un samurái podía aspirar en vida. Además, existía el imperativo moral de que estos guerreros se suicidaban si alguna vez dejaban de cumplir con honor las obligaciones con su señor o eran derrotados. Entonces procedían a hacerse el harakiri, un doloroso ritual en el que el samurái se destripaba, a menudo en presencia de testigos.

En el siglo XII, la familia regente y más poderosa, ahora llamada Shogun, selló un pacto de protección con el divino emperador, a través del cual el código samurái penetró profundamente en la cultura japonesa, convirtiéndose para los jóvenes en un modelo a seguir. El tiempo no socavó la ética del *bushido*, que surgió con fuerza en el siglo XVIII y llegó a practicarse hasta extremos insólitos en la era moderna y durante la Segunda Guerra Mundial.

Pero centrémonos en lo que le interesó a Bruce. Básicamente, las ideas pasan por dejar atrás la influencia de la vida y la muerte y las etapas de aprendizaje y conocimiento acumulado, con el fin de poder fluir libres y con naturalidad, sin pensamientos que obstruyan la mente, para llegar a ser uno con la espada. Al mismo tiempo, la espada se convierte en un instrumento para destruir tu ego en un camino dedicado a la paz y a la justicia.

Mucho tengo que decir al respecto.

Para empezar, cuando se habla de que el entrenamiento que has recibido está ahí, pero la mente no es consciente de ello, algo que ha llenado páginas y libros con una visión mística y espiritual del proceso, mi mente occidental lo contempla de forma simple. Como ya dije, yo lo veo como el resultado natural que comporta la experiencia. Por otro lado, no siempre podemos dejar atrás los aprendizajes, ya que hay profesiones y artes marciales que requieren de actualizaciones constantes, con lo cual, la frase de Bruce: «El aprendizaje es importante, pero no te conviertas en su esclavo»; a menudo es relativo si lo extrapolamos a la vida. Puede que todo esto se deba a un débito generacional con los milenarios budismo, taoísmo y confucionismo. Para mí, todo esto de las acciones en las que uno deja de pensar y actúa es parte de un proceso natural y no hace falta filosofar tanto con ello.

Las influencias de Bruce en su filosofía de la lucha son notables

Se habla de la importancia de esta dinámica cuando por fin las acciones son espontáneas y no pensadas. De nuevo entra en juego la relatividad de las cosas. Solo tenemos que recordar que muchos combates profesionales se basan en estudiar al oponente y planear las pertinentes estrategias que el luchador debe tener en cuenta al estar en el ring. Si el camino de la espada es un camino de vida, debería poder aplicarse a todos los sucesos de esta. Del mismo modo, si en el pensamiento del samurái Munenori, que influyó en Bruce, se toma conciencia de que «todas las técnicas deben olvidarse», yo puedo decir, tras treinta años de profesión en las artes marciales de contacto, que existen unas pocas técnicas cuya aplicación es de carácter general, pues he visto que nunca fallan, sea cual sea el oponente. Y esto se debe a que los patrones de reacción en los seres humanos suelen ser idénticos. ¡Cómo olvidarme de estas técnicas!

Ser uno con la espada, según este samurái, es tratar con total indiferencia la vida y la muerte, la victoria y la derrota, y manejarla con la misma naturalidad con la que uno se sienta a la mesa. De esta forma, la espada se dirigirá hacia el adversario y encontrará su camino por sí sola. Como apreciarás, esta idea está presente en el diálogo inicial de Bruce con el monje en *Operación Dragón*, con la diferencia de que se cambia el puño por la espada. Sigo manteniéndome fuera de toda esta fórmula metafórica de expresión, que a un occidental del siglo XXI debe parecerle graciosa, pues, si antes utilicé la metáfora del coche, ahora empleo otra más artística: «Tras años de aprendizaje como pintor, al fin actúo sin pensar y mi mano y el pincel son una sola cosa. Cuando pinto en el lienzo, no soy yo el que pinta; la mano ejecuta por sí sola los trazos y, *¡voilà!*, la obra queda revelada». Parece un chiste, así que mejor no salgamos del contexto de la espada y el puño.

Una de las cuestiones que más me ha sorprendido siempre es todo lo referente a la paz, el amor y la justicia en algo que lleva implícito, lo queramos o no, la violencia más destructiva. En el texto de Munenori:

«Las herramientas, tus armas naturales, tienen un doble propósito que desarrollar: 1. Destruir al oponente frente a ti; la aniquilación de las cosas que se interponen en el camino de la paz, la justicia y la humanidad. 2. Destruir tus propios impulsos del instinto de autoconservación».

Me sorprende colocar en el mismo contexto «destrucción», «aniquilación», «paz», «justicia» y «humanidad». Creo que, si quieres ir de pacificador, mejor deberías usar otro tipo de instrumentos, como el intelecto, la filosofía, la espiritualidad o la razón, y no la espada u otra arma que, al fin y al cabo, son vehículos que presuponen violencia, puesto que la línea divisoria entre la justicia y el poder es muy fina en el hombre. Y hay que dejar de lado las hipocresías, puesto que nuestra tendencia generalizada a rehuir las responsabilidades nos dicta que debemos enseñar artes marciales en pro de salvaguardar los valores dignos, cuando sabemos que esto queda luego en manos de cada cual y hay mucha gente que no está por la labor de acatar principios tan altruistas. Todo esto es materia de seria reflexión, pues no es menos cierto el dicho de que la violencia es el recurso de los simples.

Otro asunto, no menos relevante, es el que versa sobre la victoria y la derrota. Al respecto, Sun-Tzu, el artista de la guerra, cita: «Lo mejor no es ganar todas las batallas en las que se participa: lo mejor es ganar sin planear ganar». Bien, si esto tuviera una aplicación real en la vida, en principio tendríamos una grave complicación en lo referente a muchísimas cosas, por no hablar de las competiciones y concursos de cualquier tipo, deportivas o no. Y no quiero pensar en lo que esto hubiera supuesto para los grandes estrategas de la Segunda Guerra Mundial y de otras muchas. Y si hablamos de vivir o morir y no darle importancia, ¡pobres soldados!

La sabiduría popular dice que si los japoneses perdieron la guerra, fue gracias a las bombas atómicas. ¡Es un tema tan manido! Como siempre, se trata de informarse bien y leer mucho, dejando a un lado la ágil maquinaria propagandística de los gobiernos en cuanto a sucesos relevantes de la historia.

Se habla mucho del espíritu del samurái como algo noble y romántico, y hasta se ensalzan los valores. Es como ver solo una cara de la moneda. La otra, la cultura militarista del *bushido*, es mucho más severa. Algunos eruditos han dicho que una de las razones podría estar en la naturaleza no cristiana de la religión japonesa, ya que mientras los cristianos preconizan que todos los humanos son hermanos y que fueron creados a imagen de Dios, la religión sintoísta de Japón presupone que solo el emperador y sus descendientes fueron creados a imagen de Dios.

Para cualquiera que se rija por el código del *bushido*, como los japoneses durante la guerra, la rendición es un acto deshonroso. Por eso los soldados no mostraban la menor compasión con los prisioneros y los veían como seres despreciables por el solo hecho de haber claudicado. Para ellos, el trato inhumano es lo menos que merecían. En su mentalidad, los verdaderos guerreros mueren en batalla y luchando con honor hasta el final.

Los ecos del *bushido* dejaron su sangrienta huella en la masacre de Nankín y en la Segunda Guerra Mundial

Existe también una serie de antítesis —siempre las hay para quien ha profundizado en diversas áreas y sabe analizar— en una gran parte de las filosofías o «mensajes trascendentales». En este caso tomemos un par de simples ejemplos. El primero versa sobre el hecho de que en este camino del guerrero es más importante el proceso que la meta. A un tal Herrigel, experto arquero que deseó ser uno con el arco, la flecha y el blanco, le es indiferente si las flechas alcanzan el centro de la diana o no; es decir, que para alcanzar la iluminación en un arte, uno debe estar más imbuido del proceso que del resultado final. Pues yo creo que en una lid real, si fallas el tiro, te puede costar la vida, pero si ella no te importa. Como escritor

—si el buen escribir está considerado como un arte—, le doy importancia al proceso, pero mucho más al resultado, ya que todo escritor persigue tener al final una buena obra en sus manos.

Siguiente ejemplo. El samurái Munenori insta a erradicar una serie de enfermedades de las que Bruce se hizo eco. Expongo dos:

«Las obsesiones de las que uno debe librarse son: 1. El deseo de victoria. 2. El deseo de recurrir a la astucia técnica».

Sobre la segunda ya he hablado, y me viene a la memoria la lucha de Bruce en el Coliseo con Norris.

Sobre la primera, traigo a colación un comentario de Bruce:

«El peor oponente con el que te puedes encontrar es aquel cuyo objetivo se ha convertido en una obsesión [...]. Por ejemplo, si un hombre ha decidido que va a arrancarte la nariz de un mordisco sin importarle lo que le ocurra en el intento, lo más probable es que tenga éxito. Podría ser golpeado con fuerza, pero no por eso dejará de intentar lograr su objetivo».

Como verás, se trata de una obsesión y es peligrosa. ¿Por qué no ha de serlo desear ganar y acabar con el oponente? Para mí es lo mismo que con la nariz. Bruce también dice:

«Creo que todo el mundo puede verse a sí mismo logrando su objetivo si pone todo su empeño en que su ardiente deseo se haga realidad».

Vale, pues ya está. Mi deseo es ganar y acabar con mi rival.

Como verás, no he tratado de hacer un estudio minucioso de los pensamientos y comportamientos culturales, sino más bien una comparativa básica. El enfoque del samurái hacia la vida, incluida la propia, me produce cierta desazón. La vida es algo sagrado y el don más grande que tenemos, y nuestro deber es preservarla tal y como haría cualquier hombre de medicina.

Desde mi punto de vista, Bruce nunca asumió esta filosofía como su propia senda, sino que la reinterpretó a su manera. El motivo es claro: el *bushido* se funda en la obediencia y el deber, mientras que Bruce defendía la libertad y la expresión personal por encima de cualquier código. Para él, la lealtad no estaba en seguir reglas externas, sino en ser fiel a uno mismo. Sin embargo, no rechazaba del todo su espíritu. Admiraba la determinación, el sentido de propósito y la ética de superación que también encierra el *bushido*. Lo que nunca aceptaría sería convertir la disciplina en una cárcel. Bruce no era un samurái ni pretendía serlo, pero entendía que un guerrero verdadero debía vivir con coherencia dentro y fuera del combate, además de ser un hombre libre.

De la rigidez del código y de la fluidez del Tao, Bruce construyó un nuevo paradigma, el del artista marcial que no sigue un camino trazado, sino que forja el suyo propio. Por esta razón, el JKD, su creación, no era solo un sistema marcial, era también una filosofía de vida. Allí donde el *bushido* hablaba de lealtad a un señor, Bruce hablaba de lealtad a uno mismo. Donde el *bushido* defendía el honor a toda costa, él respondería con la idea de la autenticidad.

La aplicación práctica de esa filosofía era clara:

En combate: fluidez, adaptabilidad y eficacia sin distracciones.

En la vida: honestidad consigo mismo, disciplina diaria y rechazo a lo superfluo.

En cierto modo, se podría decir que Bruce actualizó la filosofía del *bushido* para el siglo XX, convirtiéndola en un código más libre que no estaba atado ni a castas ni a jerarquías, sino abierto a cualquier persona dispuesta a vivir con intensidad, disciplina y autenticidad. Es importante que entiendas que Bruce entrenaba el cuerpo como espejo del alma. Si el movimiento debía ser directo y libre, también debía serlo el pensamiento. No se puede disociar. Si el combate exigía interceptar con precisión, la vida exigía actuar en el momento oportuno, sin demora ni duda. Esta es la clave.

Con el fin de despejar dudas, debo decir que soy un enamorado de Japón, de su belleza y colorido, de sus gentes y costumbres, de sus filosofías. Es un pueblo maravilloso, dotado de una gran visión de la realidad que lo circunda. A lo largo de la historia, no importa la región del mundo de que se trate, en una u otra época han surgido creencias y doctrinas que las gentes han tenido que asimilar como parte integrante de su existencia y que más tarde han demostrado su cariz en un juego de luces y sombras.

16. Los límites de la filosofía

«La cultura china me gusta más, como es natural, pero la americana es más práctica».

Una buena frase de Bruce para abrir este capítulo, en la que se aprecia lo que dije sobre que somos producto de aquello que constituye nuestra raíz, ya sea india, japonesa, israelí, china, americana, africana o europea. Está ahí y no puedes librarte de ella. A duras penas, Bruce pudo moldear una parte, y fue gracias a todas las lecturas y experiencias que absorbió. Como dice Inosanto:

«Se deshizo alegremente de la tradición, tiró el «libro» de proverbios por la ventana y al mismo tiempo revolucionó las artes marciales».

Como ya hemos comentado, la filosofía era necesaria y vital para Bruce en cuanto a su forma de enseñar y ver el JKD, a pesar de que hoy en día se suela dejar de lado en lo que a la enseñanza global se refiere. De ahí las preguntas: ¿Es hoy verdaderamente relevante y necesaria? ¿Tiene que ir ligada inexorablemente la filosofía a la expresión física del JKD? De ser así, ¿qué tipo de filosofía? ¿Bruce era ante todo un filósofo?

Las preguntas se solapan para el neófito, que en principio descubre y solo ve a un tipo fenomenal que se mueve como el rayo y que maneja los nunchakus como un bendito. No se dan cuenta de que solo están contemplando la punta del iceberg. Lo que subyace bajo toda esta explosión de imágenes y energía en la pantalla es mucho más complejo y, como tal, causa malestar a una gran parte de personas, perezosas por naturaleza, a las que les cuesta estudiar, aprender y asimilar ciertas cuestiones, y mucho más profundizar en ellas.

Para Paul Bax, amigo de John Little y Linda Lee y autor de un intere-

Bruce se deshizo de la tradición y revolucionó las artes marciales

santísimo libro titulado *Disciples of the Dragon: Reflections from the students of Bruce Lee. Deluxe edition*, en el que el autor entrevista a alumnos como James DeMile, Leo Fong, Richard Bustillo, Steve Golde, Joe Lewis, Pat Strong o Bon Bremer, el problema arranca cuando Bruce filtra, y hasta copia, las filosofías, por lo cual se pregunta hasta qué punto todo esto es solo una labor para que su arte reflejara una filosofía en lugar de mostrar lo que realmente era; es decir, un sistema de artes marciales.

Aunque Paul admite que el libro de James Bishop, *Bruce Lee: Dynamic becoming* (Promethean Press, 2019), explora muy bien el tapiz filosófico del que Bruce se valió para aplicarlo a su arte, confiesa que ha tenido desacuerdos con su autor. Paul se hace preguntas que muchos de nosotros, con mente práctica, podemos también hacernos:

«¿Círculo sin circunferencia? ¿Limitación sin limitación? ¿Cómo se puede aplicar un "camino" a la visión de un hombre que supuestamente no tiene "camino"? Sin sistema ni método, ¿qué hay que practicar?».

De cualquier modo, todos sabemos que no se puede desligar la filosofía de la que se imbuía Bruce del JKD. Es más, sin esa filosofía, la propia expresión física de su arte pierde su alma; así de importante es. Con lo cual no se trata de tirar por la borda la filosofía, sino de revisar parte de ella. Obviamente, este libro no trata de relatar la vida de Bruce y sus mil y una anécdotas ni de enseñar el JKD y su filosofía. Si estás interesado, deberás empezar a buscar en los sitios apropiados y, desde luego, proveerte de lecturas especializadas.

Si hablamos del tipo de filosofía que influyó a Bruce y que él aplicó al JKD, diremos que es eminentemente oriental, y como tal, muy dada a estímulos místicos y espirituales en pro de fomentar el propio encuentro con uno mismo, así como un descubrimiento trascendental que propicie un reencuentro con la totalidad de todo lo que nos rodea y de lo que formamos parte. Un papel preponderante tienen el taoísmo, el zen, el budismo, etc. En suma, casi todo de carácter existencial. Y esta es la otra cara de la moneda y, de alguna manera, la antítesis del propio JKD, cuyo lema es la simplicidad, lo directo y eficaz, y cuya filosofía no hace gala de estos principios. Por eso, no es de extrañar que aquí, en Occidente, casi toda esta parte del JKD se haya amputado.

Los seres humanos estamos provistos de un ego natural que a menudo vamos acrecentando conforme avanza la vida. Por este motivo solemos mantener una actitud férrea en nuestros postulados y conceptos, básicamente dividida entre nuestras ideas y las que consideramos equivocadas por no ajustarse a las que ya tenemos.

Avanzar en la vida como un ser humano «auténtico» significa analizarse continuamente, porque si el agua no fluye, se estanca y se pudre. Esto incluye dejar de oírnos para poder escuchar a los demás y dejar de vernos para observar a los otros, pero, sobre todo, estar dispuesto a cambiar muchas de nuestras ideas preestablecidas por la sociedad y los demás. Así es como evoluciona el intelecto hacia el conocimiento que busca la verdad, pues de otro modo la relativizas.

La búsqueda de la verdad en cualquier materia tiene un doble efecto, porque tiende a desvelar algo de nosotros mismos, y es que, si el conocimiento nos hace libres y nos provee de profundas satisfacciones, también es cierto que nos crea insatisfacciones al revelarnos crudas realidades que, de otro modo, no percibíamos. Pero debemos combatir con todas nuestras fuerzas la voluntad de la ignorancia y a quienes la imponen, empezando por ver que toda ley o evangelio, en su inflexibilidad, es algo imperfecto.

A lo largo de los años he ido aplicando la lupa del conocimiento a muchos de esos postulados, ya sean religiosos, filosóficos o meros ideales políticos, y los cristales de la lupa han sido cada vez más gruesos y potentes. Descubrir errores y muchas incongruencias, antítesis y dicotomías, ha sido fácil hasta cierto punto. Otros se ocultan entre capas de tortuosa información y farragosas exposiciones, metáforas o alegorías.

Ha sido fácil toparme con los despropósitos de algunos «entendidos» en el tema de Bruce Lee, como esos en los que se argumenta que, para llevar a la práctica la evolución propuesta por Bruce y para que el JKD no se estanque, se han de incorporar conceptos y técnicas de otras artes marciales con el fin de hacerlo más completo. En otras palabras, aumentar en lugar de pulir. O cuando me encuentro con alguien que dice que el JKD es un proceso de evolución y superación sin una finalidad determinada.

El problema de la filosofía es el mismo que puede darse en otras corrientes de pensamiento, espiritual o no. A veces perdemos de vista que es algo creado por hombres y que a menudo hemos convertido en leyes inmutables. Sus debilidades son las mismas que las del ser humano. No somos entes perfectos y lo trasladamos a lo que solemos desarrollar. Como las artes marciales, cada propuesta filosófica es como un estilo que promueve sus «particulares» verdades y nunca suelen ser completas. A veces solo se dedican a desbrozar un punto concreto. Pero hay algo en lo que muchos no se paran a pensar: la propia debilidad de un dogma queda expuesta cuando existen muchos para explicar cómo se deben tomar posturas ante situaciones concretas de la vida. Cuando algo es una verdad inmutable, no necesita de múltiples filosofías con sus diversas interpretaciones. Esto mismo ocurre con las religiones, también creadas por los hombres, al margen de si lo que se preconiza es real o no.

Todas las sociedades del mundo tienen sus propios filósofos y filosofías, y aunque son el producto de unas mentes ataviadas con los elementos propios de su linaje, cultura, época y experiencias personales, adolecen de una misma limitación, que no es otra que la dificultad de adosarlas de una manera práctica a la realidad de la vida y al transcurso de las eras. Suelen ser pensamientos muy profundos y hermosos, pero que resultan bastante complejos a la hora de llevar a la práctica por el individuo de a pie, sobre todo en la época de la modernización. No sé tú, pero yo siempre entiendo el JKD como algo directo, simple y eficaz; y así, cuanta más complejidad reviste algo para expresar su postulado, menos puntos me merece.

Ahora, si te parece, demos un breve repaso a ciertas frases y pensamientos, a modo de aperitivo. Nada excesivamente serio.

Se ha dicho muchas veces, como planteamiento filosófico, espiritual y místico (recordemos que todo proviene de la mano del hombre), que aquello que buscamos en el exterior está ya dentro de nosotros, y lo mismo pasa con la naturaleza divina. Presuponer lo segundo requiere creer en entidades superiores a las que el hombre ha denominado, creado y apelado a lo largo de los siglos y milenios. Es un tipo de estructura espiritual a la que uno debe adherirse, y está claro que no lo hacen todos los seres humanos; luego tal afirmación dogmática se puede adosar si tú ya formas parte de esa creencia. En cuanto a que todo ese conocimiento que buscamos fuera se halla dentro de nosotros, no tiene una aplicación plausible fuera de un contexto místico. Yo mismo y cualquiera comprendemos lo mucho que hemos aprendido con los estudios y los libros, en los que se compendia el saber humano. A esto se suma la capacidad de observación para aprender y la interacción con otros seres humanos, más las influencias externas que nos llevan a pasar pruebas en la vida, a veces muy duras. La mencionada filosofía es muy emocionante y bonita, pero yo he tenido que rebuscar en muchas áreas unas respuestas que no podían estar dentro de mí. A veces eran muchas, desde perspectivas diferentes e impensables y, en cualquier caso, he podido descubrir lo erróneo que es jugar con los instintos primarios y las supuestas percepciones que provienen de un alma o ente interno. Pensemos por un momento qué ocurriría si la vida avanzara o pudiera avanzar a golpe de respuestas de esa índole. Para empezar, habría una miríada de «iluminados».

Si el conocimiento que buscabas estaba en tu interior y no lo veías, y por ello un tipo de enfermedad te corroía sin saber que la solución estaba dentro de ti, y tienes que recurrir a que, como decía Bruce, «tu luz interior te guíe fuera de la oscuridad», a día de hoy pienso que se puede solucionar con menos tiempo, complejidad y margen de error, visitando a los modernos psicólogos. En la era de la edad espacial, comprender el proceso electroquímico del cerebro y sus funciones, junto con el bagaje de los nuevos profesionales de la mente, es vital para una recuperación a muchos nive-

Avanzar en la vida como un ser humano auténtico significa analizarse

les, sin descartar del todo los derivados de la mente espiritual. Comprender nuestro cerebro, su composición y cómo actúa significa vernos libres de muchas ataduras. Algunos también lo logran a través de una profunda fe religiosa o espiritual, o incluso echando mano de ambas.

Leí un comentario de James Coburn, quien, tras experimentar una iluminación, decía que ahora podía sentir las cosas en lugar de tener que verlas o percibirlas de un modo intelectual. Aquí, Coburn ha hecho una escisión marcada por lo místico, cuando en realidad son partes de un todo, como el yin y el yang. No todo puede ser sentido con el intelecto o con el sentido místico-espiritual. Ambas cosas se complementan, y esto es algo de lo que puedo hablar por mí mismo, a pesar de que otros muchos ya se me han adelantado.

Cuando hablamos de empirismo, la definición correcta es:

A). Conocimiento que se origina a través de la experiencia. B). Sistema filosófico fundado principalmente en los datos de la experiencia.

Lo cual viene a decir que avanzamos a base de concretar las experiencias y aprender de ellas o bien por medio de un sistema filosófico que se cimenta en lo mismo. Entonces encontramos, por ejemplo, las reflexiones de un reputado pensador y sacerdote católico, Thomas Merton, que nos dice:

«El inconsciente es ver las cosas como son [...]. Ser inconsciente significa ser inocente del funcionamiento de una mente relativa, empírica».

Con esto promueve que rechacemos la realidad anterior y cualquier sistema filosófico que lo promueva. Me parece, desde luego, una barbaridad.

Seguimos. Tenemos el pensamiento budista que enfatiza que todo sufrimiento se origina por aferrarnos a las cosas de la vida y nos facilita una serie de consejos para erradicarlo. Sin embargo, en otras filosofías se nos habla del sufrimiento como una vía para crecer, superarnos, adquirir conocimiento y hacernos más fuertes. Escoge lo que más te guste.

Como ejemplo de verdades parciales y del acusado dogmatismo que abanderan las filosofías, pues cojamos una. El zen nos dice que dejemos de pensar para que la mente pueda actuar libre y con eficacia, promoviendo una reacción instantánea, libre de todo pensamiento consciente. Sin embargo, sabemos que la realidad nos dicta que en ciertas ocasiones una reacción instintiva y sin pensar puede ser algo muy peligroso.

Para resumir, y a pesar de la patente ambigüedad de muchos elementos, en el ámbito filosófico podemos perder con gran facilidad el horizonte y adentrarnos en un terreno que, sin darnos cuenta, puede constituir el principio y fin de todas las cosas. Y así, en lugar de ver el universo, solo vemos el dedo que lo señala. Esto sucede cuando, a través de Bruce, solo nos encerramos en un tipo de filosofía y pensamientos, dejando de ver todos los demás.

Como he citado muchas veces, estoy convencido de que Bruce, de haber vivido más y haber alcanzado las otras etapas de la vida, se habría deshecho de una gran parte de las bienintencionadas filosofías. Por su carácter innovador y por cómo fue actuando ya en los últimos años, en los que se adentró en la psicología y en la famosa terapia Gestalt, seguro que habría discurrido por un camino en el que la ciencia de la mente ocuparía un lugar preeminente dentro del llamado proceso interno, y lo habría aunado con las partes más positivas de la filosofía, la cual habría puesto a prueba durante las siguientes etapas de su existencia. Por supuesto, habría afectado al elemento existencialista del JKD, promoviendo algo más sencillo, dúctil y universal. Esta es mi opinión.

17. Tríada filosófica

El vacío y la no interferencia

Este es un aspecto al que Bruce siempre le ha dado una gran importancia, y no es nada fácil llevarlo a la práctica. Veamos algunos de sus comentarios:

«En el JKD es preciso olvidar toda la técnica y dejar solo lo inconsciente para que se ocupe de la situación, cuando la técnica asegura sus maravillas de manera automática o espontánea y te permite flotar en la totalidad. No tener técnica es tener toda la técnica».

Esto suele ser un asunto de experiencia, de madurez en las artes marciales, porque en los primeros tiempos uno está muy ocupado pensando en cómo hacer bien todas las cosas. Por lo general, son los años de práctica los que hacen que generemos respuestas automáticas y sin pensar, ya sea una pelea o conducir el coche del trabajo a casa.

Lo siguiente tiene una gran relevancia en el JKD y también es muy difícil de conseguir: «Estar vacío significa no tener apariencia, no tener estilo o forma que sirva de base de trabajo al adversario».

Bruce quiere que mantengamos tal apariencia, interna y externa, que nadie pueda tener claro qué vamos a hacer y cómo. Nos expresamos con una total indefinición, y así nuestro adversario no puede planear nada efectivo porque somos una caja de sorpresas. Aquí se hace necesario matizar algunas cosas. No tener forma, técnica o estilo para así tenerlas todas, también es algo definido, y a pesar de la dificultad que entraña, un adversario inteligente puede captar esta no forma y estar preparado para ella. Esperará entonces nuestros movimientos para ajustar los suyos y tenderá a un trabajo a la contra y con engaños.

Estar vacío significa no tener apariencia, no tener estilo o forma

Otra cuestión es que, a pesar de los años como profesor y haber visto a muchísimos artistas marciales, incluidos los que trabajaban con esta libertad y filosofía, al final sí tenían una forma personal de hacer las cosas. Unos menos que otros, pero eran identificables en sus formas de moverse y pelear. Y si pensamos en Bruce, ¿posee unas características que lo definen o no las tiene en absoluto? Al final vemos la relatividad de todas las cosas y entendemos que nada puede llevarse a cabo al cien por cien; solo podemos tomar la idea y llevarla a cabo lo mejor posible.

Siempre que he analizado estas cuestiones, nunca he dejado de pensar que todo este artificio poco o nada tiene que ver con el hecho de pelear con alguien en la calle. Y es que Bruce, a pesar de que siempre dijo que el JKD era defensa personal, observamos que muchas de sus características están concebidas para peleas de otro tipo. Parece que el JKD es, en definitiva, algo más que un arte para defenderse y elevarse como ser humano; es también un medio para mejorar las artes marciales de cualquiera y, llegado el caso, para enfrentarse a otros luchadores.

Bruce sigue predicando la importancia del vacío y de la no interferencia como algo de suma importancia en el JKD: «Conserva el estado de libertad espiritual y de no apego en cuanto asumas la postura del JKD».

Cuando Bruce habla, es fácil perderse en las primeras impresiones de las palabras o no darles el significado correcto. Vemos que habla de «libertad espiritual», que está más allá de la mera actuación mecánica, lo que puede ser el gran error de los que ven y enseñan en JKD solo como algo físico. Este tipo de libertad atañe a la totalidad del ser humano, porque cuando uno, como persona, tiene libertad espiritual, la expresión marcial se vuelve de forma natural una segunda piel. Y esto es lo que, a fin de cuentas, perseguía Bruce con su invento: un camino de superación de las personas a través de un arte marcial. Por esta razón, el JKD es, en definitiva, un camino de vida. Un camino para aprender con libertad de expresión las artes marciales y cualquier otra cosa que te propongas, sin ataduras ni apegos, ni siquiera al propio camino, porque lo importante, a fin de cuentas, es siempre la propia persona.

Sigamos con Bruce, que ahora nos dice:

«El objetivo es olvidar el conocimiento y la habilidad adquiridos para que puedas flotar en el vacío sin obstáculos y con comodidad. El aprendizaje es importante, pero no te vuelvas un esclavo suyo».

Aquí Bruce nos dice sin rodeos lo perjudicial que es estar siempre sometidos al aprendizaje de algo, obsesionados con tener continuamente la mente en estado de alerta y nunca tener suficiente. Desde esta perspectiva, el ser queda relegado y el aprendizaje en sí toma las riendas. Por eso habla de olvidar el conocimiento y la habilidad, para dejar que el ser humano salga a la superficie y se exprese siguiendo sus impulsos primarios e intuiciones, sin interferencias. Lo expresaré de otro modo: como ya he dicho, al principio yo estudié mucho las técnicas de escritura y composición literaria, la gramática, la sintaxis y el significado de las palabras. Pero un día me dije que ya estaba bien y que debía afrontar la escritura de un libro sin pensar en nada de ello. El resultado fueron tres libros maravillosos: *Guildo* (Samaruc, 2019), *El sueño de la oscuridad* (Samaruc, 2020) e *Increado* (Alberto Santos, 2024). Cuando los lees, se nota que son menos técnicos, pero más fluidos y naturales. A esto es a lo que se refiere Bruce. Pero me sigo preguntando: ¿Él fue un esclavo del constante aprendizaje de nuevas fórmulas y del entrenamiento?

La forma sin forma

Explica Bruce en *El Tao del jeet kune do*:

«El jeet kune do favorece la forma sin forma, de modo que asume todas las formas, y ya que el JKD no tiene estilo, puede adaptarse a todos los estilos. Como resultado, el JKD utiliza todos los caminos y no está limitado por ninguno; por consiguiente, usa todas las técnicas o medios que sirven a su fin».

Tal y como lo explica, es lo suficientemente explícito como para no ampliar la información. No obstante, es el propio Bruce quien hace una observación al respecto:

«Para comprender el jeet kune do, hay que desembarazarse de todos los ideales, modelos y estilos; de hecho, hay que desembarazarse incluso de los

El jeet kune do favorece la forma sin forma, de modo que asume todas las formas

conceptos de lo que es o no es el ideal en el JKD. ¿Se puede contemplar una situación sin nombrarla? Nombrarla, describirla, provoca pánico».

Es muy acertado que Bruce diga esto, porque es muy fácil caer en las redes particulares y, por tanto, limitadas de una forma de pensamiento que dicta si esto o aquello se adapta al JKD. La libertad auténtica radica en no ser jueces que dictan leyes. En este sentido, casi cualquier cosa podría ser digna de probarse dentro del JKD. Se adosará a él o no, después de haber intentado la correcta asimilación conforme a las pautas que preconiza. Como tal, la libertad comienza en nuestras mentes. Por este motivo, Bruce añade:

«Desde luego, es difícil contemplar la situación simplemente —nuestras mentes son muy complejas— y es sencillo enseñarle a alguien a ser diestro, pero es difícil enseñarle su propia actitud».

La victoria y la derrota

Entre las anotaciones de Bruce compiladas para *El Tao de jeet kune do* encontramos referencias a un tema polémico. Nos dice:

«Acércate al jeet kune do con idea de dominar la voluntad. Olvídate de posibles victorias y derrotas; olvídate de orgullos y de dolor. Deja que tu rival roce tu piel, y tú aplastarás su carne; deja que aplaste tu carne, y tú romperás sus huesos; deja que rompa tus huesos, y tú tomarás su vida. No te preocupe el salir a salvo, ¡pon tu vida por delante de él!».

Esto no es fácil de llevar a cabo. En principio, porque siempre que peleamos lo hacemos para ganar. Sin esta idea firmemente forjada en nuestra mente, parece que carecemos del incentivo, del motor que nos mueve. En segundo lugar, en una situación de verdadero riesgo nos es imposible erradicar el peligro y el dolor y, por supuesto, deseamos salir ilesos.

Bruce sigue diciendo:

«El gran error es anticipar el resultado del encuentro; no se debe estar pensando en si termina en victoria o en derrota. Deja que la naturaleza siga su curso y tus herramientas golpearán en el momento exacto».

Aquí Bruce nos exhorta a que nos deshagamos de ideas que bloqueen nuestra mente. Desea una mente fluida, liberada de pensamientos, incluidos los que tienen que ver con ganar o perder, reflexiones que nos asaltan a menudo durante una confrontación. Imagino que Bruce se refiere al te-

Acércate al JKD con idea de dominar la voluntad. Olvídate de posibles victorias y derrotas, olvídate de orgullos y dolor

rreno de la defensa personal, ya que es imposible realizar esto en combates profesionales, en los que se necesita evaluar constantemente el desarrollo de la pelea con el fin de planificar nuevas estrategias.

El tercer comentario de Bruce es aún más significativo:

«El jeet kune do nos enseña a no mirar hacia atrás una vez que el curso está ya decidido. Trata indiferentemente a la vida y a la muerte».

La primera parte del comentario me parece correcta. Una vez entras en lid, lánzate con todas las consecuencias. Sin embargo, mi propia naturaleza como ser humano que ama la vida me impide tratarla con indiferencia, aun en una pelea de alto riesgo. Desde mi punto de vista, es una filosofía equivocada y, sobre todo, peligrosa, tanto si la llevamos al terreno de la pelea como si la extrapolamos a otro tipo de cuestiones. Una doctrina que me recuerda demasiado a la del *bushido*. ¿Pudo esta filosofía influir en su muerte?

18. Rastreando el jeet kune do

Bruce también pensaba que un profesor nunca puede estar fijo en una rutina. Esto no suele darse mucho en un maestro. Al mismo tiempo, y en lo que respecta al JKD, les creaba un problema a los instructores a causa de los constantes cambios. Bruce no dejaba de hacer modificaciones; y así, esto también nos atañe a nosotros en la actualidad porque, como antes he mencionado, dependiendo del punto en el que vemos, leemos y estudiamos a Bruce, nos encontramos con una serie de parámetros que varían dependiendo de la época y el momento que revisamos.

Entonces es fácil confundirnos si creemos que lo que ha dicho en cierto momento es lo definitivo. De ahí que, cuando a lo largo de los años, y ahora mismo también, hablas con la gente, cada uno te dice lo que él ha interpretado que es el JKD, y observas grandes diferencias; partes de una verdad más grande y total que se nos escapa. Leo Fong, el artista marcial y amigo de Bruce, dice a este respecto:

«Bruce decía que el JKD estaba constantemente en estado de cambio. Recuerdo verlo un día todo emocionado, hablando de cómo iba a desarrollar una técnica, y luego, dos semanas después, ya tenía otra forma de hacerlo. Le preguntaba por la primera y me decía que me olvidase de ella, que esta era mucho más avanzada. Así que siempre estaba cambiando, a fin de alcanzar la perfección».

Ted Wong añade a esto:

«Bruce enseñaba básicamente el JKD, o su evolución de las artes marciales, a distintas personas a medida que iba evolucionando en diferentes épocas y lugares. Debido a sus constantes idas y venidas durante los años, la gente enseñaba distintas partes del mismo. Eso provocó una mala interpretación y al mismo tiempo un problema».

El JKD estaba siempre en estado de cambio,
lo que ha creado confusión

Debe ser así, porque cada uno ha asimilado el JKD en un preciso momento y época, por lo que no solo lo ha parcializado, sino que también ofrece esos diferentes ángulos de una realidad. Como dice Paul Bax:

«Creo que la confusión proviene de las diferentes perspectivas de los diversos estudiantes a los que Bruce Lee enseñó a lo largo de los años. Si bien es posible que todos hayan aprendido una pieza del rompecabezas, a menudo estos estudiantes sienten que su pieza es mejor que la de los demás».

Paul cree que otro añadido a toda esta confusión se debe a la trayectoria de Dan Inosanto, a quien muchos han tenido como gran exponente del JKD. Pero Inosanto ha ido derivando hacia una serie de artes marciales que le han interesado más, al punto de que su alumno, Chris Kent, manifestó a la revista *Inside Karate*:

«Dan se ha desplazado casi por completo hacia las artes marciales del sudeste asiático: muay thai, silat, kali... Está bien, pero eso no es jeet kune do».

¿Y qué es el jeet kune do? Joe Lewis afirmaba que Bruce estaba cambiando constantemente su definición y que, en cierta forma, era bastante contradictorio. Le pedía que no le enseñara a nadie lo que le estaba enseñando a él, pero al mismo tiempo le pedía que lo pusiera en práctica y, obviamente, la única forma era mostrar a otros lo que hacía. Según Lewis, Bruce se jactaba de lo especial que era con su forma de entrenamiento, pero salía a correr como lo haría un boxeador. Pateaba al saco pesado como lo haría un karateca y lo golpeaba con sus puños como si fuera un boxeador. Y hacía lo mismo con la pelota elástica, aunque Lewis creía que debería estar más tensada.

«Intentó hacer que el jeet kune do pareciera estar por encima del listón en términos de compararlo con otras artes marciales, pero aparentemente practicó las mismas cosas que estaban haciendo otros artistas marciales».

Tras la muerte de Bruce, el JKD se desmenuza como las migas de atún y cada cual parece tener una pieza de ese puzle que Bruce fue diseminando con las inoportunas variables debido a los continuos cambios. A esto se añade, indefectiblemente, que Bruce no tenía el JKD pulido o terminado, por decirlo de alguna manera. En cualquier caso, tras la muerte de su creador, desmembrar el JKD puede redundar en mayor confusión. Según Paul Bax, Inosanto le dijo a Larry Hartsell, otro alumno importante de Bruce,

Tras la muerte de Bruce, el JKD se desmenuza
y cada cuai parece tener una pieza

que enseñara lucha como un complemento al JKD, aunque en realidad Bruce apenas llegó a enseñar nada de lucha a sus alumnos. A otro gran alumno, Tim Tackett, le pidió que incluyera atrapes en los seminarios; sin embargo, según Ted Wong y otros, esto y el chi-sao ya no estaban en el punto de mira de Bruce en su evolución del JKD. Es más, añade que Bruce llamó a Taky Kimura para decirle: «El chi-sao está fuera». Sin embargo, Paul Strong, otro instructor, mete en escena de nuevo el wing chun, a pesar de que esto, a tenor de muchos, Bruce ya lo tenía desechado en su concepción final del JKD antes de morir. Por lo cual no es de extrañar la opinión que arroja Paul Bax, quien, como sabemos, ha profundizado en el dilema al ir entrevistando a los diversos estudiantes:

«A mediados de los años ochenta, comencé a ver un cambio en lo que se decía originalmente, y eso me hizo pensar. Antes de que me diera cuenta, estaba entrevistando a los estudiantes de Lee y escuchando las diferentes caras de la moneda [...]. Mi principal preocupación con el señor Inosanto es su falta de control sobre sus estudiantes y cómo ellos "se escaparon" con el JKD en los años ochenta y profesaron muchas cosas que él sabe que no son ciertas. Aquí hay un hombre que afirma ser su único heredero, pero les dice a sus alumnos que, si bien hizo la promesa de no promover el jeet kune do, ellos no hicieron la misma promesa, por lo tanto no se rigen por ella [...]. En esencia, con *El Tao del jeet kune do* (Ohara, 1975) en nuestras manos, el sentido común y las percepciones de otros estudiantes de Lee, además de los viejos profesores de JKD, sentimos que teníamos una idea de lo que Lee estaba haciendo mientras vivía, pero estábamos algo confundidos en cuanto a lo que la gente proponía que era JKD».

Las declaraciones de Paul son concisas y determinantes, y hay que otorgarle credibilidad por su gran labor de investigación. Él se dio cuenta hace años de las diferencias entre la fuente original de Bruce y lo que se desarrolló después; unas discrepancias a las que se sumó una serie de «medias verdades y falsedades», al punto de que le hizo decir en una entrevista en el 2013 para USAdojo.com:

«Mi próximo libro, *The death of jeet kune do: In memory of a once fluid martial art*, debería acabar con casi todas las guerras abiertas sobre el JKD».

Como verás, el título lo dice todo. Al parecer, Paul desistió de este proyecto tan explosivo, y no se lo reprocho, pues se habría granjeado la enemistad de por vida de mucha gente del medio. Lo cierto es que, tomada conciencia del problema, ¿qué hacer con todo esto de aprender el JKD? ¿Debo ir a una escuela para asimilar una visión particular? ¿A qué escuela? ¿Es mejor aprenderlo de los libros siguiendo el patrón original, aunque sea más complicado? Por otro lado, ¿quería Bruce que su JKD se enseñara en escuelas?

En los siguientes capítulos intentaremos ir viendo la mejor forma de contestarlas. ¿Seguimos?

19. Bruce Lee cierra sus escuelas

A lo largo de la vida siempre me he preguntado por qué Bruce decidió cerrar sus tres escuelas en Estados Unidos cuando ya tenía cierta fama, las tenía en funcionamiento y con instructores asistentes que las controlaran. Sí, he leído las explicaciones que Bruce ha dejado escritas y he investigado hasta donde he podido, a pesar de que la mayoría de los libros no dicen mucho sobre este tema, y si lo hacen, es de pasada. ¿Se trata de un punto oscuro?

Argumentos no faltan, como los que se refieren a una capitalización de las clases particulares, o que el esfuerzo de impartir las enseñanzas era más rentable con gente famosa y con mayores recursos económicos. Por otro lado, la perspectiva de una carrera como actor con mayores dividendos.

La trayectoria disciplinaria de Bruce se mueve con gran rapidez. Primero se motiva mucho con el wing chun; después, a principios de los sesenta, va moldeando su jun fan gun fu. Tras *El Avispón Verde,* comienza a dar clases particulares a famosos, y en 1967 empieza ya a perfilar el JKD. Un año y medio más tarde cierra las tres escuelas y deja que Dan Inosanto siga entrenando a un pequeño grupo de forma privada. Tal y como relató Mito Uyehara:

«Cuando sus ingresos procedentes de la enseñanza de famosos crecieron, pareció mostrar cierto desinterés por la escuela del barrio chino. Las visitas a la escuela eran poco frecuentes y los nuevos estudiantes no recibieron clases suyas, sino de Dan Inosanto, que lo reemplazaba. Por aquella época, Bruce ya pensaba que el jeet kune do no era para todo el mundo».

Bruce, no obstante, describió su motivación desde un punto de vista más altruista, motivo por el que siempre he navegado por un mar de dudas.

Aunque tal vez no haya que escoger una u otra y simplemente se trate de una mezcla de ambas, de un cúmulo de circunstancias.

Sin embargo, ¿por qué sigo sintiendo que falta algo? Creo que se debe a cierta inconsistencia de algunos de los fundamentos que barajamos. El Bruce que he querido conocer es un hombre que persigue la fama y el reconocimiento, pero a la vez es muy íntegro con los principios en los que cree.

En un escrito fechado en 1972 y publicado en *Palabras del Dragón* (*Words of the Dragon. Interviews 1958-1973*, Dojo, 2008) de John Little, se cita:

«Se opone a la instrucción masiva de alumnos por los medios tradicionales. Esta negativa a seguir la tendencia a la popularización de las artes marciales en Estados Unidos lo llevó a cerrar hace unos años las tres academias que tenía».

Linda Lee relata:

«En esa época, Bruce pudo haber ganado mucho dinero, después de su éxito como Kato, y tuvo que resistir presiones bastante considerables para que explotara el papel con una serie de escuelas encaminadas a atraer principalmente a los jóvenes, quienes se habían convertido en sus mayores fanáticos. Bruce, sin embargo, no quiso ni oír hablar del asunto. El éxito era una cosa, pero la integridad de sus artes marciales era algo muy diferente.

La escuela de Oakland (California)

Incluso siguió manteniéndose firme acerca de la clase de alumnos que aceptaba para darles lecciones».

Aquí empieza a vislumbrarse ese sentido tan férreo que Bruce tenía sobre una serie de convicciones en relación a su arte marcial.

Alex Ben Block cita en *La leyenda de Bruce Lee* (Garbo, 1974):

«Fue también por aquel entonces cuando Bruce le dijo a Linda que nunca abriría una cadena de escuelas de artes marciales, porque esto solo serviría para prostituirle».

También se sigue haciendo hincapié sobre la determinación de Bruce de una enseñanza individual y no masiva. A este respecto, Linda Lee aclara un poco más:

«Según la autorizada opinión de Bruce, la correcta actitud hacia las artes marciales solo se le podía inculcar al estudiante sobre una base individual, y esa es la razón más importante por la cual descartó la idea de fundar una cadena de escuelas. Era parte de su talento como maestro la necesidad de adentrarse en la mente de sus estudiantes y abrirla. Aunque Bruce tenía sus propias rutinas personales, ponía todo su empeño en prepararles a sus estudiantes rutinas de ejercicios que encajaran en las necesidades de cada uno de ellos individualmente».

En febrero de 1970, Bruce le diría a William Cheung en una carta:

«Hace dos años cerré mis tres escuelas para concentrarme en participar en películas y en mejorarme personalmente. Enseñando se aprende mucho, pero no basta con ver, hay que hacer; no basta con saber, hay que aplicar. Así que ahora vuelvo a disfrutar de mis entrenamientos, dando algunas clases particulares de vez en cuando».

Y un poco más tarde, en abril de 1970, para la revista *The Star* de Hong Kong:

«Estoy cansado de esta vida de instructor de boxeo. Es hora de que ponga en marcha un negocio propio. Si mi productora de cine tiene éxito, me hará ganar millones».

Visto así, podría discernirse de forma rápida y sin ahondar mucho que estaba claro por qué decidió Bruce cerrar las escuelas. Pero sería precipitarnos, ya que existe una evolución previa que tuvo como colofón la posibilidad de labrarse una carrera en el cine; es decir, que a las decisiones importantes de la vida se llega a través de un proceso en el que se van dando una serie de circunstancias. En el caso de Bruce, el inicio fue una paulatina pérdida de interés por el comportamiento general de la gente en las escuelas y la difícil asimilación del JKD, tal y como él lo veía y deseaba trasmitirlo.

El comentario de Bruce a Daniel Lee es contundente:

«El dinero es una cuestión secundaria. Por eso he disuelto todas las academias de JKD, porque es muy fácil que un estudiante llegue y crea que el programa es "la verdad" y que el plan de estudios es "el camino". Cuando hay un camino, la limitación se encierra en él. Y cuando hay una circunferencia, es decir, parámetros, reglas y reglamentos, te atrapa; y si te atrapa, te pudre; y lo que se pudre no tiene vida».

Pero veamos otros comentarios suyos que otorgan cierta justificación al presente y que nos acercan un poco más al proceso por el que pasó antes de tomar la drástica solución de cerrar las escuelas. Hacia 1969 dijo:

«El JKD no es una institución organizada a la que se pueda afiliar uno. O se entiende o no se entiende, y no hay más. Hubo un Instituto de Gung Fu Jun Fan, hubo un método del wing chun, pero ahora no existe tal organización ni método».

Y en 1971 lo ratificaría:

«Cuando llegué por primera vez a Estados Unidos, enseñaba mi propia versión del estilo wing chun; entonces yo no tenía mi sistema chino. Pero ahora ya no me interesan los sistemas ni las organizaciones. Los institutos organizados tienden a producir presos encasillados en un sistema cerrado».

También la apreciación hacia el alumnado se fue deteriorando:

«Tampoco es fácil encontrar alumnos sinceros y serios. A muchos estudiantes les dura cinco minutos el entusiasmo; otros se presentan por motivos egoístas, pero, por desgracia, la mayoría son artistas de segunda mano, eminentemente conformistas. Los practicantes corrientes de artes marciales no suelen aprender a expresarse a sí mismos, sino que siguen fielmente a un instructor, a la figura autoritaria y a las pautas que se les imponen. Supongo que imitar a la masa produce una sensación de seguridad».

El deterioro gradual es un proceso que lo llevó, lenta pero inexorablemente, a considerar el cierre de las escuelas:

«Con el paso del tiempo, los alumnos pueden llegar a entender algunas rutinas e incluso pueden adquirir habilidad siguiendo una pauta determinada, pero no se habrán entendido a sí mismos. Dicho de otro modo, habrán llegado a dominar la habilidad de manipulación rutinaria, pero no lo que ellos son en sí mismos».

Escuela de Los Ángeles (California)

Bruce sigue haciendo hincapié en el hecho de que el arte marcial solo es visto como algo físico por la mayoría, por quienes nunca podrán alcanzar una auténtica comprensión de sí mismos y, por consiguiente, la transformación necesaria para alcanzar la totalidad y un estado diferente como seres humanos. Porque el JKD debería ser una herramienta de transformación física, mental y espiritual, libre de ataduras. Un estado preparatorio para comenzar a caminar por la vida de otro modo.

Ahora Bruce nos aclara:

«El JKD es una conciencia total que no tiene un antes o un después. Así pues, no se trata de una institución organizada a la que pueda afiliarse la persona. Las grandes organizaciones con sucursales nacionales y extranjeras, con afiliados, etc., no son necesariamente el lugar donde se descubre o se encuentra a sí mismo el artista marcial. Lo más frecuente es que suceda todo lo contrario. Para poder llegar a todos los alumnos, cada vez más numerosos, debe establecerse algún tipo de esquemas preconcebidos para que sirvan de patrones que puedan seguir las sucursales. La consecuencia será que todos los miembros quedarán condicionados en función del sistema prescrito. Es probable que muchos acaben presos de una instrucción sistematizada».

El JKD entra, desde luego, en una categoría totalmente diferente y única, y sin la filosofía existencial con la que Bruce solía acompañar la enseñanza, todo intento es una quimera. Nunca será JKD. Un JKD que Bruce decidió que no se enseñara, tal y como le dijo a su amigo y alumno, Dan Lee:

«Sucedió en 1970. En ese momento, Bruce tenía poco interés en enseñar y en seguir con las escuelas. Dijo que su arte marcial era para su entrenamiento personal y no para enseñarlo. Por eso en 1970 le pidió a Dan Inosanto cerrar las escuelas y que dejara de enseñar [...]. Bruce me dijo que le preocupaba que su arte fuese prostituido por algunos, incluyendo sus estudiantes, y que pudiesen abrir escuelas comerciales bajo el nombre de jeet kune do [...]. Él me decía y remarcaba: "Tú podrás sacar dinero de ello, pero me sentiré defraudado si lo haces". A través de los años, he honrado sus ruegos y he permanecido fiel a mi compromiso con él».

Parece bastante radical, y como ya he comentado en alguna ocasión, puede que fuera este, y no otro, el verdadero motivo por el cual Dan Inosanto nunca ha querido involucrarse excesivamente con el JKD. Ahora bien, según las investigaciones de Paul Bax, parece ser que, una vez cerradas las escuelas, permitió que sus instructores siguieran enseñando de forma particular a algunos alumnos escogidos. Desde luego, enseñar de forma privada a alumnos seleccionados no era lo mismo que impartir clases en las escuelas. Como vemos, los comentarios y las apreciaciones difieren según las personas consultadas. A veces da la sensación de que hay una especie de laguna sobre la que cada cual lanza su bote. Sin arribar a un puerto demasiado exótico, el propio Tim Tackett comentó que Inosanto le dijo durante el primer seminario de JKD que se llevó a cabo, que tanto él como Larry Hartsell «nunca le hicieron ninguna promesa a Bruce sobre lo de enseñar JKD». Por lo tanto, la misma ambigüedad habla de la posibilidad de no enseñar, aunque tal vez podrían tener permiso para hacerlo. Al final, no se sabe dónde está la huidiza senda, sobre todo si las declaraciones varían. En 1977, Inosanto relató en una entrevista para una de las revistas del Bruce Lee JKD Club de Hong Kong:

«Bruce solo permitió que unos pocos de sus estudiantes enseñaran JKD públicamente. Pero antes de regresar a Hong Kong, quiso que cerrásemos el instituto. Su propósito no era comercializar el JKD [...]. Nosotros no quisimos renunciar al JKD, pero tampoco quisimos oponernos a su idea. Así que, después de mucho tiempo de discusión, lo convencimos para hacer una especie de arreglo: abrir un instituto de boxeo que enseñase especialmente boxeo filipino y técnicas combinadas de combate. El JKD estaría también incluido en el currículum, aunque los aspirantes necesitarían calificaciones estrictas y altas para acceder a él. Los estudiantes de JKD no tendrían que pagar nada y serían seleccionados a través de otras clases».

Al final, la controversia es la misma que sintió Paul Bax en los ochenta en relación al modo de plasmar el JKD. ¿Tomamos como referencia las fuentes primigenias o las que han ido surgiendo tras la muerte de Bruce? Por lo pronto, está documentado que Bruce se arrepintió de etiquetar su arte marcial, y esto proporciona una enorme pista sobre sus intereses en el JKD mientras vivía. Tal vez habría sido más ético no utilizar el nombre original después de su muerte, como apuntaba Chris Kent en el capítulo del jun fan gung fu, o incluso nominarlo con ese otro que Bruce llegó a utilizar, «scientific street-fighting». Aunque hay una cuestión final, y creo que es de mayor importancia.

Le dijo a Dan Lee que su arte era para él y no para enseñarlo

Mirémoslo con algo de humor, ¿por qué no? Pensemos en un gran chef con una receta para un guiso excepcional. Al darlo a probar, se da cuenta de que su exquisito sabor solo será percibido por unos comensales distinguidos y con un paladar acorde. Al principio, mientras aún no tiene la receta terminada, prefiere que su guiso no llegue a la mesa de cualquiera por los especiales estímulos que persigue. Pero, mira por dónde, el gran cocinero muere de repente. ¿Qué hacer con esa magnífica receta? Los alumnos del chef deciden completar la receta y le van añadiendo al guiso diferentes elementos, ya que, además, el chef quería conseguir un sabor que se fuera adaptando a las diferentes épocas y mesas, por lo que era creativo a la hora de ir escogiendo y descartando especias. Claro está que algunos pueden no haber entendido bien los ingredientes y la finalidad de este especial guiso y solo piensan en el deleite que físicamente colmará los sentidos de los comensales y, en consecuencia, añaden o suprimen elementos equivocados. No obstante, ¿qué otra cosa podrían hacer para que esta receta no desaparezca y pueda ser saboreada por el gran público?

Terminada la parábola, cabría quizá preguntarse qué hubiera hecho al final Bruce con su invento de seguir vivo. Puede que algo como el JKD, tal y como él lo contemplaba y enseñaba, no estuviera orientado para el público en general ni al alumno común. De no haber cambiado drásticamente su punto de vista, y no creo que lo hiciera sin desvirtuar una parte esencial del JKD, habría optado por un tipo de enseñanza selectivo a través, tal vez, de seminarios o algo similar. Poca gente para algo muy elitista. Calidad en lugar de cantidad. Personas muy especiales y preparadas para asimilar un nuevo conjunto de ideas y filosofías puestas al servicio de un arte marcial sin paragón, capaz de cambiar, no solo las habilidades físicas, sino también las emocionales y mentales. En definitiva, un vehículo para un desarrollo total del individuo. Y puede que hasta le hubiera funcionado bien y tuviera una cola de gente muy preparada, dispuesta a pagar lo que fuera por entrar en esa especie de Oxford de alto nivel y hacer ese gran viaje.

Tras lo expuesto, hay que tomar en consideración algo en lo que Bruce y otros no dejan de recalcar, y es que la percepción del JKD que llegó a tener su propio creador, conforme se desarrollaba, es que se necesitan ciertas cualidades para su correcta asimilación. De ahí la constante sobre la selección de los candidatos, lo cual nos lleva de vuelta a lo de poner en práctica la enseñanza de forma pública y globalizada sin pasar una preselección. Si aquel que desea aprender el JKD no dispone de las aptitudes físicas y mentales necesarias, difícilmente aprenderá el JKD que Bruce deseaba y proponía. Por correlación, esto nos lleva a explorar algo que todos podemos intuir. Toda enseñanza superior o de cierto nivel requiere de alumnos que hayan pasado por unas etapas previas de acondicionamiento. No todos estamos preparados para asimilar correctamente cualquier tipo de estudio. Sabemos que lo que llamamos inteligencia a veces se forja en un deseo de aprender que nos lleva a obtener un cierto grado de cultura e intelecto. A través de un mayor conocimiento, nuestras verdades, reflexiones, análisis, opiniones y hasta gustos sufren una modificación, ya que nuestra enciclopedia personal del saber ha crecido. Esto no nos servirá para levantar cien kilos de peso en press de banca, pero sí para asimilar todo lo que pretende el JKD sobre la filosofía de vida y del arte marcial. Me pregunto si Bruce utilizó este sentido elitista de la selección cuando aceptó a aquellos famosos a los que les impartía clases de JKD.

20. JKD. El arte y la filosofía de Bruce Lee

Dan Inosanto, uno de los grandes maestros de nuestra época, entrenó con Bruce durante el período de 1964 a 1965. Pronto iniciaron una sólida amistad e Inosanto participó de forma activa en otros menesteres, como ser instructor asistente y ayudante de Bruce en varias demostraciones tras la partida de Taky Kimura, cuando este tuvo que volver a Seattle. Inosanto, a pesar de que hoy en día es denostado por una cierta élite que lo acusa de haberse dedicado a difundir más las artes filipinas que el JKD, es una persona importante y única en lo que a Bruce se refiere. Yo lo conocí en el primer curso que hizo en España, en el lejano 1986. Por aquel entonces, conocía su libro, publicado en enero de 1976 y que da título al presente capítulo, y por ello, junto a las fotos de rigor tras el cursillo, le pedí que me lo dedicara. Al margen de la anécdota, todos deberíamos sentir un respeto por el que ha sido y es uno de los grandes en el mundillo de Bruce Lee, gran amigo suyo y todo un referente en el tema que tratamos. Su amor por Bruce está fuera de toda duda, por más que algunos opinen lo contrario. Por esta y otras razones, quiero comentar ahora algunas partes de la sentida y vital introducción a esta obra, que, al igual que en los capítulos siguientes, nos ayudará a entender mejor qué es el JKD.

En la introducción a *Jeet kune do. The art and philosophy of Bruce Lee* (Know How Publishing, 1976) se revela algo fundamental sobre la última finalidad o realidad del JKD, tal y como Bruce le dijo a un escritor de la revista *Esquire*:

«Un puñetazo o una patada no es golpear el infierno del tipo que hay frente a ti, sino golpear el infierno de tu ego, tus miedos o tus temores».

Es decir, si el JKD no es un fin en sí mismo, debemos comprender que es un medio para el autodescubrimiento y el desarrollo personal, tanto en el combate como en la vida. ¿Y qué es la vida sino un combate?

El JKD se disocia de las demás fórmulas de artes marciales porque es un ente vivo, fluido, y está continuamente adaptándose. Visto desde el exterior y en un plano físico, algunas veces parece boxeo occidental, pero en otras ocasiones se asemeja al boxeo thai, al kick boxing o la lucha. La línea definitoria es, pues, un tanto vaga, pero lo importante es que:

«Buscando la última realidad del combate, descubrió ciertas verdades sobre el significado de la vida y rehusó canonizarlas dentro de reglas o fórmulas porque: "Mi verdad no debe ser tu verdad", tal y como él advertía a sus discípulos».

Siguiendo esta pauta, es lógico que Bruce quisiera inspirar a que los alumnos aprendieran a pensar por sí mismos y no dedicarse a perpetuar el patrón de la imitación. Quería desarrollar en el individuo lo que él denominaba una «mente inteligente».

De forma activa y elocuente, la importante introducción del libro hace hincapié en el hecho de que Bruce rechazó el proceso de acumulación en el aprendizaje y desarrollo. Todo lo contrario, es una labor de desprendimiento gradual hasta revelar la esencia, ya que una verdad solo puede alcanzarse cuando has descartado las mentiras o, como él decía, las «inesencias».

Bruce y Dan Inosanto

Bruce deseaba con todas sus fuerzas liberarnos de la esclavitud que suponen los dogmas y doctrinas, por eso no se definía como un salvador y creía que sus palabras no debían ser tomadas como el Evangelio. Siendo lo que llamamos «estilo» la antítesis de la libertad, pues presupone separación y división, y además autolimitación, Bruce se afianzaba con todas sus fuerzas en la verdad universal que contempla la realidad de la vida como algo orgánico y total, y no parcelado o limitado, y por lo tanto incompleto.

A continuación quiero hablar de algunos temas de índole filosófica. Lo más oportuno será empezar por el flujo del yin y el yang.

Bruce definió el Tao como «la espontaneidad del universo» y lo utilizó como «la verdad tras el gung fu». Y dijo: «El Tao opera en el yin y el yang, un par de fuerzas mutuamente complementarias». También habló muchas veces de cómo el yin, que representa la suavidad y lo flexible, está asociado con la vida; y el yang, que representa la dureza y lo inflexible, está asociado a la muerte.

Según Bruce, en artes marciales:

«La idea es encajar armoniosamente tu movimiento en el de tu oponente. Cuando él se expande, tú te contraes; cuando él se contrae, tú te expandes. La suavidad y la firmeza son una fuerza inseparable de una interacción inseparable de movimiento». Algo parecido le dijo en *Operación Dragón* al maestro Shaolin.

En otro de sus comentarios:

«El que cede puede vencer cualquier cosa superior a él; su fuerza no tiene límites. No se adelanta a moverse, sino que reacciona a la influencia adecuada. Debemos estar en armonía con la fuerza del adversario y no en estado de rebelión contra ella. El más fuerte es el que se aprovecha de la fuerza del adversario».

Por este mismo motivo, en su aplicación a la vida diaria, llegaría a decir:

«Nunca debes oponerte de forma frontal a los problemas, sino que debes controlarlos siguiendo su ritmo».

Y en cuanto a la realidad interior:

«Para controlarme a mí mismo debo empezar por aceptarme a mí mismo, siguiendo mi naturaleza en lugar de ir contra ella».

Vemos cómo el espíritu del yin y el yang fluye en estos comentarios. Puedo garantizarte, por edad, experiencia y como artista marcial que he sido y profesor, que se trata de una gran realidad y que ayuda mucho en la vida. En combate marcial es también algo muy útil. Sin embargo, hay un punto de reflexión en relación al JKD, porque todo ese adaptarme y fluir con el oponente se disuelve en gran parte ante su premisa básica y la literalidad de «el camino del puño interceptor». Pues si la interceptación es su ley más fundamental, en ella no hay cabida ni tiempo para este juego de energías que fluyen. Solo un golpe rápido y enérgico, ¡zas!, al que puede seguirle toda una andana de golpes para acabar de forma veloz con el agresor. Esto nos crea, una vez más, ese halo de relatividad del que suelo hablar.

Ahora, ¡cómo no!, hay que hablar del zen.

Resumiendo mucho, diríamos que trata de la meditación y el cultivo de la mente. El maestro zen no da las respuestas al alumno, sino que lo orienta para que las descubra por sí mismo. En el proceso interviene la aceptación de uno mismo para la eliminación de conflictos internos, con el fin de controlar la mente y poder así cambiar lo que funciona mal. ¿Te resulta familiar?

Por fuerza, esto promueve un conflicto, ya que, como cita Alan Watts:

«Un estudiante zen ha estado meditando, tratando de mantener su mente quieta durante horas, concentrándose solo en su respiración y elimi-

Un puñetazo no es golpear el infierno del tipo frente a ti, sino a tu ego

nando los pensamientos que le distraen. Pero esto es como si un ciego se guiara por su ceguera, porque la mente que necesita ser controlada es la que está intentando controlar al pensamiento que quiere imponerse».

Un problema, que Watts acomete de esta forma:

«Deja a tu mente sola, déjala que piense en lo que quiera. Después de todo, si dejas que tu mente piense lo que quiera, en el momento que quiera interferir consigo misma, déjala que lo haga. Mientras dejes a la mente pensar lo que quiera en cada momento, no hay ni esfuerzo ni dificultad en dejarla libre».

De esta forma estamos desligados y nuestro sentimiento no queda bloqueado, y así las oposiciones se han vuelto cooperativas en lugar de excluyentes. Como sigue diciendo Watts:

«Ya no hay conflicto entre el hombre y la naturaleza. Su visión del mundo es unitaria».

A mí me gustaría reflexionar sobre todo esto. En primer lugar, y a través de un camino complejo y ciertamente tortuoso, recibo unas enseñanzas y con ellas un fuerte estímulo mental que incita a trabajar el pensamiento. Pero luego, y puesto que todo ello también ata a la mente, se me exhorta a liberarla y a sentir las emociones subsiguientes, lo cual crea lo que se viene a llamar una «doble atadura». Entonces, para evitar esto, el consejo es dejar que la mente piense lo que quiera, que es, al fin y al cabo, lo que ya hacía antes de introducirme en este torrente de ideas.

No sé si por cosas como estas Bruce llegaría a decir a mediados de los sesenta lo que ya conocemos:

«La cultura china me gusta más, como es natural, pero la americana es más práctica».

Y entendamos como cultura todo lo que esta engloba, incluida la filosofía y la religión.

No es la primera vez que, al analizar las filosofías orientales, contemplo la tendencia a una exposición compleja y alambicada. No sé si será debida al excesivo ceremonial con el que los orientales suelen tamizar muchas cosas. Desde luego, no soy el único autor y analista que se ha percatado de ello.

Y todo para darte cuenta de que, al final, has vuelto simplemente al principio. Y de que una patada es una patada. Entiendo que el alma de la cuestión se halla en ese proceso que nos lleva de vuelta al inicio, un inicio

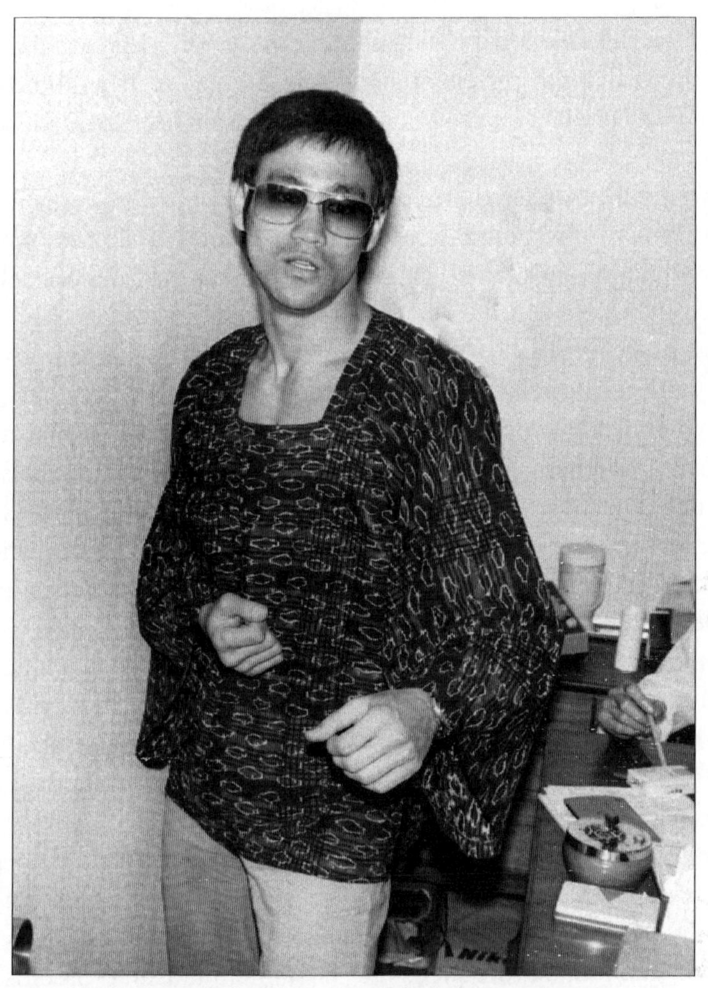

Buscando la última realidad del combate, descubrió ciertas verdades sobre el significado de la vida

que ahora quizá contemplemos de otra forma. Pero ¿dónde está aquí el sentido de lo directo, la sencillez, el conseguir lo máximo con un mínimo de esfuerzo? ¿El lema del JKD no debería aplicarse a todo?

Ahora hablemos de la «no intención».

Se le denomina wu-wei, y tiene su fundamento en el hecho de dejar a la mente libre para que esta funcione por sí misma. La analogía a emplear es la que el mismo Bruce expresa en *Operación Dragón*, cuando le dice al maestro shaolin que el golpe se da por sí solo. Esto viene a decir que una acción debe llevarse a cabo sin ninguna intención ni premeditación, sino por un mero instinto reflejo. Esta forma de actuar, desinhibida de todo pensamiento, ayuda a que seamos más rápidos en la velocidad, sobre todo en la inicial.

La no-mente emplea el arte del desprendimiento como medio para que la mente fluya, libre de pensamientos conscientes, y de este modo poder hacer frente a lo que se nos venga encima con la máxima eficacia.

Bruce consideraba que la lucha debía ser algo instintivo, y a lo largo de su vida empleó muchos ejemplos para hablar de ello. Es algo así como el sonido y el eco. Por este motivo escribió:

«El yo consciente es el mayor obstáculo de toda acción física».

Bien. Empecemos a mondar la naranja. El JKD y Bruce nos enseñan que no debemos aceptar las cosas porque sí. En líneas generales, hay dos tipos de personas: las que aceptan sin más lo que leen —sobre todo cuando la fuente es alguien de importancia— y los que analizan y cuestionan todo lo que leen antes de integrarlo a su acervo cultural.

Yo siempre he creído que casi todo en la vida tiene dos lecturas, al igual que una moneda tiene dos caras. Lo que nunca puedo dejar de lado es la búsqueda de la sencillez y lo directo que promueve el JKD. Así pues, cuando se afirma que el taoísmo hace hincapié en la simplicidad, no puedo evitar esbozar una mueca.

Cuando se nos habla del no pensamiento para ser más efectivos y rápidos, veo que también es un asunto de simple experiencia, como no dejo de repetir. El artista marcial se relaja cuando alcanza la madurez y tiende a actuar por instinto, sin bloqueos. No obstante, un asunto precioso y práctico de la pelea es cuando eres capaz de adivinar y anticiparte a las acciones del contrario, y esto, indudablemente, requiere de la mente. Lo mismo que cuando, ante un tipo de adversario concreto, nos vemos en la necesidad de variar nuestra estrategia y premeditar otras acciones a seguir. También empleo la mente cuando lo engaño y realizo fintas y hago que caiga en mi juego. Cuando, tras haber diseñado mi trampa, esta da resultado y golpeo al oponente, la satisfacción es inmensa. Es como un juego de inteligencia, de habilidad física y mental.

Entiendo que el trabajo instintivo se da cuando tenemos una agresión real en la calle. Aun así, todo es tan rápido que la mente apenas tiene tiempo de interferir. Simplemente actúas. En cuanto a la pelea de gimnasio, nunca se me ha dado bien no estudiar a mi adversario y tantearlo con algunos movimientos preliminares, a fin de observar la calidad de su ataque y, sobre todo, de su defensa. Ver sus tendencias, qué golpes suele emplear más, el ritmo que utiliza y las distancias a las que le gusta trabajar, si retrocede mucho o poco y si trabaja más la línea recta que otra. Cuando lo tengo claro, tras unos preliminares de tanteo y ataques falseados, entonces voy a por él. Cada oponente es tan diferente como la personalidad. Si es un oponente agresivo, lo voy a ver enseguida. Contra este tipo de luchador hay varias estrategias, aunque dependerá mucho de sus atributos físicos, peso y complexión. Esto requiere un trabajo mental ágil. Todo esto está en la otra cara de la moneda.

Por otro lado, y si he de aplicar la filosofía del JKD a la vida, me doy cuenta de que también puede ser peligroso actuar de forma instintiva y sin pensar en un primer momento, pues a veces hacerlo así tiene consecuencias y no siempre son agradables. La vida está llena de estos ejemplos. Esto también es la otra cara de la moneda.

Así pues, ¿con cuál de los dos rostros nos quedamos?

Ya que empecé este capítulo con Dan Inosanto, bueno es terminar con él, hablando de uno de los temas que siempre deambulan por la frontera de la indefinición. ¿Enseñó Inosanto a Bruce el manejo del nunchaku? A no pocos les interesa esto, e imagino que a ti también. Pues dejemos que lo cuente Inosanto:

«Me dijo que le enseñase y lo discutimos [...]. Yo le enseñé y él me superó en algunos aspectos con el arma [...]. Después de enseñarle, parecía ser el mejor. Le enseñé cada día la técnica del nunchaku durante unos tres meses [...]. Estaba altamente dotado para ello. Durante los tres meses demostró que su técnica de nunchaku era muy buena».

Revelación y duda resuelta.

21. Libérate del kárate clásico. Breve análisis

Este es uno de los artículos más importantes y polémicos surgidos de la pluma de Bruce y publicado dos años antes de su muerte, concretamente en agosto de 1971, en la ya entonces afamada revista de artes marciales *Black Belt*. Yo lo presenté por primera vez en España a mediados de los años ochenta a través de la revista *Dojo*. Hoy en día es de dominio público, por lo que solo me interesa que hagamos un análisis no demasiado exhaustivo que sirva como una pequeña guía. Lo expondré en quince puntos.

1. Lo primero que trasciende del artículo y nos hace pensar es si nosotros estamos haciendo con Bruce y con el JKD eso de lo que el propio Bruce advertía y rechazaba.

2. Lo segundo es que los estilos, al igual que las ideologías, los credos, etc., separan a las personas y no son concluyentes desde el mismo momento en el que cada uno dice poseer la verdad.

3. Lo tercero es que no podemos expresarnos plenamente cuando estamos limitados. Existe una relatividad en un elevado porcentaje, pero esto no es óbice para que intentemos adquirir la mayor parcela posible de libertad.

4. Que una parte aislada no constituye el todo. Y por naturaleza, tendemos a aislarnos a nosotros mismos con nuestras elecciones, dejando fuera el resto. Esto está conectado con lo que yo conozco como «efecto Matrix» y lo de los compartimentos.

5. Bruce espera liberarnos con el JKD del cautiverio que otros y nosotros mismos nos hemos impuesto. Y cita: estilos, modelos y doctrinas.

6. Lo que le importa a Bruce del JKD es el efecto liberador al incitar al autoexamen, por eso no ostenta una filosofía rígida. Y esto es importante recalcarlo, porque dicha filosofía tiene que estar también en permanente revisión.

7. La enseñanza del JKD no puede estar confinada dentro de un sistema, por lo que ni se opone ni se adhiere a ningún estilo. La pregunta sería: ¿Hemos hecho del JKD un sistema?

8. Dice que solo existe la autoayuda. Él no puede decirnos qué debemos hacer, solo lo que no deberíamos hacer. Si lo hiciera, lo tomaríamos como un dios sabio y liberador y no como un guía. Y recalca que la libertad ya está en nosotros, solo que no hemos acertado a llegar hasta la jaula en la que la hemos encerrado.

Bruce se lamentaba de las enseñanzas clasicistas

Seguir ciegamente al instructor promueve imitación y mente dependiente

9. El sentido de libertad. Aquí hay que citar la contundente frase de Bruce que debemos grabar a fuego en nuestras mentes: «Las fórmulas solo pueden inhibir la libertad. Las prescripciones dictadas solo logran apagar la creatividad y aseguran la mediocridad». Y hace hincapié en que esa libertad solo puede ganarse desde el autoconocimiento.

10. Aprender no es imitar. ¿Tendemos a imitar a Bruce? ¿Sus gestos, su forma de entrenar, etc.? Él se lamenta, además, del conformismo de la mayoría de los estudiantes marciales que siguen ciegamente al instructor, logrando así la imitación masiva y, lo que es peor, una mente dependiente. Porque una mente así siempre tenderá a seguir las pautas prefijadas por otros. Tras su afirmación, vemos todo aquello de lo que se lamenta a causa de las instrucciones más clásicas.

11. En JKD no se acumula, sino que se efectúa una labor de desprendimiento. Hay que prestar atención a ello. En todo caso, y como diría el humorista José Mota: «Las gallinas que entran por las que salen».

12. Habla del maestro como un guía y no como una fuente de saber que raya en la deidad. ¿Hacemos esto con Bruce?

13. Dice que se debe enseñar individualmente a las personas en el JKD. Esto crea por necesidad un contratiempo a la hora de enseñar el JKD de la forma más común y tradicional y nos abre no pocos interrogantes.

14. Un buen maestro debe estar dotado, no solo de una habilidad marcial, sino también de una mente sensible con una gran flexibilidad y una

comprensión profunda de las cosas. ¿Son así la mayoría de instructores? Ya dije en otra ocasión que un maestro, aunque sea de artes marciales, debería tener también esas cualidades de las que habla Bruce y, además, cultura e intelecto. Y este último no abunda mucho.

15. Se debe ser capaz incluso de trascender al guía y al propio JKD y no cargarlo a la espalda durante el resto de nuestra vida, impidiéndonos así contemplar las otras hermosas vistas de un firmamento lleno de infinitas posibilidades por descubrir.

Actualmente, sabemos la animadversión que Bruce sentía hacia el kárate, del cual solía exponer a menudo sus defectos de cara a un combate real. He aquí uno de ellos:

«Sin combate, ¿cómo vas a saber las técnicas que debes trabajar? Por eso no creo en los combates de kárate. Sus maestros dicen que el combate a mano desnuda es más real, pero cuando detienes un golpe, no sabes si has noqueado al oponente. Creo que es mejor usar guantes y hacer contacto, lo quc tc permite dar todo lo que tienes. Así aprendes a disparar los golpes con equilibrio y conoces la potencia de tus puñetazos».

22. JKD. La libertad sin límites

Desde que abrió los ojos a otro tipo de realidad, Bruce, un hombre oriental que se debía a su raza, impregnada de férreas tradiciones y clasicismos, no dudó en deshacerse de ellas. Y no contento con esto, nunca perdió la oportunidad de arremeter contra ello.

«A diferencia del planteamiento tradicional, no existe ningún conjunto de reglas, ninguna clasificación de técnicas, etc., que constituya un supuesto método de combate JKD», diría.

Sus protestas y aseveraciones mordaces contra el pensamiento clásico siempre fluían al hablar de artes marciales, y sobre todo de su JKD. ¡Cómo cambió aquel muchacho que tan solo unos años antes había llegado a Estados Unidos con su maleta llena de ideología tradicional oriental! El caso de Bruce también es aplicable a nosotros, que solemos estar encerrados en nuestro propio mundo con nuestras creencias y, si tuviéramos un contacto real con otras culturas, seguramente muchos de nuestros cimientos se tambalearían. Por esta razón, nuestras verdades tienen mucho que ver con el entorno en el que nos ha tocado vivir. Pero sigamos escuchando a Bruce hablar sobre su JKD:

«Una cosa son los movimientos vivos y eficaces que liberan y otra cosa son los esquemas estériles, clásicos, que atan y condicionan [...]. El JKD no es jamás un conjunto de técnicas clasificadas, sino un medio de autoexpresión total. No es una meta, sino un proceso; es un movimiento constante más que una pauta establecida y fija; es el medio y el fin, sin duda, pero nunca es un medio para un fin».

Bruce nos dice, entre otras cosas, que el JKD no es un conjunto de técnicas clasificadas según la normativa de un sistema o la de un profesor. Y resulta estremecedor que diga que no es una meta, sino un proceso, cuando todo el mundo persigue una meta concreta y, en el caso del JKD, llegar a ser lo que sea que uno se haya impuesto. Bruce nos rompe los esquemas de nuestras formas tradicionales de raciocinio y comprensión. ¿Cómo no iba a chocar todo esto con la mentalidad generalizada de su época si hasta este mismo instante a muchos les debe de costar asimilarlo? Y además, lo acuña diciendo que no es un medio para un fin. Y nos habla del constante fluir y movimiento, siempre vivo y cambiante, que nunca se detiene, mientras que a nosotros nos gusta tenerlo todo bien quieto, atrapado, enumerado y clasificado como un expediente X para estudiarlo y asimilarlo. Claro que el JKD es solo para unos pocos, como él decía. Y esto es así porque se necesita una mente libre y sin ataduras, fuera de los cánones lamentablemente establecidos. Así que no te deslices por el filo del autoengaño.

Está claro que Bruce no era un maestro tradicional. El sentido de la libertad que deseaba transmitir a través de las artes marciales no solo se refería al aspecto físico de la lucha. Es mucho más. Y también es uno de los motivos por los que cerró las escuelas. Esto tiene su relevancia en el preciso momento en que el alumno interactúa con el profesor, cuando este crea una posible jaula donde encerrar al alumno y a la materia de estudio. Por eso, Bruce no paraba de cuestionarse hasta el nombre que le puso a su creación e intentaba comunicar que él no era un dador de la verdad, sino el que señala de un camino que, llegado a un punto, también debe abandonarse para no caer en la limitación y en la esclavitud. Por eso no tiene que extrañarnos que dejara un comentario como este:

«¿Cómo ganaremos, pues, esa libertad sin límites? Yo no puedo deciros cómo, pues si os lo dijera, se convertiría en un planteamiento. Eso, amigo mío, tendrás que descubrirlo tú por tu cuenta, pues ha llegado el momento de abrir los ojos a un simple hecho: si no te ayudas tú mismo, nadie te va a ayudar».

Como vemos, Bruce se vuelve reticente a la hora de darnos algo que pueda entenderse como una pócima mágica. En su lugar, nos espolea hacia el autodescubrimiento mientras nos da alguna pista.

«Nos encontramos a nosotros mismos por medio del autoestudio, la conciencia flexible y la autoexpresión. Este conocimiento de uno mismo es un proceso continuado, y el artista que posee esta cualidad se expresa con la máxima libertad».

El objetivo final de jeet kune do es la liberación personal

Si hemos entendido lo que Bruce nos dice, enseguida caeremos en la cuenta de que no se trata de una enseñanza al uso. Con Bruce, el alumno debe esforzarse más de la cuenta para encontrar su propio camino de autorrealización como ser humano único y artista marcial. El término «libertad» es el alma y corazón de todo el engranaje, aunque se trate de algo ciertamente ambiguo, ya que, querámoslo o no, en esta vida no lo somos totalmente. Como he citado en otras ocasiones, somos esclavos de las normas sociales y de nuestro propio reloj biológico, entre otras cosas. Pero hay que tomarlo en la medida en la que Bruce desea transmitirlo: «Toda la libertad posible» a nuestro alcance.

Bruce nos sigue hablando de la libertad como sinónimo de la paz interior que se adquiere con la autoexpresión verdadera, pero nos advierte:

«Debemos recordar que la libertad ha estado siempre con nosotros y que no es una cosa que debamos alcanzar al final, a base de seguir una fórmula determinada».

Es decir, es un don con el que algunos solemos nacer en los países más avanzados y que solo se alcanza con nuestra decisión, si estamos preparados y, sobre todo, si somos capaces. Una opción que se nos escapa cuando elegimos estudiar un arte marcial. En 1972, Bruce nos dice al respecto:

«La gente de un clan mantiene su tipo de artes marciales como la verdad única y no se atreve a reformarla. Está limitada en su diminuto mundo. Sus estudiantes parecen máquinas que imitan artes marciales. Tienen sus puntos débiles y sus puntos fuertes, pero todos necesitan una evaluación y perfeccionamiento. Tienen la mente demasiado limitada. Solo pueden ver sus puntos fuertes y no los débiles u otros fuertes. Además, un hombre confinado en su pensamiento y objeto no es capaz de hablar ni actuar con libertad. Así pues, si él intenta buscar la verdad, no debe limitarse a formas muertas».

Ahora incide directamente sobre el JKD:

«El objetivo final del JKD es la liberación personal. El JKD no impone pautas establecidas a sus practicantes. La eficacia mecánica o la habilidad de manipulación no tienen nunca tanta importancia como la conciencia interior que se alcanza».

Lo explicaremos mejor para el buen entendimiento: Bruce nos está diciendo que la parte mecánica o física, la habilidad marcial que podamos adquirir, no es comparable con la transformación mental al tomar conciencia de que esa libertad que hemos experimentado nos va a servir a lo largo de nuestra vida y en muchas otras áreas. Y así se cumple, una vez más, el importante objetivo del JKD, que es ayudarnos a convertirnos en seres excepcionales mientras aprendemos y evolucionamos con el arte marcial. ESTO ES EL JKD.

Bruce llegó a ser consciente del estreñimiento psicológico que nos afecta, pues lo veía en las personas y alumnos que lo rodeaban. Es un problema eterno y generacional, por el cual también supo que su JKD nunca podría llegar a todo el mundo, como manifestó con absoluta claridad.

23. Efecto Matrix. La utopía de la libertad

Estamos en el siglo XXI. Empleamos las directrices del JKD de los años setenta para intentar avanzar, pulir, modificar, arrojar lastre por la borda y evolucionar.

Bruce se acercó en su última etapa a la psicología, ciencia que nos ayuda a interpretar las reacciones de nuestra mente, a reconocer los patrones de conducta y preverlas, tanto en nosotros como en los demás. Si a ello añadimos el útil anexo que representa el «pensamiento crítico», podemos obtener la capacidad de «ver más allá» en nuestros análisis. No se trata, pues, de algo que tenga aplicación solo en el ámbito de las relaciones sociales o sobre nuestra postura frente al mundo o en un mero plano verbal. También tiene su aplicación cuando nos ponemos a leer y a analizar lo que leemos, junto con toda la información que nos llega, empleando los filtros que la psicología nos proporciona.

Me gustaría, de todo corazón, poder explicártelo de forma que fuera asequible para ti. Empezaré diciendo que lo primero que podemos vislumbrar es que la libertad, como tal, es una quimera. Estamos atados a nuestras necesidades más perentorias, ya sean orgánicas, emocionales o sociales, y en última instancia a la limitación de nuestras vidas finitas. Todo está compartimentado, como en nuestros cerebros. La ilusión nace cuando uno de los compartimentos no tiene noción de los demás. A esto yo lo denomino «el efecto Matrix».

La ideología que nos transmite Bruce sobre no quedarse pegado a nada para ser libre adolece del mismo problema. Nuestros pasos no dejan de ser pensamientos en acción. Esclavos de este proceso, y dentro de un sistema pletórico de responsabilidades cívicas y morales, observamos cómo el no-camino está encerrado a su vez dentro de otro mucho más grande del que no podemos escapar. Y lo mismo puedo argüir de la no-limitación. Dice Bruce: «Usando el no-camino como camino. Teniendo la no-limitación como limitación».

Sin embargo, resulta algo ambiguo, pues toda elección nos condiciona; el no-camino es un camino concreto con unas directrices concretas, y lo mismo ocurre con la no-limitación. Ser sus pupilos, en cierta forma, también nos esclaviza. Esto es algo de lo que ya hablé en *Bruce Lee. La senda del luchador*, al igual que lo hice con aquello de que «el conocimiento te hará libre», porque, al fin y al cabo, siempre estamos dentro de Matrix, presos dentro del más grande presidio que es la propia existencia, con sus palpables limitaciones en muchos y variados aspectos. Así pues, debemos contemplar esto en su totalidad, sin ambages.

Hay que distanciarse del cuadro para verlo tal cual y ver el plano en el que te encuentras, encerrado dentro de él. Al hablar de nuestras limitaciones y lo que nos esclaviza, debemos añadir que nos hallamos encerrados en un planeta dentro de una capa de oxígeno. Capa sobre capa y compartimentos: la cebolla. Y sobre todo ello, dentro de esa ilusión de falsa libertad, nuestra limitación orgánica, nuestro reloj biológico que desgrana una cuenta, un encuentro con un destino ineludible, porque al final somos esclavos de la finitud dentro del mundo que habitamos y la vida que vivimos. Y si hay alguna otra vida, volveremos a lo mismo, a los compartimentos, dentro de un Matrix aún más grande.

Hay una realidad que parece escondida entre las buenas palabras y doctas filosofías. Al fin y al cabo, la culpa la tiene Bruce por alentarme a indagar y a pensar por mí mismo.

En *Be water, mi friend* (La Esfera de los Libros, 2008) de John Little, Mark Watts, hijo del filósofo Alan Watts, comenta:

«Lo que sí me asombró fue descubrir que Bruce Lee solía grabar las intervenciones de mi padre en la radio o en la televisión para luego enseñarles las cintas a sus alumnos. Al leer sus notas y entrevistas, es evidente que los trabajos de mi padre supusieron una influencia importante en su vida».

Un poco más adelante dice:

«Tanto Bruce como mi padre se esforzaban en hablar de lo inclasificable y por comunicar la esencia de algo que solo se puede entender de forma directa».

Bruce no percibió que la libertad es relativa, pues somos esclavos de algo mayor

A esto se le podría añadir el comentario de John Little, cuando afirma: «El problema con la perspectiva occidental es que trata de explicar la vida en lugar de enseñarnos a experimentarla».

Mark Watts sigue comentando que Bruce y su padre encontraron en el taoísmo una filosofía práctica que les demostró que la vida no tenía un sentido concreto, ya que, si nos concentramos en alcanzar un objetivo, al proyectar la atención hacia el futuro, la apartamos del presente. Es algo así como confundir el objeto y el objetivo, a los bailarines con el sentido del baile.

Sobre esto sigue comentando Mark Watts:

«El secreto, sencillamente, es que podemos vivir la vida a la vez que la contemplamos, pero al hacerlo, la privamos de una parte de sí misma, pues nuestra faceta reflexiva no forma parte del conjunto o del todo completo».

Bruce llegó a decir:

«La vida se vive y en el flujo de la vida no surgen preguntas. ¡La razón es que la vida se vive ahora! El absoluto, el ahora, es la ausencia de la mente consciente que se empeña en dividir lo indivisible. Cuando el conjunto de las cosas se separa, dejan de estar completas».

A continuación, ahondo y disecciono, como si tuviera un láser, esta filosofía y pensamiento.

Estoy de acuerdo, por aquello de los cubículos y de los compartimentos, que cuando no se contemplan en su totalidad y se enjuicia dentro de solo uno de ellos, la perspectiva cambia. Y también que este «no-pensamiento» ayuda en ciertas cosas, como responder al golpe de un enemigo. Pero toda sentencia e ideología, siempre lo repito, debe tener la capacidad de poder aplicarse a sí misma. Desde esta observación, el que está encerrado en el compartimento de la filosofía es del todo incapaz al mismo tiempo de refrendar esa cualidad de la totalidad. Por esta razón, no se puede disociar la vida, como un ente particular, de los seres que la viven y le otorgan su cualidad.

Los seres humanos tenemos la capacidad de pensar y no podemos evitar hacerlo. «Pienso, luego existo»; aunque no es la traducción literal de la frase de Descartes, nos lo hace ver de forma práctica y directa. Así que, en el flujo de la vida, que no se puede disociar de los seres que la viven, sí surgen preguntas e interrogantes que nos convierten en lo que somos y comporta la vida inteligente y el desarrollo.

Y, por último, y ateniéndonos a la propia ideología de Bruce, que defendía que el ser humano es más importante que el método, el sistema, etc., esto debería anteponerse al propio proceso, sea cual fuere. Pero aún podríamos rizar el rizo, si somos capaces de ver que quienes nos exhortan a esa inanidad intelectual son los primeros en usar la mente para plantear preguntas e interrogantes. Lo dicho, para que algo funcione, la propuesta debe someterse a la propia ideología que promulga, ¿o no?

Como cita el historiador Paul Bax:

«La parte confusa de todo esto son las propias palabras de Bruce

Lee. Él hablaba de liberación, pero luego, en ciertas cartas dirigidas a exalumnos, hablaba de no combinar el JKD con otro arte marcial, por lo que uno debe preguntarse qué pensaba realmente Lee».

Sea cual fuere su pensamiento, hay algo que no debemos olvidar, lo de creer que el programa es «la verdad» y el plan de estudios, «el camino». Esto tiene una base muy lógica y determinante en cuanto a la parcela de libertad que añoraba Bruce, y es que en toda enseñanza corres el riesgo de adoctrinarte, y el JKD, visto como enseñanza al uso, no es una excepción. Es más, se podría decir que todos los que se han dedicado a perpetuar esas enseñanzas, preservando de manera fiel la doctrina, han incurrido en ese fallo. Solo hay una forma de sortear el escollo, que pasa por coger la idea y moldearla a tu necesidad con el fin de seguir tu propia senda. En la no adherencia vive «tu» verdad, como único medio para seguir el propio camino y no el de otros. Espero de todo corazón que lo hayas entendido, pues esta es quizá la mayor lección que puedes extraer de este libro. Y podrás hacerlo, siempre y cuando tomes conciencia del «efecto Matrix».

24. JKD. Aplicaciones personales

¿Puedo aprender JKD por mi cuenta? ¿Puedo aplicar el JKD a mi arte marcial particular? ¿Cómo seguir el camino de Bruce Lee?

Séneca dijo que a nadie le vino la cordura antes que la insensatez. Pues bien, ser autodidacta es algo muy digno, siempre y cuando no seamos insensatos. Para emprender un camino de erudición personal, antes hay que entender la base o esencia desde la que partimos y ser capaces de contemplar nuestras aptitudes. Ya que he citado a Séneca, y puesto que Bruce también lo llevaba a la práctica, me hago eco aquí de la opinión del célebre filósofo cuando afirmaba que prefería ofender con la verdad antes que complacer con adulaciones. Y así os digo que no todo el mundo tiene las cualidades o las capacidades necesarias para aprender de esta forma sin incurrir en fallos. Si nos ceñimos al tema del arte marcial, es muy aconsejable tener antes una base sólida. El propio Bruce la tuvo con el wing chung y otros estilos de kung-fu antes de lanzarse a estudios y evoluciones autodidactas.

«Lee adquirió la mayor parte de su formación de manera informal, gracias a su pasión por la lectura», dice Little en *Bruce Lee. Artista de la vida* (*Bruce Lee. Artist of Life*, Dojo, 2008). A esto yo añadiría todo el intercambio de información con otros artistas marciales. Pero si Bruce no hubiera tenido unos importantes cimientos, no habría sido igual. Sin embargo, con una base y «teniendo cualidades», el trabajo es incluso más rico por la falta de condicionamientos; prueba de ello son las personas famosas que han sido autodidactas en diferentes áreas.

El propio Bruce incita a ser autodidacta en frases como esta:

«Me quedaré más que satisfecho si empezáis a aprender a investigarlo todo por vosotros mismos a partir de ahora [...]. Todo hombre debe buscar por sí mismo cómo sentirse realizado. Ningún maestro puede hacerlo por él».

Pero no os equivoquéis, la figura del maestro, del guía, es muy necesaria. Bruce se refiere a una realización personal, puesto que nadie, excepto uno mismo, te la puede proporcionar.

Tras lo que ya se ha expuesto y sabemos por Bruce, a priori parece ridículo pensar que uno pueda aprender JKD por su cuenta. Tomar en consideración esto significa adentrarnos en otro mundo y, de hecho, debe ser así por una cuestión trascendental: Bruce murió y las reglas del juego han cambiado. Sabiendo el tipo de JKD al que podemos acceder, la respuesta al

Aunque hay numerosos libros de JKD en el mercado, ninguno puede compararse con *El método de lucha de Bruce Lee*

primero de los interrogantes es «sí». El JKD, entre otras cosas, no deja de ser una ideología, y como tal, Bruce ha dejado un amplio testimonio de ella que podemos complementar con *El Tao del jeet kune do* y con lo que muchos entienden que es la única obra impresa que refleja el JKD, el ya mencionado *El método de lucha de Bruce Lee* (*Bruce Lee's Fighting Method*, Ohara, 1976) de Mitoshi Uyehara. Lo que nunca, repito, nunca debe hacerse es recurrir a otros medios o intermediarios. En este caso, se debe ir siempre a la fuente original. Por supuesto, una escuela bien elegida siempre ayudará a un progreso más rápido y mejor.

En cuanto a aplicar principios del JKD a otro arte marcial, Bruce ya lo hizo en su día con artistas marciales como Joe Lewis, que venció en los campeonatos y le agradeció públicamente a Bruce su logro. Por otro lado, ya sabemos que a Bruce le gustaba instruir a gente con experiencia en artes marciales. Lo complicado en este caso radica en la mente del alumno, puesto que se debe estar libre de prejuicios y condicionamientos para ser capaz de asimilar nuevos métodos. A lo largo de mi carrera como profesor, he visto cómo unos eran capaces de amoldar los principios a su arte marcial, mejorándolo, y otros han sido incapaces, pues su exposición a las artes marciales clásicas era tal que no podían llevarlo a cabo convenientemente.

El tercer interrogante sobre cómo seguir el camino señalado por Bruce adolece de los mismos inconvenientes que los anteriores; es decir, dependerá mucho de la capacidad del individuo. Recordemos lo de la preselección del alumnado. No todos poseemos las mismas habilidades y, por eso, muchos no son capaces de afrontar positivamente una evolución autodidacta. Suponiendo que tienes lo que hace falta, inteligencia, intuición, habilidad de reconocimiento, cultura, intelecto, agilidad comprensiva y predisposición al estudio, seguir el camino de Bruce empieza por leer algunas buenas biografías y después adentrarse en sus escritos para llegar a conocerlo lo mejor posible. Tras esto, pasamos a la parte gráfica, estudiando los cuatro volúmenes de *El método de lucha* y el *Tao.* A este respecto, Dan Lee, en su entrevista del 2014, dijo:

«Tenemos suerte de que en esta generación dispongamos de escritos, fotos, vídeos, etc. de Bruce. Todo puede usarse como referencia de sus entrenamientos y enseñanzas de JKD [...]. Aunque hay numerosos libros de JKD disponibles en el mercado, ninguno puede compararse con *El método de lucha de Bruce Lee* [...]. Todavía puedes considerar directamente a

Bruce como tu sifu, estudiar sus técnicas, trabajo de pies, etc., así como los principios y teorías detrás de sus habilidades y estrategias [...]. Las personas que intentaron embellecer el JKD estaban equivocadas. No es necesario agregar nada. La postura de guardia, el trabajo de pies, el puñetazo, las patadas, la esquiva, el combate, el acondicionamiento físico y los cinco caminos de ataque, etc. son las áreas que necesitas para entrenar y enseñar».

De ningún modo, en mi opinión, seguir el camino de Bruce representa emular paso a paso su evolución o empezar a estudiar diferentes artes marciales con la intención de formar un conjunto. Todo lo contrario, uno debe saber valerse de sus estudios y análisis para, a partir de aquí, seguir por la senda que nos señala. Como dice Dan Lee, no hay que poner aditivos a lo creado por Bruce:

«Bruce nunca juntó varios tipos de artes marciales en las enseñanzas y el entrenamiento del JKD. En su libro, *El método de lucha de Bruce Lee*, ¿hay alguna enseñanza de taekwondo, thai boxing o eskrima filipino? No. Mezclar diversos tipos y formas de artes marciales es solo un adorno. No podría mostrarse la quintaesencia de JKD e interrumpiría su desarrollo adecuado. Si utilizamos demasiadas formas de habilidades, no podremos adaptarnos a las circunstancias en constante cambio en el combate real [...].

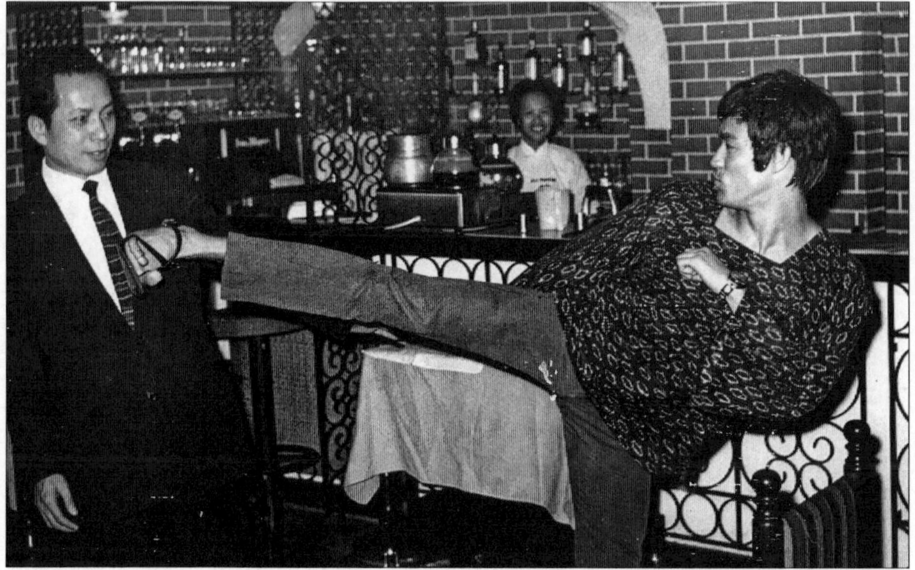

Bruce nunca enseñó a juntar varios estilos de artes marciales en el JKD

Por lo tanto, creo que es inapropiado el acto de mezclar varios tipos de habilidades marciales en JKD. Esto va en contra del principio de Bruce, que repetidamente nos había hablado sobre el estado más elevado de la meta de JKD».

Seguir a Bruce tampoco significa imitarlo o emularlo, algo que él recriminaría ante la patente falta de personalidad que esto denota. Cada persona tiene una mente, un cuerpo y unas aptitudes peculiares, y por dicha razón, el tipo de entrenamiento que Bruce llevaba a cabo, o su rutina con las pesas o alimentación, no debe ser como la nuestra. De hecho, es todo lo contrario, como te diría cualquier entrenador deportivo.

Una de las ventajas de ser autodidacta avezado es que obtienes la cualidad de asomarte a muchas cosas con el fin de enriquecerte sin quedar atrapado. Cada escuela, estilo, ideología, etc. desea atarte a sus postulados excluyendo los demás. Esto, por fuerza, nos arrastra a lo que decía Bruce:

«El estudiante rara vez aprende a valerse por sí mismo para expresarse. En vez de eso, sigue con fe ciega a un instructor, a una figura de autoridad, y a la pauta que le impone su instructor. De este modo, el estudiante deja de sentirse solo, e imitar a la masa le produce una sensación de seguridad. Sin embargo, lo que se fomenta así es la mente dependiente, no la investigación independiente, tan esencial para un verdadero entendimiento».

Vuelvo a repetir que la figura del maestro-guía es necesaria en los primeros tiempos para aquel cuya capacidad lo hace proclive a ser autodidacta. Después comenzará esa labor de investigación del arte y también de la vida, porque se parece a hacerte mayor, cuando dejas a tus padres y empiezas a caminar tú solo. A fin de cuentas, es lo que promulga el JKD al decirte que, cuando alcances la mayoría de edad, no te quedes enganchado a él.

Dentro de este peliagudo tema, y puesto que yo también he hecho lo que indicaba Bruce y he tenido éxito, me han preguntado muchas veces si es mejor un camino u otro. Yo creo que, tal y como Bruce y yo hemos hecho, no se trata de elegir uno u otro, sino de compaginar ambos con sabiduría. Aprender por los cauces más tradicionales hace que avancemos rápido, aunque la mayoría de las veces el conocimiento viene filtrado por la impronta de otros seres humanos. Así que, si estudio, por ejemplo, algo de artes marciales o el JKD en alguna escuela y más tarde voy a la raíz y estudio sin intermediarios al propio Bruce Lee, adquiero una doble riqueza. Al menos, así lo veo yo.

En 1972, Bruce explicó a la audiencia honkonesa de Hk.Tv.B:

«Repito que no he creado o inventado ningún tipo de arte marcial. El jeet kune do se deriva de lo que he aprendido más mi evaluación de ello. Por lo tanto, mi jeet kune do no está limitado por ningún tipo de arte marcial. Al contrario, doy la bienvenida a todos aquellos que, como en el jeet kune do, estudian y mejoran para trascender sus limitaciones».

25. Los cinco errores básicos

Tal y como he percibido a lo largo de los años, existen cinco errores básicos que suelen cometer los que quieren estudiar o estudian el JKD actual. Aunque ya hemos hablado de algunos de ellos, traslado aquí esta interesante publicación del grupo de Facebook, *Bruce Lee. La senda del luchador*.

Estos errores son:

- No aplicar al propio JKD su ideología.
- Complejidad cuando es sencillez.
- Ver lo que no es. El JKD tiene su prioridad en el arte marcial, a través del cual se consigue lo demás. En última instancia, Bruce era ante todo un artista marcial.
- Entrenar lo que estudió en lugar de centrarse en el JKD.
- Quedarse en el JKD-Bruce Lee.

Primer error

Uno de ellos es no aplicar al propio JKD los postulados que este defiende. Es como cuando el rey de una nación está exento de las normas y las leyes vigentes. Este es un gran fallo que todo seguidor del JKD debe ver. Comparemos esta frase de Bruce con la forma de actuar de muchos de los prosélitos del JKD:

«Toda metodología, por inteligente que sea su diseño, se convierte en una jaula para el estudiante si se obsesiona con ella. Por eso, un buen estudiante es el que es capaz de aprenderla sin quedarse encerrado en ella, de seguir sus principios sin dejarse limitar ni ceñir por ellos».

Solo hace falta aplicar la idea del JKD a la frase para ver si los que lo siguen y practican han caído en el error que cita Bruce. ¿Estás obsesionado con el JKD? ¿Te has convertido en una suerte de fanático? ¿Estás limitado al JKD y te has encerrado con él en una especie de jaula? ¿Estás limitado exclusivamente a los principios del JKD, al punto de que ya no contemplas nada más? Este es un ejemplo de los muchos que iré señalando a lo largo del camino. Si te has quedado atrapado y encerrado en la jaula del JKD, por inteligente que esta actitud sea, has caído en la trampa de la que advierte Bruce. Porque, como él decía con gran humildad, el JKD solo es una alternativa más.

Un buen estudiante es capaz de entrar en un molde sin quedarse en él

Segundo error

Otro error muy común es confundir la sencillez con la complejidad, algo que les pasa a muchos seguidores del JKD. Por eso ya he expresado lo importante que es conocer la psicología y la personalidad de su creador. ¿Cómo es posible que alguien que promueve la sencillez y lo directo vaya a traicionar estos principios creando un arte marcial complejo y enrevesado?

Empecemos por observar algo que influyó mucho en Bruce. De entre todas las corrientes filosóficas que estudió, el taoísmo merece un punto y aparte, ya que tiene mucho que ver con:

«[…] de la unidad esencial del universo y de la vuelta de todo al uno primigenio, la inteligencia divina, la fuente de todas las cosas, lo que más se recalca es, en realidad, la sencillez».

Y así, cuando empezó con el kung-fu, Bruce ya exteriorizó:

«Para mí, lo extraordinario del kung-fu es su sencillez […]. El camino más sencillo es siempre el correcto».

Más claro no puede ser.

Cuando comenzó con las ideas que lo llevarían hasta el JKD, siguió expresando:

«He tomado la decisión de poner en marcha mi propio sistema; es decir, un sistema total que lo abarque todo, pero que esté regido por la sencillez».

Ya metido en el JKD, Bruce siguió hablando de ello:

«En el JKD no se acumula, se elimina. No se trata de aumentar cada día, sino de reducir cada día. El grado más elevado de la práctica conduce siempre a la sencillez».

Veamos la complejidad con la que muchos se envuelven en el proceso de comprender el JKD, lanzándose a menudo al estudio profundo de las fuerzas que rigen el universo con el fin de aplicar la sublime perfección de dicho sistema. ¿No es este un proceso arduo y complejo para quien debería cultivar la sencillez? Y siguiendo esta filosofía preconizada por el JKD, ¿no es un galimatías embarcarse en complejos estudios metafísicos? Por eso Bruce afirmó:

«El cultivo más elevado tiende siempre a la sencillez, mientras que el cultivo a medias tiende a la ornamentación».

¿Cómo se puede confundir algo que Bruce no deja de repetir?

Quizá toda la confusión la provocó que le diera un nombre a su crea-

El camino más fácil es siempre el correcto

ción. En una de sus explicaciones a la audiencia de Hk.Tv.B de Hong Kong en 1972, Bruce dijo:

«Muy frecuentemente, cuando la gente habla de jeet kune do, se fija mucho en el nombre. Pero el nombre no es lo importante, es solo un símbolo para definir el tipo de arte marcial que estudiamos. Es como la X y la Z en álgebra. El énfasis no debe radicar en su nombre, sino en su efecto. Esto es una buena forma de reflejar la potencia del jeet kune do».

Tendemos a estructurar y compartimentar las cosas para asimilarlas. Las encerramos en un molde y, al hacerlo, perdemos esa visión abierta que él promueve. Necesitamos que todo esté bien definido, dentro de un patrón de reglas fijas, y cuando se nos da libertad para movernos por una senda en la que se puede discurrir por una multitud de veredas adyacentes, tendemos a perdernos. La no limitación, la aparente ausencia de reglas fijas que van cambiando según la situación y el momento, esa especie de indefinición, el círculo sin forma… Todo ello irrumpe en nuestras mentes de forma explosiva sencillamente porque no estamos preparados para ello. Se trata de algo nuevo para lo que carecemos de referencia, ya que nuestras verdades y reflexiones la necesitan para contrastar lo que sabemos o creemos saber.

Tercer error

Aprender de los errores es evolucionar. Este tercero versa sobre tergiversar lo que es.

Ya hemos dicho que JKD engloba muchas cosas, pero hay quienes pierden de vista lo principal, que es un arte marcial. Y esto es así porque Bruce es, sobre todo, un artista marcial. Dejemos que él nos lo explique:

«¿Qué es, pues, exactamente el JKD? Literalmente, *jeet* significa «interceptar», «detener»; *kune* es «puño», y *do*, «el camino», «la realidad última». Por lo tanto, significa «el camino del puño que bloquea». Hay que recordar que el término *jeet kune do* no es más que un nombre que utilizamos, un espejo en el que nos vemos a nosotros mismos. El término no me interesa ni me preocupa; lo que me interesa es su efecto liberador».

Como vemos, Bruce está hablando de un puño que bloquea. No es filosofía ni misticismo, ni una metáfora. Hablando de las formas y técnicas clásicas, dijo:

«Dejaos de misticismo y de cuentos; en realidad, eso es solo una devoción ciega a la inutilidad sistemática de la práctica de las rutinas y de exhibiciones que no conducen a nada».

O este otro comentario de Bruce, el cual dice mucho:

«¿De qué le serviría a un boxeador aprender a meditar? Es un luchador, no un monje».

Esto se aplica también a su visión de las artes marciales, ya que no desea que esos mismos misticismos encierren al JKD; por eso aún fue más claro y dijo:

«El entrenamiento mental místico no fomenta el poder interior, sino un estreñimiento psicológico».

Y por eso añadió:

«Y es aún peor; estos practicantes adoptan, de forma desesperada, una superioridad mental que toma conceptos espirituales de un lado y de otro, pero eso los lleva a la deriva, cada vez más lejos, hacia el misterio y la abstracción».

Alejado de misticismo y falsas espiritualidades, Bruce comentó:

«El JKD rechaza todas las restricciones impuestas por las formas y los formalismos y potencia el uso inteligente de la mente y el cuerpo para defenderse y atacar».

Esta frase de Bruce, como muchas otras similares, refleja que él es ante todo un artista marcial, y su JKD sigue dicha estela. Una senda que nos abre una serie de puertas vitales en otras áreas. Por esta razón, cuando él murió, su viuda y amigos creyeron que, dadas las circunstancias, debían mostrar al mundo sus trabajos. Y estos no eran eminentemente ensayos filosóficos, sino temas de artes marciales como *El método de lucha de Bruce Lee* y *El Tao del jeet kune do*. Este último incluye algo de filosofía, pero el tema central es el arte marcial.

Como bien dice Dan Inosanto:

«Mucha gente piensa que el JKD es algo metafísico, pero no es así. Realmente es simple. Básicamente, pienso que este es el quid de la cuestión. El JKD es la filosofía de Bruce y está basada en cosas que él observó y que eran verdad».

Así que debemos poner cada cosa en su sitio. El JKD es, ante todo, una fórmula de artes marciales que nos induce en un proceso de descubrimiento que nos conecta con una filosofía de vida, y no al revés.

Así las cosas, para finalizar, Bruce nos dice con claridad y contundencia:

«Yo hago hincapié en la sencillez, en lo directo y en la enseñanza no clásica. No es ritualista ni es un deporte; es defensa personal».

Cuarto error

No son pocos los que se lanzan a repetir los actos de Bruce con el fin de seguir la senda del JKD. Pero esto es un error de juicio y menosprecia todo el esfuerzo que hizo Bruce para llegar a unas conclusiones y mostrarnos un camino.

Lo primero es comprender qué es el JKD, y lo segundo, zambullirnos en el aspecto físico, a través del cual iremos alcanzando otras materias. Y al final, cuando esto se ha absorbido y uno tiene las ideas claras y la experiencia necesaria, es cuando recorre otras sendas con el fin de seguir enriqueciéndose. Por eso, Daniel Lee, su amigo y uno de sus mejores alumnos, que hasta el final de sus días estuvo enseñando de forma particular y privada el JKD según la visión de Bruce, dice, en el prefacio de *Be water, my friend*, que es un error de juicio aprender otras artes marciales que no son

No es ritualista. Ni es un deporte. Es defensa personal

necesarias ni están relacionadas con el JKD, exhortándonos a diferenciar lo que es esencial de lo que no.

Muchos creen que lo primero es hacer como hizo Bruce: aprender wing chun. Pero parece que pierden de vista dos cosas fundamentales. La primera es que el wing chun ha cogido una tremenda popularidad porque lo estudió Bruce y no se percibe que aprenderlo sea algo caprichoso, motivado por la mera cultura y el lugar. Si Bruce hubiera nacido en otra zona de China, habría estudiado lo que tuviera más a mano y fuera reconocido en esa región. Habría pasado lo mismo si hubiera vivido de niño y adolescente en Japón, Corea o cualquier otro lugar. Y, de ser así, ahora la gente estaría diciendo que tal o cual estilo es el no va más porque lo estudió Bruce. ¿Comprendes la diferencia? Y esto sin restar al noble arte del wing chun su valía. Lo que digo es que solo se debió a algo del todo circunstancial y que, además, como el propio Bruce ya dejó claro en comentarios que hemos ido leyendo, es un estilo que él fue abandonando. Veamos el comentario del reputado historiador John Little:

«El jeet kune do, creación de Lee, fue un arte completamente independiente del wing chun, sobre todo en las últimas etapas de su evolución. Aunque existan semejanzas entre ambos, también muestran diferencias notables en cuanto a metodología y al enfoque pedagógico. Ambas artes comparten el interés por la eficiencia combativa, pero las metodologías empleadas por cada una de ellas son notablemente distintas».

Así pues, no empecemos la casa por el tejado.

Quinto error

Este error es tal vez el más importante y en el que más incurren los seguidores del JKD. Y también el más difícil de llevar a la práctica.

Tal y como ya nos ha dicho Bruce, no debemos quedarnos enjaulados ni sentirnos limitados por nada, y ni el JKD ni el propio Bruce Lee quedan excluidos de esta idea. Esto es así porque Bruce se vio a sí mismo como alguien que se limitaba a señalar un camino y ofrece solo una alternativa más. Recordemos su frase en el primer error:

«Toda metodología, por inteligente que sea su diseño, se convierte en una jaula para el estudiante si se obsesiona con ella. Por eso, un buen estudiante es el que es capaz de aprenderla sin quedarse encerrado en ella, de seguir los principios sin dejarse limitar ni ceñir por ellos».

Al mismo tiempo, si nos quedamos en el JKD, nos privamos de esa libertad que tanto preconiza Bruce:

«Nuestra libertad primaria nos permite recorrer todos los caminos sin estar limitados por ninguno. Lo eficaz es cualquier cosa que sirva [...]. El arte vive donde existe la libertad absoluta, porque donde no existe, no puede haber creatividad [...]. Es más importante ser un hombre que disfruta de su libertad que ser un gran luchador».

Quedarse pegado al JKD es ir en contra de la idea primigenia del propio JKD. Porque Bruce buscaba individuos que se desarrollaran en libertad y creatividad, y para ello no podían estar limitados a él ni al JKD. Por eso decía:

«En el mejor de los casos, Bruce Lee presenta una dirección posible, pero nada más».

Y también comentaba de forma clarísima:

«*Jeet kune do* solo es un término que usamos, no es más que una barca que nos sirve para cruzar, y que luego debemos dejar y no cargar a la espalda».

En la época de Bruce, la gente tendía a confundirlo todo, como ocurre ahora. Y ese fue, junto con las dificultades económicas, uno de los motivos que lo indujo a cerrar las escuelas.

Quedarse pegados al JKD significa estancamiento e involución, porque el JKD no es una de esas artes marciales en las que se preserva todo como si fuera la santa Biblia. Todo lo contrario, es algo orgánico y vivo, que cambia para adaptarse constantemente al entorno, al cambio de las décadas y a la mentalidad de las propias personas. Por eso, el error es quedarse varados en el JKD y en las ideas de un Bruce de los años setenta del siglo XX. Él era un hombre en constante evolución, tal y como hemos comprobado. Por eso también dijo:

«Bruce Lee es una persona que cambia, porque siempre está y estará aprendiendo, descubriendo y expandiendo sus ideas. A semejanza de su arte marcial, lo aprendido nunca es algo inamovible, siempre cambia».

Algo que ratifica su gran amigo Inosanto:

«Cuando Bruce murió, yo no estaba seguro de qué camino debía tomar. Solo le recuerdo diciendo que el JKD tenía que estar en constante desarrollo y acompasarse con el ritmo del mundo que vivimos».

Imaginaos lo que esto supondría si Bruce siguiera vivo, los enormes cambios que habría llevado a cabo en todo. Y no solo por cuestión de tiempo y circunstancias, sino porque un hombre de 32 años no es el mismo que el de 50 años, ni como el de 70 años. De haber vivido y cumplido con todas las etapas de la vida, habría eliminado muchas de sus filosofías y apreciaciones de la juventud y las habría dotado de una sabiduría sin igual. Por dicho motivo, y por lo que promulga el JKD, debemos ir más allá de él para recorrer nuestro propio camino, pero sin olvidar nunca a quien nos lanzó por la senda del descubrimiento y el conocimiento. No en vano, Gilbert L. Johnson comenta en la introducción de *El Tao del jeet kune do*:

«*El Tao del jeet kune do* no tiene realmente un final. En lugar de eso, sirve como un comienzo».

En definitiva, debemos abrazar el arte de Bruce y su filosofía, cultivarlo, pero no en exclusividad, con el fin de no quedar atados a él y poder seguir fluyendo con total libertad para adquirir muchos otros conocimientos.

Para terminar, decir que a la hora de mantener vivo el JKD, adaptándolo a la época actual y a las que están por llegar, hay que ser cuidadoso, pues, como bien advierte Inosanto: «Aunque el JKD abarca muchas cosas,

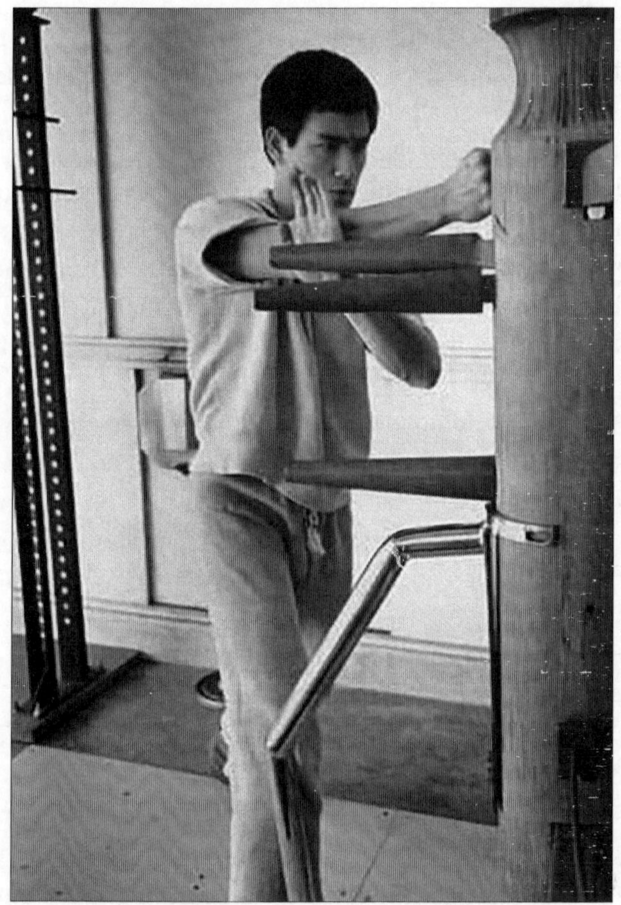

JKD es una barca que nos sirve para cruzar. Después debemos dejarla ir

como podemos ver, siempre hay algo que añadir, pero no de una forma atropellada, porque el principal propósito es la conservación del hilo común que lo mantiene todo unido».

Como yo suelo decir: libertad no es lo mismo que libertinaje.

Como anexo a este capítulo, citar a Joe Lewis en este momento del viaje puede ser interesante. Siempre lo son las nuevas perspectivas que apuntan a posibles errores de otro tipo desde el otro lado del tablero.

Al contrario que en el JKD, para Lewis, colocar la parte fuerte delante nunca fue una buena opción. Su argumentación pasa por contemplar que una parte queda definitivamente debilitada, pero, sobre todo, apunta a la importancia que reviste tener una parte adelantada dedicada a molestar, engañar, cegar y buscar huecos y objetivos para luego aplastar de forma contundente con la parte atrasada. Para él, la ecuación es: ubicar, cegar y luego golpear. Afirmaba que a los luchadores inteligentes no los puedes golpear de buenas a primeras y necesitas una estrategia previa, motivo por el cual, en el consenso general de las artes de pelea, la posición es la ortodoxa.

Otro punto negativo para Lewis versa sobre el movimiento de Bruce, que, según él, trabajó principalmente el vertical hacia dentro y hacia afuera, la velocidad de penetración hacia el oponente y la de despeje mientras te evades.

«Tenía una gran velocidad en ambos, pero su movimiento lateral de lado a lado para interrumpir la alineación de la vista de un oponente, en mi opinión, no era perfecto. Estaba un poco rígido. Por lo general, lo que hacen las personas cuando inician el movimiento lateral es cuadrar demasiado los hombros y las caderas, lo que los hace muy accesibles para un golpe entrante».

Lewis también observaba que las manos de Inosanto y las de los alumnos siempre estaban moviéndose por todos los lados, lo que interpretaba como un énfasis en mantener una postura a la defensiva en todo momento. Por lo cual comenta:

«Quieres que tus codos permanezcan delante de tus caderas y quieres mantener tu hombro delantero apuntando hacia tu oponente de modo que tu barbilla esté detrás de ese hombro; de lo contrario, es muy probable que te golpeen».

Como una última cuestión, Lewis analizaba la tendencia de Bruce y otros artistas marciales a agacharse y deslizarse, lo cual veía como un síntoma de que las rodillas se colapsan ligeramente cuando acortan el espacio hacia el objetivo:

«Sus codos tienden a separarse y, cuando eso sucede, estás muy abierto para una rodilla, estocada o un *uppercut*. Esta es una de las debilidades que ves en los practicantes de jeet kune do de hoy en día».

Estas doctas opiniones merecen todo mi respeto. Claro está que deben ubicarse dentro de un contexto de combate profesional; y el JKD es, o debería ser, defensa personal callejera. Y digo esto porque no me queda del todo claro lo que pretendía Bruce. Pero no alarguemos más la cuestión; ya matizaré quizás esto en otro momento.

26. Algunos asuntos de interés

La posición de guardia

Ya sabemos que existe una cierta libertad en todo lo concerniente al JKD, pero, como en todo, existen ciertos límites para no caer en la anarquía. No se trata de hacer lo que nos venga en gana, sin más. Debemos ajustarnos a una serie de principios básicos que definen lo que Bruce creó, y con esta base podemos modelar el árbol.

Cuando hablamos de la guardia, podemos adoptar la que mejor nos venga en cada situación, pero teniendo claro que tenemos una guardia madre o principal, que es la que desarrolló Bruce. Han pasado muchos años desde entonces, pero seguimos teniendo dos brazos y dos piernas, así que la cuestión no ha variado tanto.

Antes de pasar a diseccionar la guardia y comentar algunos trucos para hacerla bien, sigamos teniendo claro lo que hacemos dentro de la clase y lo que hacemos en la calle ante una agresión. Aquí todo se desenvuelve de forma rápida e impredecible, por eso la postura de guardia básica y sus derivados tienen que ser como una segunda piel; y como tal, no te das cuenta de que la llevas puesta. La adoptas de forma natural y sin esfuerzo. No es algo mecánico y rígido como una foto, que parece no tener vida. Todo lo contrario, los brazos no están estáticos, y tampoco el cuerpo. Siempre hay un ligero movimiento que denota vida, y por lo tanto, es algo fluido.

Cuando vemos a Bruce moverse en el cine, enseguida apreciamos que la postura de guardia es la misma que se muestra en los libros técnicos, pero con algunas sutilezas. Si bien es cierto que en las películas a menudo adopta una guardia en línea baja, que yo creo asimiló de Muhammad Ali, en aquel entonces Cassius Clay, al que estudiaba bastante. A lo largo de mi carrera me han preguntado mucho por esta cuestión y si es mejor una guardia que otra. La respuesta es obvia: todo depende del momento. Cada una tiene sus virtudes y defectos, dependiendo de la situación.

La posición de guardia ideada por Bruce mantiene la llamada línea central. Solo se le puede achacar un defecto, congénito en todas aquellas guardias que mantienen los puños en alto, y es que son detectados y controlados por el oponente, mientras que la guardia en línea baja queda fuera de la visión periférica y, por lo tanto, el oponente no puede ver el puño, a riesgo de bajar la mirada. La visión periférica es el campo de visión circundante mientras fijamos la visión en un punto. Tal vez es una de las razones por las cuales los jabs de Cassius Clay conectaban en casi todos sus oponentes. Todo tiene sus pros y contras. La guardia en línea alta es controla-

La guardia de JKD

da por el oponente, pero nos permite atacar y defender de manera óptima, y al acortar las distancias entre dos puntos, ganamos velocidad. La guardia en línea baja juega con la sorpresa, ya que el oponente no puede controlar nuestro puño, pero nos obliga a tener una capacidad de defensa superior con movimientos de hombros y cabeza, puesto que estamos más desprotegidos. En cuanto a la velocidad, debemos distender mucho más la musculatura para lanzar golpes veloces desde abajo.

Hay otra cuestión. En la calle no es aconsejable adoptar la posición de guardia así de buenas a primeras, desvelando nuestras intenciones. Debe hacerse una vez pasados los preliminares. El factor sorpresa es importante en la calle. Dan Lee contó una anécdota al respecto sobre un altercado que tuvo, y cómo este cuerpo de póker le valió para salir bien librado.

Veamos cómo reacciona Bruce contra su adversario en la entrada de los jardines en *Furia oriental*. No lo prepara desde la guardia. Y lo mismo podemos decir en la escena de *El furor del Dragón*, cuando golpea al oponente negro que le lanza jabs. Este pierde de vista el puño de Bruce, y eso es algo fatal. En ambos casos utiliza sendos ganchos, porque desde línea baja, si se sabe trabajar la velocidad, su mayor recorrido hace que sea como una explosión en el rostro del contrincante. En el cine, Bruce mostró ambas guardias, dependiendo del momento y la situación.

Aprender correctamente la posición de guardia no es tan fácil como parece. Como no es una posición natural, a veces se nos resiste. El principal inconveniente es tener el cuerpo algo ladeado, pero seguir mirando al frente. Esto nos obliga a forzar el cuello y, sin darnos cuenta, con el fin de relajarlo, nos ponemos poco a poco en posición frontal. Si no dominamos bien la posición, nuestros movimientos de ataque, desplazamientos y defensa no serán óptimos.

La diferencia más representativa de la guardia de Bruce es la que dicta que hemos de colocar nuestra mano fuerte delante. Se trata de una postura heterodoxa, ya que, como sabemos, lo tradicional es colocar la parte fuerte detrás para que esta tenga mayor recorrido y, por lo tanto, más fuerza. Bruce no creía en esta fórmula, en la que solemos mostrar una parte adelantada floja y una muy fuerte atrasada. Él creía que el puño era el que iba a realizar la mayor parte del trabajo en una reyerta y, por lo tanto, era una tontería colocarlo más lejos del oponente, donde este pudiera controlarlo y además tuviera más tiempo para reaccionar. La otra cuestión es que así compensaba mejor las dos partes, equilibrando nuestro potencial. Algunos pensarán que, al poner nuestra mejor herramienta delante, esta perderá fuerza. Para ello, Bruce utilizó una serie de mecanismos corporales capaces de generar esa fuerza con muy poco recorrido.

Bruce adoptó cierta cualidad de la mano fuerte adelantada de la esgrima europea. Se dio cuenta de que la estocada de esgrima no era demasiado rápida, pero la mano no telegrafiaba el movimiento, y esto era algo muy importante para él. Además, el juego de avance y retroceso del esgrimista, a su entender, era más seguro que el del kárate o el kung-fu.

Los errores que más se suelen dar al aprender la posición de guardia son: cabeza y torso demasiado erguido, codos abiertos y altos, piernas rígidas, talón del pie atrasado sin levantar, cuerpo general demasiado frontal y mal balance-centro de gravedad.

Las piernas deben mantenerse ligeramente flexionadas y separadas a la medida de un paso natural; talón trasero levantado para movernos con rapidez, pues actúa como un resorte; pie adelantado hacia dentro para ladear el cuerpo y proteger las ingles, y cabeza mirando al frente con mandíbula resguardada en la clavícula. Esto suele costar a los principiantes porque la tendencia natural es tener los hombros mirando al frente. Es recomendable mirar como si lleváramos puestas unas gafas y miráramos por encima de ellas. Los codos están protegiendo los flancos, y hay que tener cuidado para no ceñirlos en exceso al cuerpo o separarlos demasiado. Lo mejor es relajar los brazos para que adopten la pose más natural. El puño y la mano se mantienen relajados y el centro de gravedad-balance, equilibrado. Con esto hay que tener también cuidado, porque, sin darnos cuenta, colocamos demasiado peso delante o atrás. Y en cuanto a mantener la postura general algo ladeada, el pie adelantado es la clave. Siempre que lo tengamos algo ladeado, el cuerpo lo seguirá. Entonces, el problema será mantener los hombros ladeados y, no obstante, mirar al frente. Un buen ejercicio para acostumbrarnos es hacer giros de cabeza manteniendo los hombros al frente. En cada giro, forzamos y mantenemos la cabeza unos segundos mirando hacia el lado.

Ya se ha dicho que mantener el balance es importante. Si ponemos demasiado peso delante, estamos en mejor condición para atacar y peor para retroceder. Esta postura, propia de los que les gusta atacar, delata las intenciones, y en una pelea de gimnasio pueden hacernos un barrido. Si, por el contrario, tenemos demasiado peso en el pie de atrás, estaremos en mejor disposición para defendernos y trabajar a la contra y en peor para ataques hacia delante al tener que trasladar el peso a la pierna adelantada. Así que lo idóneo es mantener el centro de gravedad en el medio.

Como ya he dicho, la guardia debe ser como nuestra segunda piel y debemos hacerla sin esfuerzo y de forma instintiva y natural. Si no es perfecta, es el semillero donde se crían otros defectos que luego cuesta mucho erradicar. Así que mi consejo es hacerla a menudo en cualquier momento y circunstancia durante el día. Tener un espejo delante ayuda a corregir los errores. Empezar por los pies y piernas e ir subiendo para ver que todo es correcto. La sensación es de estar algo relajado y no tenso, preparado para lo que vaya a ocurrir.

Cuando veáis que todo está bien, relajaros por completo para que la pose se adapte a cada uno y no sea forzada. Lo habréis conseguido cuando todo esté en su sitio y os sintáis cómodos con ella.

Actitud

Este es un asunto del que se habla poco y que, sin embargo, Bruce tenía muy presente. Lo llevaba a cabo cuando seleccionaba a los alumnos de sus escuelas y lo dejó expresado en el celuloide, en esa escena de *Operación Dragón*, cuando está enseñando a su pupilo y este le lanza unas patadas muy bonitas y técnicas, y se lo recrimina diciendo:

«Debes imprimirle emoción al golpe. Vuelve a intentarlo».

Dan Inosanto recuerda:

«El secreto de patear, como Bruce lo enseñaba, está en una furia controlada».

El tema de la actitud es tan importante que sin ella, nada de lo que hacemos en artes marciales es útil, excepto para hacer florituras. El problema es que, cuando la gente entra en una escuela de artes marciales para aprender a defenderse, esta necesidad en sí conlleva a menudo la mala actitud. A veces no lo eliges porque te gusta y te sientes atraído por el arte marcial, sino por un tema de necesidad. En líneas generales, careces ya de la actitud del guerrero. Lo he visto demasiadas veces a lo largo de mi carrera como instructor. Y no puedes hacer nada.

La persona que tiene una inclinación al temor y a la no violencia —ambas cosas suelen darse de la mano—, se ve del todo imposibilitada para cambiar la esencia de su personalidad. A veces, algunos de ellos tenían entereza y fuerza de voluntad y hasta les gustaba, pero, irremediablemente, a la hora de la verdad su impulso primario prevalecía. Siempre trabajaban a la defensiva y con un temor implícito.

En la otra vertiente están las personas excesivamente agresivas. Son individuos nerviosos y de fuerte temperamento, que tampoco pueden evitar ser lo que son. Antes deberían llevar a cabo una especie de terapia, filosófica o psicológica. Podían ralentizar su organismo mientras el trabajo no fuera excesivamente impetuoso, pero en cuanto llegaban las técnicas más realistas o el combate, todo se iba por la borda y afloraba la esencia de su temperamento. Esta agresividad hace que no aprendas correctamente las sutilezas del arte marcial. También Bruce lo dejó claro en la misma escena, cuando tras un nuevo pateo más furioso le dice al alumno:

«He dicho "imprimirle emoción", ¡no furia!».

Trabajo en el saco

Cuando Bruce llegó a Estados Unidos y empezó a tomar contacto con el boxeo occidental, todo cambió. Leyó libros y estudió los combates de los boxeadores y sus métodos de entrenamiento. Esto significó un antes y un después y lo marcó para siempre. Tal vez por ese motivo llegó a decirle a Wong Shun-Leung, en la carta fechada en enero de 1970, aquello de que él solía practicar con este tipo de púgiles.

Lo que es cierto es que a partir de ese momento sus golpes de puño se verían muy influenciados por este arte de pelea. Por dicho motivo, el saco es uno de los elementos básicos. Bruce los tenía de varios pesos y tamaños. Según cuenta Linda Lee:

«Otra cosa que impresionó a Stirling Silliphant fue un saco gigantesco que Bruce había colgado en el garaje y que medía más de un metro, tanto de ancho como de alto. Para abarcarlo se necesitaban dos hombres con los brazos extendidos. Era un saco muy blando, y eso exigía que todo el que lo pateara tenía que hacerlo con toda la potencia posible para conseguir un ligero impacto.

—Era como patear un malvavisco —recuerda Stirling—; y un malva-

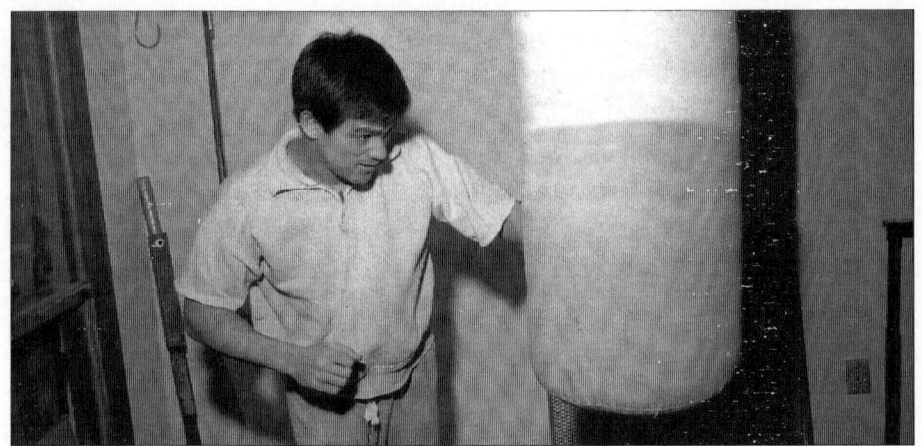

El trabajo en el saco tiene que ser variado, usando puños, pies, codos, antebrazos, etc. Con potencia y velocidad

visco bastante grande. ¡Y pensar que Bruce podía mandar volando esa cosa de una sola patada!».

Está claro que no todo el mundo puede tener varios tipos de sacos, y que muchos gimnasios solo tienen uno o dos a lo sumo. Puestos a elegir, el más idóneo sería el largo, ya que así podemos trabajar puño, antebrazos, codos, rodilla, espinilla y pie, y hacer combinaciones con todo. En algunos sitios, por problemas de espacio, ponen el saco en alguna esquina, pero lo ideal es que haya espacio suficiente para poder movernos a su alrededor.

Mucha gente se venda las muñecas para trabajar con el saco porque es fácil lesionárselas. Yo nunca lo hice; estaba muy acostumbrado y mi muñeca estaba prácticamente soldada al puño. Solo me ponía las guantillas, como las que lleva Bruce. Aunque a veces también trabajaba a mano desnuda para endurecer y sentir lo que es la pegada sin guantes. En algunas fotos vemos que Bruce también trabaja sin ellas. Aquí hay que tener cuidado, sobre todo con los ganchos. El problema es que los golpes sin protección deben ser secos y sin vibraciones, porque, de lo contrario, te dañas los nudillos, que tardan en cicatrizar.

Demasiada gente, cuando golpea al saco, lo hace solo con toda la potencia que son capaces de imprimirle al golpe, pero es un error. Hay que trabajar de las dos formas, con golpes rápidos, que picotean, y también con golpes más potentes. Se deben trabajar todas las distancias: larga, media, corta y cuerpo a cuerpo. Los ejercicios con saco deben incluir también los de movimiento, entrando, saliendo y rodeándolo.

Puedes practicar en el saco largo casi todo tipo de golpes: jabs, directos, cruzados, ganchos, golpes de revés, antebrazos, codos, puñetazos de giro, etc. Cuando te quedas pegado al saco en un cuerpo a cuerpo, estudias las posibilidades y los golpes que se plantean. Pero podemos ser más versátiles y darle con los antebrazos, la cabeza, empujones, golpes con los hombros, etc.

El saco viene muy bien para aprender las distancias de cada golpe, sobre todo con patadas, pues si estás muy separado, solo rozarás el saco, y si estás demasiado cerca, lo empujarás antes que golpearlo.

Las patadas pueden ser frontales, de revés, circulares, abanico, laterales, patadas de giro, rodillas, espinillas, etc. Y hay que combinarlo todo; entras con patadas y sigues con puños, o entras con puños y sigues con patadas.

También debes combinar, intercalando pie y puño. Cada cual debe crear sus propias combinaciones. Lo importante es la variedad y la versatilidad, trabajando la potencia y también la velocidad.

Hay dos formas de afrontar el trabajo en un saco. La primera es tomarlo tal cual; es decir, un objeto al que golpeas. La otra es verlo como un contrincante y, por lo tanto, debes moverte a su alrededor, entrar y salir, o bloquear. A este respecto, Mito Uyehara cita:

«Bruce siempre recalcaba que cada trabajo debe hacerse con la actitud perfecta. Cuando estabas ante el saco pesado o el ligero, esperaba que lo golpeases seriamente».

Por este motivo, Bruce decía:

«Si no te concentras en ejecutar la técnica, ¿por qué la haces? Solo estás gastando tiempo y energía. Estarías mejor viendo la televisión. La concentración mental es al menos el 50 % de tu trabajo. Cuando lanzas una patada o un puñetazo al saco pesado, debes enfocar el blanco y mantener una imagen mental del golpe a través del saco y no en su superficie. Todos tus golpes deben hacerse con intensidad. Si no te entregas al 100 %, no obtendrás lo mejor de tu trabajo».

El saco también viene muy bien para medirte con tus propios golpes. Dependiendo de la distancia a la que te coloques, debes saber qué tipos de patadas y golpes puedes hacer.

Cada persona tiene un tamaño y una forma muy concreta de desplazarse. El saco te ayudará con estas cuestiones. Un golpe no es un empuje; es una explosión. Dependiendo de la textura y el peso del saco, lo oirás, lo sentirás y lo moverás. Aunque, tal y como cita Linda Lee:

«Stirling Silliphant recuerda que Bruce siempre decía que lo más grande que se puede patear es una palmera bien grande».

Relata Stirling Silliphant:

«Bruce solía decirme más o menos lo siguiente: "Cuando puedas patearla sin que te estremezcas, pero la palmera sí se estremezca, empezarás a comprender lo que es una patada"».

Con el escudo

Bruce fue un innovador con los equipos que empleaba en el entrenamiento de las artes marciales. El escudo de pateo es interesante por muchos motivos. Los hay de diferentes tamaños y texturas, pero el ideal es el que no es excesivamente duro y permite absorber una parte del impacto.

Es muy importante saber mantener el escudo en buena posición, colocándolo sobre nuestro brazo y hombro adelantado y pegado a ellos. El cuerpo está ligeramente encogido y las piernas flexionadas, y el escudo hay que

El escudo permite trabajar las patadas y los puñetazos

ponerlo en posición vertical, pues una ligera inclinación puede hacer que la patada resbale e incluso que golpee al compañero que lo sostiene.

Al recibir la patada, el que sostiene el escudo no debe oponer resistencia, ya que no es conveniente para el que lanza la patada y es contraproducente para el que la recibe, pues, a pesar del escudo, el cuerpo se conmociona con el impacto. Lo ideal es dejarse llevar y absorber el golpe mediante la textura del escudo y la relajación corporal. De esta manera, el que patea visualiza la potencia de sus golpes y el que la recibe se adiestra en el arte de hacer lo contrario.

En el escudo se pueden lanzar diversas patadas. Por lo general, las más idóneas son las frontales, laterales, circulares, laterales con giro, de salto, etc. Hay que tener cuidado con no fallar. Antes de lanzar la patada real, conviene hacer un ensayo, medir la distancia, el ángulo, etc. Es mejor lanzar antes una con menos fuerza, sobre todo con las de trayectoria recta.

Patear el escudo nos proporciona una sensación de realidad que no proporciona el saco, pues golpeamos a una persona, aunque esté protegida. Con el escudo también se puede ser versátil y llevar a cabo otro tipo de trabajos y golpes de puño, antebrazo, etc.

Sobre las herramientas

Se podría decir que las herramientas en sí son lo menos importante del JKD físico. No se trata de qué, sino de cómo. Un jab, un directo, un gancho, una patada frontal, lateral, circular, etc. son elementos comunes en las artes marciales. Lo que hace que sea algo diferente es la forma en la que lo empleamos; es decir, el cómo. Y esto dependerá de cada individuo, ateniéndonos a su constitución y cualidades. Lo mismo podríamos decir de las técnicas, cuyos cientos de combinaciones no tienen otra función que la de familiarizarnos con los ataques compuestos y el ritmo, si bien es cierto que existen algunas que sí obtienen una respuesta generalizada y útil, dada nuestra morfología. Como decía Bruce, de momento solo tenemos dos brazos y dos pies y, además, nuestra forma de procesar los elementos es muy parecida. Por lo cual, si uno lanza una finta a la zona media de un oponente, y lo hace con la velocidad atemperada que se necesita para crear un amago de realidad, el adversario bajará algo la guardia. Es solo un ejemplo.

Teniendo claro de lo que se trata, podemos observar cómo usa Bruce las diversas herramientas. En este sentido, vemos que, en líneas generales, siempre suele patear en el inicio con la pierna adelantada, y hace lo mismo con los puños cuando los utiliza. Suele emplear la fórmula de atravesar el objeto, y sus golpes de puño tienden a realizar un pequeño chasquido o latigazo, algo que los diferencia de cómo suelen usarse en otras artes de lucha. Podríamos seguir enumerando ejemplos para marcar la diferencia entre la herramienta y la forma de aplicarla. En este sentido, hay otros factores que entran en juego, tales como la velocidad y sus derivados, la potencia, el equilibrio, el tempo, etc., pero que no forman parte de este sucinto escrito, en el que tan solo deseo remarcar la diferencia que intento describir. En definitiva, una vez entendida la mecánica de todo golpe, hay que dejarlo atrás para centrarnos en cómo hacemos uso de él según nuestra aptitud y personalidad.

27. ¿Cómo preservar el jeet kune do?

Terminamos esta sección del libro con un tema conflictivo que suele provocar debate. Es necesario repasar algunos temas para refrescar la memoria. A priori, y leído todo lo que Bruce fue diciendo respecto al JKD, y en especial sobre las organizaciones y demás, no parece que este asunto esté muy claro. Conocemos muchas de sus opiniones al respecto y también las de algunos alumnos cercanos a él para no tener dudas. No solo en una cuestión relacionada con organizaciones y escuelas al uso, sino con lo que es el JKD y con su complejidad para enseñarlo, ya que reviste mayores problemas de lo que parece, al menos si se quiere ajustar la enseñanza a los parámetros elitistas de Bruce. El JKD no es solo una cuestión de simple técnica, sino un camino de vida. Bruce nunca separó el arte marcial de la filosofía. Como recuerdan sus alumnos, la técnica y el movimiento debían ajustarse a la vida misma. Esto hacía de Bruce un profesor inusual.

Seleccionaba a los alumnos y atendía los intereses personales y únicos de cada uno. Dan Inosanto dice al respecto:

«Bruce siempre adecuaba la instrucción a la personalidad de la persona con la que estaba hablando. A cada estudiante le decía siempre algo diferente. De ese modo, establecía con cada uno una relación muy íntima e inmediata. Él lo relacionaba todo con las características personales y tenía en cuenta la altura de la persona, su rapidez y cosas así. Le enseñaba a cada uno de ellos a descubrir sus puntos fuertes y a emplearlos, y también a reconocer sus propias debilidades. Y les explicaba que no servía de nada que trataran de copiarlo a él, pues ninguno poseía su velocidad, su ritmo, su flexibilidad, su sentido del tiempo y ni siquiera su constitución. Él se proponía liberar a los demás de sus propias inhibiciones. Era al mismo tiempo un psicólogo y un filósofo».

Bruce decía:

«Yo soy partidario de tener y enseñar a pocos alumnos a la vez, ya que la enseñanza requiere una vigilancia constante y atenta de cada individuo para poder establecer una relación directa con él».

Él se resistía con todas sus fuerzas a enseñar de la forma establecida, convirtiendo al JKD en un estilo más, sustentado tan solo en habilidades físicas repetitivas. Y se fue dando cuenta de que pocos eran capaces de asimilar su arte.

Ed Parker, el fundador del kenpo kárate, llegó a decir:

«Era uno entre dos mil millones. Si Dios pudiera darle a un hombre todos los talentos naturales, ese sería Bruce. No obstante, estaba limitado por su propia filosofía. Acostumbraba a utilizar una analogía acerca de un escultor, de cómo este debe ir cincelando lo que no es esencial para hallar la verdad misma. Si un individuo no tenía el talento natural de Bruce, podía pasarse todo el día dando golpes de cincel y sin llegar a encontrar lo que Bruce tenía. Su problema como maestro era que podía transmitir sus ideas, pero no su talento, y uno necesitaba ambas cosas para que su filosofía funcionase».

Esto lo ratifica el mismo Bruce, cuando, ya en 1969, dijo:

«Solo uno entre diez mil es capaz de seguir mi arte. Es absurdo pensar que casi cualquier persona es capaz de aprenderlo. El JKD no es para cualquiera. He enseñado a muchos alumnos, pero muy pocos han llegado a ser mis discípulos. La mayoría de los estudiantes no dan muestras de capacidad para entenderlo ni para aplicarlo de la manera debida, física o mentalmente».

La pregunta subsiguiente sería: Hoy día, ¿la mayoría sí tiene capacidades para asimilarlo?

No hace falta poner más ejemplos; son muchos los que nos abocarían a la misma resolución. Así las cosas, desengañado de la actitud mental generalizada, a principios de 1970 Bruce decidió cerrar sus escuelas y le pidió a Dan Inosanto que dejara de enseñar. Es, ante todo, un asunto de principios, agravado con el hecho de que, si no podía controlar y supervisar la calidad de la enseñanza, los alumnos tenderían a confundirlo todo y verían el JKD como un estilo más de artes marciales. Y ese es también uno

«Solo uno entre 10 000 es capaz de seguir mi arte»

de los motivos por los que desestimó la publicación de *El Tao del jeet kune do*, ya que entendió que la gente lo malinterpretaría, tomándolo como algo definitivo, y lo preservaría como si fuera un texto sagrado, en lugar de verlo como un camino y una guía de evolución personal, diferente para cada individuo.

Bruce nunca quiso que se le viera como un dios o una especie de gurú cuya filosofía y arte marcial eran el camino y la verdad absoluta. Él veía con gran claridad cómo era el comportamiento humano ante los líderes y los productos que estos venden, ya sea en el terreno marcial, político o religioso. La tendencia es sectaria. Unos pocos dirigen a muchos. Fieles a sus arengas y postulados, los acólitos siguen al líder y a sus reglas, que son como las tablas de la ley, y muerto el creador, los que quedan conservan y preservan el legado de tal forma que lo solidifican y, por lo tanto, momifican. Por esto Bruce decía:

«Un estilo no debe ser nunca una verdad bíblica cuyas leyes o principios no se pueden quebrantar jamás».

¿A dónde nos lleva todo esto? Pues a que posiblemente a día de hoy estemos tratándolo a él y a su legado de esa misma forma que él tanto denigraba. Las palabras y citas filosóficas de Bruce son como leyes que no se analizan ni se cuestionan. Lo mismo ocurre con sus libros de JKD. La gente ve *El Tao del JKD* como si fuera la Biblia, a pesar de la advertencia en el prólogo y de que se trata de las ideas para el JKD de los años setenta. Solo es un punto de partida, pero la mayoría no lo contempla así. De haber vivido, ese mismo JKD que la gente sigue a pies juntillas como la «verdad», estaría en gran parte abolido por su creador después de cincuenta años, ya que Bruce no dejaba de hacerlo evolucionar.

Bruce deseaba la transformación personal en la que cada cual debe cuestionar y analizar lo que aprende, tal y como ya apuntaba Confucio. En este sentido, aquellas partes de la filosofía de Bruce que han quedado caducas o contienen errores de percepción por tiempo, contexto y edad de vida deben, al igual que ciertas técnicas obsoletas, tirarse a la basura. Esto no es un sacrilegio, es la propia realidad del JKD y lo que Bruce hubiera hecho. Él no creó algo para que se quedara estancado y sus seguidores lo metieran en una urna y lo adoraran con fervor. En su lugar, siempre alentó al estudiante a que contrastara sus enseñanzas y las mejorara, haciéndolas evolucionar. Porque el mundo, la vida y las técnicas mejoran con el paso de los siglos. El gran error de la mayoría es quedarse estancado en el Bruce Lee de los años setenta.

Pero Bruce murió de forma prematura e inesperada y, de alguna manera, su JKD murió con él. Y esto es así porque nadie puede enseñarlo como él lo hacía y entendía. Para eso hace falta ser Bruce Lee. Y, así las cosas, se crea una disyuntiva. ¿Qué hacer? ¿Dejarlo que se extinga o sacarlo a flote de alguna manera? El texto incluido en la introducción de *Jeet kune do. The art and philosophy of Bruce Lee* puede sernos ahora de ayuda para revelarnos lo que acontecía tres años después de la muerte de Bruce. Al mismo tiempo, nos puede mostrar hasta qué punto todo ha ido cambiando.

«Tras la muerte de Bruce, la organización de jeet kune do se ha propuesto mantener un perfil, alejándose de los productos de mercado sobre Bruce Lee que incluyen camisetas, emblemas, pósteres, medallones, cómics, libros, trajes, etc.; todo lo que no tiene que ver con el hombre o su arte. En verdad, solo hay tres lugares en el mundo donde se enseñan los auténticos principios del jeet kune do. El primero está en Seattle, Washington, donde el gran amigo y socio de Bruce, Taky Kimura, enseña en un club privado, en el sótano de su tienda de comestibles. El segundo está en Charlotte, Carolina del Norte, donde Larry Hartsell, que entrena JKD desde 1967, enseña a un grupo selecto de estudiantes. Y el tercero es la Filipino Kali Academy, en Torrance, California».

A esto añade Inosanto: «El fundador había muerto y el futuro del JKD estaba en manos de sus discípulos».

Pero, claro, existía el escollo de la privacidad y elitismo con el que Bruce protegía su arte. Por eso comenta: «Bruce era muy selectivo con lo que enseñaba y juzgaba la dedicación de sus discípulos para capitalizar el entrenamiento, recompensando su discreción».

Por eso: «Aquellos de nosotros que elegimos enseñar ciertas fases del

«A semejanza de mi arte marcial, lo que he aprendido nunca está fijo»

JKD intentamos hacerlo sin el menor revuelo posible [...]. Casi todos los estudiantes de Bruce tuvieron un entrenamiento previo en artes marciales antes de ser introducidos en el JKD. Igualmente, pedimos que los posibles estudiantes logren un alto nivel de habilidad en la defensa personal básica como requisito para considerar enseñarles el JKD [...]. Solo aquellos estudiantes con gran capacidad mental y buenos atributos físicos tienen la oportunidad de aprender los mejores puntos del JKD».

Como vemos, al principio los ideales eran de otro tipo. Pero con el devenir de los años y ante el creciente interés y demanda de un público ávido por aprender «el sistema de Bruce Lee», tuvo que afrontarse la situación de otra manera. Dan Inosanto añade:

«La literatura escrita y la enseñanza limitada no bastan para asegurar la continua evolución del jeet kune do [...]; necesitábamos que el jeet kune do prosperase, pero no queríamos perpetuarlo de forma que rebajásemos el espíritu de Bruce. Después de pensarlo, decidimos enseñar el arte [...]. Bruce nunca quiso enseñar el JKD de una forma comercial y nunca le gustaron las clases numerosas. Como resultado, mantengo las clases de JKD reducidas y selecciono a los alumnos con mucho cuidado. Las clases de JKD nunca tienen más de ocho o diez estudiantes y no sobrecargo la enseñanza. Las clases son gratuitas para los estudiantes, pero si quieren pueden hacer una donación mensual para la escuela [...]. Bruce odiaba las clases numerosas. Pensaba que solo había una forma de mantener la calidad de la enseñanza, mostrando las bases a los estudiantes uno a uno. Eso le parecía bien. Él podía entrenar a dos, tal vez a tres, pero no más».

Al leer esto, es evidente que todo ha cambiado mucho desde aquel prisma inicial, ya que en la actualidad hay muchas academias de jeet kune do en el mundo que pueden contemplarse como una organización con sus correspondencias y jerarquías normales. Un medio y sistema que Bruce rechazaba de pleno, como ya es sabido.

El proceso de la vida va moldeando muchísimas de las ideas originales de sus creadores. Vemos, si no, el caso de Jesús de Nazaret, que suelo utilizar como analogía, al ser un caso llamativo. Un hombre humilde que abogaba a favor de los pobres, en contraposición a las riquezas de la Iglesia y del Vaticano, hasta el punto de que en el excelente documental *El papa Francisco, un hombre de palabra* (Wim Wenders, 2018), el papa, mirando directamente a la cámara, al mundo, dice: «Mientras haya una

En 1970, le dijo a Inosanto que cerrara las escuelas y que dejara de enseñar

Iglesia que ponga su esperanza en las riquezas, Jesús no está allí. Es una ONG, de beneficencia o de cultura, pero no es la Iglesia de Jesús».

O, por echar mano de algo menos espiritual, el caso de Tolkien y *El Señor de los Anillos* (Planeta, 1993). Cualquiera que haya estudiado la vida y el pensar del insigne profesor sabrá de su constante reticencia a que su obra se llevara al cine. No lo permitió en vida, y no claudicó hasta el final de ella, con el fin de que sus hijos no soportaran la terrible carga económica que les provocaba el traslado por herencia de los derechos de autor. Y así, hoy en día asistimos a algo que hubiera denostado Tolkien con todo su corazón, porque sabía que el alma de su libro se convertiría en un simple cuento de aventuras en el que suprimirían, añadirían y modificarían elementos al antojo de los cineastas. Lo más curioso es que, sabiendo este pensamiento original del creador, los cineastas dicen estar honrando a Tolkien. Esto me hace pensar en las argucias que los seres humanos empleamos para evitar la culpa moral y cómo reverenciamos la subjetividad, estando dispuestos a acogernos a cualquier excusa que nos permita liberarnos de este sentimiento.

Insertemos aquí el comentario de Bruce, una predicción que puede haberse hecho ya realidad:

«Con el transcurso del tiempo, sobre todo cuando ya ha fallecido el fundador, su postulado, su tendencia, su fórmula definitiva (nada es definitivo, siempre estamos aprendiendo) se convierte en secta, en ley o, lo que es peor todavía, en fe perjudicial. Se inventan credos, se prescriben ceremonias de refuerzo, se formulan filosofías propias y, por último, se erigen instituciones, de manera que lo que al principio pudo ser una cierta fluidez personal de su fundador se convierte en conocimiento solidificado, fijado, en reacciones organizadas y clasificadas, presentadas en un orden lógico, en un curalotodo en conserva para el condicionamiento de las masas. Con ello, los seguidores bienintencionados no solo han puesto estos conocimientos en un altar, sino en una tumba en la que está enterrada la sabiduría del fundador. Por las necesidades de organización y de conservación, los medios se vuelven tan complicados que es preciso dedicarles una atención enorme, y el fin se va olvidando gradualmente».

Ahora, si te parece, detengámonos un poco a reconsiderar todo el asunto. Por mi parte, si me pusieran en la disyuntiva de preservar el JKD o dejar que se extinguiera poco a poco, siempre elegiría lo primero. Tal vez, lo que hubiera hecho es cambiar el nombre y hablar de «Jeet Kune Jun Fan», por ejemplo, para establecer un elemento diferenciador que nos permitiera comprender que se trata de nuestra adaptación a las ideas de Bruce, como forma de seguir con ello hacia delante sin traicionar su sentimiento y deseo.

Personalmente, no culpo a nadie de nada. Estoy más allá de este tipo de sentimientos. Comprendo la impronta humana y que, al fin y al cabo, se suceden las generaciones y los siglos y unos y otros intentamos hacer las cosas de la mejor forma posible. Y lo mismo sucede con el legado de Bruce, un legado que resuena en boca de Dan Lee, como una voz señalando un camino personal:

«Se deben enseñar las cosas más fundamentales. Desde aquí continúan desarrollándose y floreciendo; sigue el principio y desarrolla, pero recuerda nunca tomar algo de aquí y allá, mezclarlo y luego llamarlo JKD».

Si algo lamento, es que el JKD pueda verse hoy día como un sistema más de artes marciales, despojado de mucho de lo que enfatizaba Bruce a la hora de tratar y enseñar su creación.

Tercera parte
Recuerdos

28. Joe Lewis

Joe Lewis, que lamentablemente falleció en el 2012 a la edad de 68 años, fue uno de los ilustres campeones de artes marciales en varias modalidades y poseedor de un físico envidiable, a la vez que un gran profesor y un experto en todo lo concerniente al arte de la pelea. Tras la muerte de Bruce, y en años sucesivos, Lewis iría adaptando la metodología de Bruce, sobre todo el enfoque ofensivo, con el fin de crear su famoso método de autodefensa, en el que también adaptó las habilidades y estrategias que aprendió de Bruce. Lewis llegó a convertirse en un artista marcial con unos conocimientos profundos del combate, que fueron la clave del éxito para otros artistas marciales en competiciones.

Lewis comenzó en la lucha libre y en el levantamiento de pesas, y de ahí derivó a las artes marciales, que observó con minuciosidad, estudiando su evolución y las tendencias, y llegó a afirmar:

«El puñetazo en particular está comenzando a convertirse en la técnica dominante. Estoy de acuerdo en que todos deberían considerar la posibilidad de dedicarse a las artes marciales mixtas».

Joe Lewis ya era un campeón cuando conoció a Bruce. Según los informes, llegó a ganar once torneos mientras entrenó con él, de 1967 a 1969, entre ellos los nacionales de Estados Unidos en mayo de 1968 en Washington y los nacionales de USKA en junio del mismo año en Kansas City. En octubre, el Campeonato Profesional de Dallas y el Campeonato de Estados Unidos. En noviembre de 1968, el Campeonato Mundial de Kárate Profesional en Nueva York, y en mayo de 1969, los nacionales de Estados Unidos en Washington. También, en junio de 1969, los nacionales USKA en Kansas City, y en agosto de 1969, el Long Beach Interna-

Bruce flanqueado por Joe Lewis (izq.) y Ed Parker (dcha.)

tional organizado por Ed Parker. Una espectacular carrera en la competición, no cabe duda.

Lewis no había oído hablar de Bruce hasta que lo conoció en el hotel Mayflower, en Washington, durante los campeonatos nacionales de 1967, en los que defendía el título. Según contaba, Bruce se le acercó y se presentó, y esto fue todo tras intercambiar algunos comentarios. La segunda vez que se vieron fue en las oficinas de la revista *Black Belt*, en la que ambos tenían intereses en cuanto a unas publicaciones. Cuando Lewis terminó y se encaminaba hacia su coche, Bruce fue tras él para iniciar un diálogo que, según Lewis, duró unos quince minutos, en el que Bruce trató de despertar su interés, hablándole de su sistema de lucha, algo que Lewis ignoró en aquel momento. Puede que esta fuera la causa de ciertos comentarios inadecuados de Bruce, tal y como Lewis recordaba:

«A menudo escuché que Bruce Lee me llamaba estúpido y que yo era grande, fuerte y tonto. Luego decía que Stone era extremadamente fuerte y rápido, pero ridículamente salvaje e incontrolable. Y de Norris comentaba que estaba muy rígido y que podía patear, pero que tenía las manos terriblemente rígidas y no sabía nada de puñetazos».

Las convicciones de Lewis eran muy rotundas cuando opinaba que todo maestro disfruta cuando tiene a un alumno con talento. Decía que una persona podía carecer de habilidades, pero ostentar un gran talento, y eso significa poseer los atributos mentales y físicos, la tenacidad y la complexión corporal para convertirse en un gran atleta, y no solo en la lucha. Por este motivo, Lewis se veía a sí mismo como un hombre con estas características y, como tal, proclive a que cualquier instructor ambicioso quisiera contar con alguien como él entre sus alumnos. Bruce no era una excepción y, según Lewis, por este motivo lo persiguió con tenacidad. Todo esto hacía que Lewis fuera una persona reacia y, como dijo, «difícil de vender». Esta suspicacia creaba en él una desconfianza y, conocedor de sus propias cualidades, no se dejaba influenciar:

«Es muy difícil influir en mí sobre cualquier aspecto de la lucha o el combate. Tengo que decir que Mike Stone me convenció de que Bruce tenía algo que ofrecer. Soy difícil de vender, así que fui a ver a Bruce porque estaba bastante de acuerdo con lo que Mike Stone había dicho».

Cuando finalmente Lewis comenzó a entrenar con Bruce, una nueva puerta pareció abrirse ante el avezado luchador, que vio la posibilidad de mejorar sus técnicas y cualidades, entre lo que cabría destacar el juego de pies, como se deduce de sus propias palabras:

«Con Bruce Lee, el 90 % de mi entrenamiento se dedicó a ejercicios de juego de pies, porque la rapidez con la que puedes golpear, patear o defenderte solo depende del movimiento efectivo de los pies. La rapidez de un luchador no la determina la velocidad de sus técnicas, sino la rapidez, la potencia y la definición emocional de su juego de pies».

Entrenar con Bruce era un asunto de resistencia y mucha, mucha dedicación. Al parecer, en sus sesiones apenas había calentamiento alguno y enseguida comenzaban a trabajar, centrándose en técnicas de lucha, en las que predominaba la velocidad por encima de las demás consideraciones. En los ejercicios de combate táctico se estudiaba la transición entre el golpe y la postura defensiva. Lewis afirmó que nunca peleó con Bruce, aunque solían hacer ejercicios de combate con su lógica limitación y den-

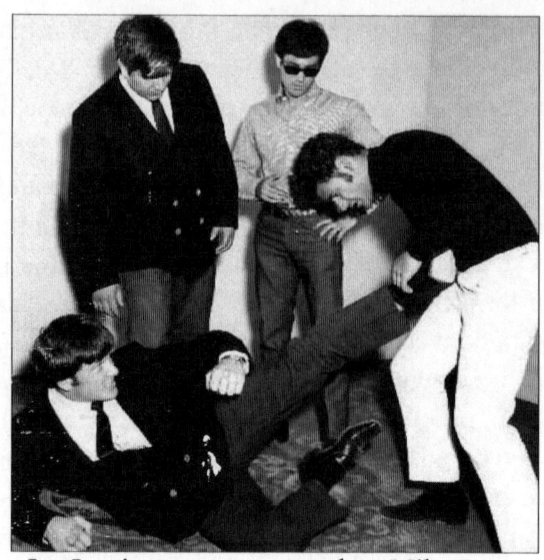

Joe Lewis marca una patada a Mike Stone bajo la mirada de Ed Parker y Bruce

tro de un contexto preestablecido; aun así, Lewis confesó que, en una de esas ocasiones, Bruce lo alcanzó con un puñetazo muy fuerte para la complexión y tamaño que tenía.

Lewis también habló de los ejercicios de chi-sao que hacía con Bruce, así como de los dedicados a la velocidad, sincronización, conciencia y enfoque zen. No todo era un asunto físico. Al igual que en *Operación Dragón*, se colocaban frente a frente, a «distancia de tiro» o «rango de lucha», como le gustaba decir a Lewis, y en esta postura se lanzaban golpes y patadas entre sí para medir la llamada velocidad de reacción. Este tipo de ejercicios fue el que ambos trabajarían con mayor ahínco y Lewis los usó hasta el final de su vida.

A pesar de los patentes beneficios y mejoras que obtuvo Lewis al aprender de Bruce ciertas técnicas y conceptos, matizó ciertos aspectos de esta relación cuando dijo:

«Todas las técnicas que me mostró yo ya las había practicado en Okinawa: golpe con la mano hacia adelante y patada lateral. Pero me mostró cómo hacerlo mucho mejor».

En cuanto a si Bruce llegó a adquirir algo de Lewis que le gustara para su JKD, este contó que a Bruce no le interesaban sus técnicas y que, si estuvo interesado, nunca lo dejó ver. Al contrario, sí se mostró abiertamente interesado en la musculatura de Lewis y en cómo había construido ciertos músculos. De todas formas, a Lewis le gustaba pensar que Bruce le copió la postura a horcajadas lateral que trajo de Okinawa y que llegó a utilizar en sus películas.

Lewis comentó que cuando estuvo mejor preparado, Bruce lo utilizó de cobaya para experimentar con el JKD. La idea era que Lewis peleara contra gente de kárate y boxeadores en el ring para ver los resultados, pero que también hiciera una labor de espionaje en cursillos, campamentos y escuelas, con el fin de averiguar otros sistemas y métodos y analizar lo que podría ser útil. «Lo que no funcionó, lo tiramos. Mucho de ello fue el viejo wing chun».

Se trataba, pues, de pulir en busca de la eficiencia, siempre buscando aquello que pudiera ser útil en la pelea. En el libro de Jerry Beasley, *JKD: High-risk sparring* (Beckett Pubn, 2009), Joe Lewis habla de su combate de exhibición con el karateca Tony Tulluners:

«Bruce se sentó en la primera fila detrás de mi esquina y me asesoró en cada ronda. Esa noche usé una patada doble que Bruce y yo habíamos practicado esa semana [...]. Después de la victoria, Bruce se acercó y me dijo: "Joe, ese es el principio del ritmo roto que te enseñé"».

Ahora me gustaría centrar la atención sobre otros aspectos, como cuál era la opinión de Lewis sobre la capacidad de Bruce como artista marcial, luchador y posible competidor. Para empezar, y como anécdota, Lewis afirmó que las patadas de Bruce eran un tanto débiles en el período de 1965 a 1967, y que en sus películas «sus manos están fuera de posición», algo que yo he comentado mucho y que, en mi opinión, obedece a una necesidad estilística cinematográfica. Pero yendo a lo que nos interesa, Lewis afirmó con rotundidad que Bruce era el mejor candidato a ser el mejor artista marcial de todos los tiempos, pero que esto no te convierte en un luchador, igual que ser artista marcial no te convierte en actor, o viceversa.

En esta declaración, Lewis lo refuerza comentando:

«Tenía la velocidad y el poder para ser un luchador de clase mundial. No tengo constancia de que hiciera algo para demostrar que podía aguantar diez o doce asaltos, o una prueba para demostrar que podía recibir y encajar un golpe. Para triunfar en el juego de las peleas, ningún promotor te apoyará, a menos que sepa que tienes una fuerte voluntad de continuar a toda costa. Por ejemplo, ¿qué harías si te rompieran tres costillas? Si eres un luchador, ¿qué harías si tu hombro se dislocara? Estas preguntas necesitan respuesta. En el caso de Bruce, desafortunadamente no pasó. Desde luego, nunca me paré frente a otro ser humano que fuera tan rápido como él».

Sobre esta cuestión, Bruce demostró estar muy en forma en todos los niveles y siempre fue más allá de lo establecido. Veamos un comentario suyo al respecto:

«Si entras en el ring y no tienes una buena condición física, ¿cómo llegarás al final del asalto? Estarás tan cansado por la falta de estamina que, en el segundo o tercer asalto, serás golpeado por el oponente, aunque sea inferior a ti. Cuando un atleta sin una buena condición física se esfuerza, no lo hace bien».

Cuando se le preguntó a Lewis si las habilidades de Bruce eran tan buenas y perfectas como las que se han descrito, respondió con un rotundo «no», y añadió que esto es así porque la mayoría de las personas que escriben sobre alguien, en este caso sobre Bruce, no conocen bien a la persona de la que hablan. Esto hace que las apreciaciones se basen siempre en las observaciones de otras personas, en lugar de en «una experiencia de primera mano». También declaró que muchos escritores tienden al sensacionalismo y a embellecer al personaje.

Lewis dijo de Bruce que era muy bueno con su juego de pies y que tenía talento para la rapidez, y que su constitución, baja en grasas, aunada a su fuerte torso, añadía más enteros a su velocidad y a la explosividad de sus movimientos. Ahora bien, como puntos negativos, bajo su prisma minucioso, Lewis argumentaba que el cuello largo y delgado de Bruce no era bueno ante un estrangulamiento o un puñetazo. También observó que:

«Su caja torácica era muy plana, lo que significa que un buen disparo en el hígado en el lado derecho del cuerpo, o en el corazón en el lado izquierdo, no lo protegería mucho de una conmoción cerebral o de que una de estas arterias resultara dañada».

Además de estos minuciosos análisis, Lewis comentó algo con lo que no estoy muy de acuerdo. Según él, si observamos la espalda de Bruce y centramos la atención entre sus omóplatos, veremos que «no hay mucho grosor en la parte inferior de los músculos trapecios». Para Lewis, esto es un indicativo de que tal vez Bruce no podría golpear tan fuerte como piensa la gente. Se reafirma en ello al observar que los huesos de Bruce eran

Joe Lewis fue uno de los grandes campeones de las artes marciales y un gran experto en el combate

delgados, ya que, por lo general, las personas con esta constitución ósea, a pesar de la dureza de sus golpes, no son capaces en la realidad de noquear a alguien con uno solo y necesitan una combinación de dos o tres golpes para lograrlo. Es más, a causa de sus pequeños tobillos y de las pequeñas articulaciones de las rodillas, creía que Bruce, tras una ardua vida de entrenamiento y golpes a los sacos, terminaría, con la edad, por padecer dolor en dichas articulaciones.

No voy a entrar en este tema y en el de la edad, pero sí en lo que hace referencia a la potencia vinculada al físico y al peso. Para los cánones americanos y los del mundo de la competición, Bruce tenía una complexión pequeña, propia de la mayor parte de los individuos de su raza, pero poseía una musculatura muy orientada a paliar esta merma, además de dominar de una forma muy científica los pormenores de la potencia en el golpe. Entre ellos, cabría destacar la velocidad para generarla en el momento del impacto. De hecho, una de las preocupaciones que siempre tuvo Bruce, consciente de que los americanos tenían una complexión más grande, fue conseguir una potencia de golpe superior a su propio peso y masa muscular. Por esta razón, Inosanto llegó a decir que la mayor habilidad de Bruce como artista marcial estaba en el ataque inicial y en la velocidad.

A Lewis tampoco le asombrarían las flexiones de Bruce con solo dos dedos, porque solo pesaba sesenta y dos kilos. Lewis había sido guardaespaldas de algunos árabes y dijo que conoció a un guardaespaldas iraní que pesaba noventa kilos y podía hacerlas con un solo dedo. Sin embargo, lo que más le asombró de Bruce, en cuanto a este tipo de habilidades, fue cuando este cogió una barra con treinta y cinco kilos de peso y, manteniéndose de pie, la extendió frente a él lentamente, con los brazos rectos y estirados, y la mantuvo así, en vilo, durante quince segundos o más. Para Lewis, esto era algo «extremadamente impresionante». Personalmente, lo veo excesivo, incluso para Bruce. Puede que Lewis esté equivocado con el peso.

Poseedor de un físico envidiable, Bruce se mostró interesado por la musculatura de Lewis

Lewis sabía muy bien que algunos de sus comentarios podían levantar ampollas entre los fans de Bruce, en especial entre los más acérrimos. Haciendo gala de una voz clara y sin paliativos a la hora de expresar sus opiniones, algo que me recuerda al propio Bruce, lo expresó así:

«Cada vez que una persona abraza a un ídolo, establece una asociación con esa persona y crea un vínculo emocional. Probablemente, el ejemplo más representativo es el afecto simbólico de los cristianos por Jesucristo. Cada vez que hay un ataque implícito a su ídolo, se lo toman como algo personal. La mayoría de estas personas, en mi opinión, tienen una baja autoestima o, en cierta medida, un fuerte sentimiento de inseguridad. Si le haces saber a alguien algo que no es cierto, lo ofendes, lo enojas. El dolor se convierte en ira y rabia, y por eso se producen las hostilidades».

No quiero cerrar el capítulo sin comentar la intervención de Lewis en *El furor del Dragón*, papel que rechazó, por lo que se especula mucho que el pobre debió de tirarse de los pelos al ver la fama que le otorgó a su sustituto, Chuck Norris. Pues bien, aunque te pueda sorprender, siempre que se le preguntó a Lewis al respecto, afirmó: «No me arrepiento de nada». Y es que Lewis, con su impresionante caché, no le interesaba que Bruce lo golpeara en la pantalla:

«Solía contarme su propósito cuando estábamos entrenando, cómo quería mostrarle al mundo que el oriental era un luchador superior. Siempre usaba el término "derrotando al caucásico" y me preguntó si quería estar en una película con él. Entonces le dije que no, tal y como le diría más tarde para *El furor del Dragón*. Luego se rio y dijo que buscaría a Chuck en mi lugar y que disfrutaría golpeándolo».

El acusado sentido de raza es algo que Bruce debió tener muy presente por su condición de chino dentro de un mundo caucásico y con un notable historial racista, como es Estados Unidos, y que, por extensión, vivió a través de su matrimonio interracial. El incisivo comentario de Lewis me trae al recuerdo el de la madre de Bruce cuando este la llevó a un pase previo de *El furor del Dragón* y le dijo:

«Mamá, soy una persona oriental, por lo tanto, tengo que derrotar a todos los blancos de la película».

Por esta razón, quizá no sea descabellado considerar el rumor concerniente al proyecto de *La flauta silenciosa*, cuando se comentaba que una de las razones por las que el actor James Coburn se retiró del proyecto fue porque no estaba de acuerdo con que Bruce, un artista casi desconocido y chino, lo matara en la pantalla.

Así pues, y ante la constante presión en relación a la etnia, el consejo que el actor James Franciscus, protagonista de *Longstreet*, le dio a Bruce no pudo ser más coherente:

«Tú eres una persona oriental. Si tienes habilidades de verdad, regresa a tu tierra natal y muéstrasela a tu pueblo».

Lo hizo, y aunque le proporcionó la fama, los neófitos vieron, y siguen viendo, a Bruce como un actor más que como un buen y verdadero artista marcial. Por este motivo, traigo a colación un comentario final de Dan Lee:

«Bruce tuvo muchas experiencias de lucha prácticas. Era un verdadero artista marcial y luchador. La gente debería entender que estaba usando su identidad de artista y luchador marcial para hacer películas y ser actor. No es al revés».

29. Herb Jackson y Chuck Norris

Herb Jackson

Fue uno de los buenos alumnos y amigo personal de Bruce, para quien fabricó una parte de su peculiar material de entrenamiento. A principios de 1968, se le otorgó el título de primer rango del Instituto Jun Fan Gung Fu. Jackson falleció en el 2010.

Como es lógico, a lo largo de su vida, Jackson contó anécdotas de su estrecha relación con Bruce y de sus entrenamientos en casa de este. Una de las más llamativas es la que hace referencia a la temible patada lateral de Bruce, esa que le vemos ejecutar en *Longstreet* y en *El furor del Dragón*, y que a duras penas protege al que sostiene el escudo de pateo.

Muchas de las sesiones de Jackson con Bruce se orientaron al pateo, y una muestra de ello son algunas filmaciones caseras en el patio y jardín de la casa de Bruce. Según relataba Jackson, la patada lateral de Bruce a la zona media tenía una inclinación ascendente, lo que te levantaba del suelo y te lanzaba hacia atrás, al tiempo que el golpe te «sacudía el cerebro». Por seguridad, se hacía necesario que alguien se posicionara unos tres metros detrás para recoger al alumno y parar el retroceso. «Parecerá fantástico, pero así era», afirmó Jackson, quien añadió que muchos rehusaban sostener el escudo a causa del dolor de cabeza que sobrevenía tras el golpe.

La siguiente anécdota nos hace sonreír:

«Recuerdo que una vez, el afamado karateca Louis Delgado sirvió como blanco. Bruce le habló para que se ofreciese y estuviera preparado. Pero cuando Louis se preparó para deslizarse hacia atrás, le falló la seguridad. Todavía le recuerdo rodando por el suelo con su limpio uniforme blanco».

De izq. a dcha.: Richard Bustillo, Herb Jackson, Jerry Poteet, Dan Inosanto, Pete Jacobs y Daniel Lee

Bruce daba gran importancia a los descuidos al golpear y le explicaba a Jackson que si inclinabas demasiado la rodilla de sostén al patear, podías tensar en exceso los músculos y no hacerlo nunca bien. «Sus palabras eran precisas gracias a años de búsqueda, entrenamiento y estudio, separando lo esencial de lo superfluo, y desarrollando así una forma de ir más lejos».

Para Jackson, Bruce fue alguien excepcional a la hora de canalizar su energía, transformándola en una potencia singular sobre la que tenía un gran control. Y no tenía la menor duda sobre sus capacidades para el combate real:

«Bruce fue el mejor en la lucha. Era un competidor fiero. Sabía lo que estaba haciendo, sabía lo que tú estabas haciendo y también lo que pensabas hacer, y así frustraba cada uno de tus movimientos. Algunas veces, incluso antes de que empezases. Si uno pensaba que realmente podía hacer algo, estaba equivocado del todo. Y tenías que estar muy despierto para aguantar todos los puñetazos y patadas que te venían por todas partes.

»Cuando peleabas con Bruce, estabas lanzándote, empujando, girando y pateando; todo en unos pocos segundos, hasta que él, con burla, te paraba, dejándote recuperar algo de tu serenidad. Nadie, en ninguna parte del mundo, podía provocarte una sensación como esa, de completa impotencia, y eso que todo era de "broma", con guantes de dieciséis onzas y protectores de cabeza. Era una experiencia completamente desmoralizadora. Su velocidad era, literalmente, increíble. Podía golpearte antes de que pudieras ver lo que hacía».

Jackson también definió las variables del JKD, que tanta confusión generaron en su momento y en mayor grado después de su muerte, como un arte marcial todavía en constante evolución. Como él dijo, si dejabas de ver a Bruce durante uno o dos meses, te quedabas asombrado cuando te mostraba los últimos adelantos técnicos que había desarrollado. Como es natural, sus métodos de entrenamiento cambiaban constantemente con el fin de adecuarse a dicho progreso. Esos cambios afectaban a la velocidad y la potencia, ambas vitales, y, consecuentemente, a la eficacia. «Y aunque dedicase mucho tiempo a las películas, él evolucionaba, avanzando siempre», añadió Jackson, por lo cual algunos no aprendieron los últimos cambios y retoques de Bruce en su JKD.

Chuck Norris

Norris se fijó en un espectador oriental que presenciaba los campeonatos americanos de kárate del año 1967 en la ciudad de Nueva York; ese espectador era Bruce. Norris asistía en calidad de luchador y, como tal, se enfrentaba a Joe Lewis por el título de campeón. Norris había oído rumores que apuntaban a que Bruce era un personaje un tanto arrogante que solía criticar mucho las artes marciales tradicionales.

Cuando Norris derrotó a Lewis, ni corto ni perezoso, se dirigió a Bruce y se presentó. Como era de esperar, ambos congeniaron y empezaron a charlar de forma distendida mientras abandonaban el recinto del certamen. Según Norris, serían las 23:00 cuando descubrieron que se hospedaban en el mismo hotel, así que subieron a la habitación de Bruce y allí mantuvieron una larga conversación sobre filosofías y técnicas de lucha hasta las siete de la mañana. Durante esas intensas ocho horas, no cejaron de contrastar ideas e improvisar algunas técnicas. Al mismo tiempo, Bruce justificó sus opiniones sobre ciertas artes marciales, y eso le dio a Norris una perspectiva de lo versado que estaba su interlocutor en todo lo concerniente a las artes de la lucha y al entrenamiento físico. En cuanto al tema del pateo:

«A Bruce no le gustaban mucho las patadas altas. Hizo algunas para demostrarme que sabía hacerlas, pero prefería patear de cintura para abajo. Yo, naturalmente, le hablé de mi filosofía, de ser capaz de patear cualquier parte, arriba y abajo».

Sobre esta cuestión, Bruce opinaba lo siguiente:

«Creo que no se debe patear por encima de la cintura en una situación real, pero a veces la oportunidad se presenta y tienes que saber hacerlo».

En combates más profesionales, Bruce comentó:

«Si tu oponente sabe que no puedes patear alto, se concentrará solo en tus puñetazos y patadas bajas. Pero si puedes elevar una patada a la altura de su cabeza, nunca sabrá la importancia de la patada que le puede llegar. Yo estoy contento de poder patear alto porque las patadas altas son muy espectaculares en las películas y a la audiencia le gusta. Por otra parte, ser flexible te ayuda en el movimiento. Tu cuerpo se mueve con más ligereza. Los músculos flexibles no obstruyen a la musculatura, mientras que los músculos duros te hacen más rígido. ¿Te has fijado cómo son los movi-

Chuck Norris tuvo una carrera espectacular tras su intervención en *El furor del Dragón*

mientos de esos tipos con músculos grandes y voluminosos? ¿No parecen torpes? Un artista marcial se asemeja más a un nadador. El cuerpo debe ser musculoso, pero rápido».

En cuanto al encuentro de Bruce con Norris, Dan Lee lo relata de otra forma:

«Chuck Norris se reunió con Bruce en el hotel después de la competición. Bruce le dijo que su habilidad era buena, pero que en una lucha real no sería práctica. Norris le preguntó: "¿Qué quieres decir?". Bruce respondió: "¿Por qué no ir a mi habitación y te lo muestro?". Cuando entraron a su habitación, pelearon; Norris se quedó impresionado».

Sea como fuere, los dos hombres parecían estar predestinados a realizar algo en común, y cuando regresaron a Los Ángeles empezaron a entrenar en casa de Bruce, intercambiando habilidades.

Norris comenta: «Empecé a aprender su estilo chino y él empezó a escoger y practicar las patadas del mío».

Ya sabemos cómo era Bruce y lo mucho que le gustaba retar a la gente para que hiciera algo o probara cosas diferentes. Norris no fue una excepción, por eso lo instó a que lanzara una patada a la cabeza del muñeco de madera que tenía en el garaje. Norris comprendió enseguida que sus ajustados pantalones le impedirían hacerlo bien, pero Bruce siguió insistiendo y Norris accedió. Tal y como había deducido, su pantalón se rasgó por la entrepierna y tuvo que irse rápidamente de la casa con los pantalones colgando, como un avergonzado Cary Grant en una comedia a lo Howard Hawks.

Norris recuerda que, para el hombre que conoció, el exceso de lo que llamamos autoestima o ego era algo representativo. Estaba claro que Bruce tenía muchos conocimientos y una total confianza en su habilidad, lo que podría redundar en esta forma de proceder. Norris dijo al respecto: «Muchas personas no van diciendo lo buenas que son, pero Bruce era el tipo de persona que iba diciendo lo bueno que era. Para mí, no era algo malo, solo era su personalidad».

Norris pertenece a ese grupo de expertos que opina que Bruce creó un sistema marcial que básicamente adaptó a sus propias necesidades, físicas y mentales, y, como tal, la fórmula no se adaptaba muy bien a la gente común. Bruce le trasmitió a Norris la sensación de que deseaba ser el mejor artista marcial y el más fuerte del mundo; por eso entrenaba de un modo que muy pocas personas podrían aguantar.

Bruce, junto a Chuck Norris y Bob Wall, durante su estancia en Roma para las tomas de *El furor del Dragón*

«Ningún otro ser humano habría entrenado tanto y de un modo tan fanático como Bruce. Vivía y respiraba esto desde que se levantaba a las seis de la mañana hasta que se acostaba por la noche. Siempre estaba trabajando o pensando en algo. Su mente siempre estaba activa, nunca quieta. Siempre estaba pensando en lo que podía probar o en inventar cosas nuevas. Su cerebro estaba constantemente activado».

Hoy en día, muchos expertos apuntan a que una de las causas de su prematuro final fue el exceso de entrenamiento llevado a cotas casi inverosímiles. Pero esto forma parte de otro tema que ya trataré más adelante.

En la misma línea de imparable superación, en el flujo de ideas que surgían de un intercambio común, Norris se dio cuenta de que la avidez de Bruce por aprender era constante, y esto lo impelía hacia un continuo y agotador trabajo de exploración y aprendizaje.

«Era en verdad muy creativo, y único revelando ideas nuevas. Eso es lo que más admiraba de él: sus inventos, las cosas nuevas que podía crear y desarrollar. Cuando empezaba a trabajar en algún aparato, como la pelota elástica, el saco y cosas así, no paraba hasta convertirse en un experto en su manejo».

Sea cuestión de carácter o no, lo cierto es que esta forma de proceder lo catapultó a lo más alto, aunque también pagó un precio por ello.

30. Dan Lee, la esencia del JKD

Dan Lee fue uno de los mejores alumnos de Bruce y un humilde exponente del JKD. Como tal, preservó siempre las enseñanzas de su amigo y maestro y respetó sus ideales, ya que nunca buscó fama o dinero por la popularidad que tuvo por su relación con Bruce, del que siempre dijo fue la mayor influencia de su vida. Dan Lee dejó este mundo en el 2015 a la edad de 84 años, pero sigue presente en estas páginas a través de algunas de sus palabras y recuerdos. Palabras de este calibre:

«En su filosofía del JKD, Bruce recalcaba la simplicidad en la enseñanza y en la expresión directa de los sentimientos de cada uno. Esto es, en esencia, Bruce Lee [...]. Bruce me liberó del entrenamiento clásico que sigue ciegamente rutinas fijas, las cuales creen representar la verdad absoluta».

Dan conoció a Bruce en el Torneo Internacional de Kárate que Ed Parker organizó en 1964, en el que Bruce hizo una muy buena exhibición de sus habilidades y explicó a la audiencia las teorías del wing chun y el gung fu. Sus razonamientos científicos llamaron poderosamente la atención de Dan, que enseguida deseó aprender aquello de lo que aquel joven hablaba. Puesto que en aquel momento no podía desplazarse a Oakland para entrenar, tuvo que esperar hasta 1967, año en el que Inosanto lo llamó para decirle que la joven promesa de las artes marciales chinas abriría al fin una escuela en Los Ángeles. Dan recuerda que el primer día que el Instituto Jun Fan Gung Fu abrió sus puertas, estaba lleno de gente y el propio Bruce estaba impresionado. Inosanto se encargaba de cobrar las cuotas, de abrir y cerrar la escuela y de otras cuestiones. Con el tiempo, cuando Bruce se ausentaba, dejaba por escrito lo que Inosanto debía enseñar ese día al

Daniel Lee entrenando con Bruce

alumnado. Más tarde, cuando Inosanto también se ausentaba, Dan Lee hacía las veces de instructor.

Durante la enseñanza de lo que por aquel entonces llamaban «artes marciales de Bruce Lee», Bruce les hizo hincapié en tres aspectos fundamentales de su ahora modificado sistema a causa de su experiencia en el combate con Wong Jack Man: 1. Mejorar el aspecto físico. 2. Técnicas para perfeccionar el golpe directo. 3. Experiencia práctica en el combate.

Al principio había entre cincuenta y sesenta estudiantes, pero al final solo quedaron unos veinte o treinta debido al tipo de entrenamiento. Ciertamente, Bruce era muy estricto y al principio tenía un sistema para eliminar a todo aquel que no estuviera a la altura de sus expectativas. Su baremo personal valoraba si el estudiante le demostraba su tesón para aprender, así como ciertas capacidades. No quería perder tiempo con personas que no fueran capaces de alcanzar sus objetivos con la voluntad del esfuerzo prolongado o que fueran incapaces de asimilar su arte.

«Cada estudiante que entraba en su escuela estaba a prueba durante seis meses. Hasta que no probaras tu sinceridad y tus progresos gracias a un entrenamiento persistente, Bruce no te admitía como un miembro real de su escuela [...]. Creo que prefería gente que ya tuviese algún conocimiento del arte marcial. Y es que, realmente, un principiante no podía comprender lo que decía Bruce [...]. Era muy selectivo en cuanto al carácter del estudiante antes de enseñarle su arte».

Al principio entrenaban cuatro veces a la semana y las clases podían durar dos o tres horas, y aunque tras ellas Bruce podía mostrarse cercano y de buen humor, durante el tiempo que duraban era un dechado de seriedad y no toleraba bromas de ningún tipo. Su autoridad estaba por encima de cualquier consideración y les exigía total concentración, además de atención a sus explicaciones y charlas.

Mucha gente suele cansarse si de entrada se los somete a una agotadora actividad física, y Bruce lo hacía durante la primera hora de clase con una serie de ejercicios variados, ya fuera saltar a la cuerda, estiramientos, pateo y otros. Después dedicaban el tiempo a los ejercicios básicos del sistema y terminaban con el combate. Como es natural, pasados un par de meses, muchos estudiantes estaban hartos de tanto ejercicio y de practicar siempre lo mismo sin ahondar en lo que de verdad deseaban: aprender las habilidades que Bruce demostraba.

Con este método de selección, al cabo de unas semanas Bruce se había quitado de encima a todos aquellos estudiantes faltos de perseverancia, lo que es un factor importante o una cualidad primordial a la hora de aprender con seriedad las artes marciales. Dan piensa que en esos primeros meses Bruce estaba probando la sinceridad de los estudiantes para entrenar duro. Cuando todo se encauzó, Dan recordó:

«Finalmente, el programa se moderaba a partir de la cuarta semana y solo entrenaba a los que seguían allí [...]. Cada lección comenzaba con una sesión de calentamiento físico de treinta o cuarenta minutos antes del entrenamiento real. Cuando Bruce daba clases, a veces lo entretejía con teorías sobre el yin-yang, el taoísmo, la filosofía, etc. Le gustaba hablar sobre esto».

Dan ratifica que fue aquel año, 1967, cuando escucharon por vez primera el término *jeet kune do*. Bruce les explicaba que, al igual que en el stop-hit de la esgrima con interceptación y luego estocada, ahora se trataba de interceptar y golpear a la vez al adversario. Además, les instaba a colocar el puño fuerte delante, en lugar del débil, haciéndolos ver que es más ágil y está más cerca del blanco. Según Dan, en aquella época apenas aprendieron nada de wing chun, aunque, curiosamente, los nombres usados para las técnicas de mano provenían de este estilo, y los términos técnicos en JKD se pronunciaban en cantonés.

El asunto de los combates contaba con cierta diversificación, y así, además del típico entre dos combatientes, debías enfrentarte a dos oponentes a la vez. Bruce aquí rehuía el convencionalismo y no esperaba un intercambio de golpes entre los tres. En lugar de eso, el alumno debía prestar especial atención al juego de pies de sus dos oponentes para moverse antes de iniciar una estrategia de retirada. La técnica era: golpeas a uno y huyes para volverte de repente e interceptar al que tienes inmediatamente detrás. Por supuesto, usaban guantes de boxeo. Al finalizar la etapa de combate, Bruce comentaba lo más esencial a tener en cuenta para ir mejorando constantemente. Solía observar a cada estudiante con el fin de crearle un programa con los puntos y áreas específicas que debía trabajar para mejorarse, así como los defectos que debía corregir. Al mismo tiempo, le hacía ver el potencial que tenía con el fin de aumentarlo y perfeccionarlo.

Contaba Dan:

«No había métodos fijos. Cada vez que Bruce entraba, siempre había nuevos métodos de entrenamiento. Estaba constantemente pensando y evolucionando [...]. Su conocimiento filosófico del arte marcial y sus ilustraciones eran algo único y refrescante. Cuando explicaba la filosofía de una

«Bruce era un relámpago con su juego de pies», dice Dan Lee

técnica, podía demostrarla con sus movimientos ligeros y seguros. Yo no podía creerme la explosiva potencia que generaba en sus puñetazos y patadas. Debía haber empleado muchísimas horas en perfeccionar sus golpes».

Este mismo sentido de aprender e ir más allá de lo establecido fue el que le hizo ver a Bruce la necesidad de contar con un equipo con el que poder entrenar y combatir de forma realista. Un equipo que era imposible conseguir en aquellos tiempos, ya que nadie los usaba para las artes marciales. Así que los guantes de entrenamiento eran los de béisbol; los cascos, los que utilizaba la Marina de los Estados Unidos para boxeo; el peto de pecho, el del kendo, y las coquillas para la ingle, así como los escudos de pateo y otro equipo, fueron construidos por George Lee y Yames Lee, sus estudiantes y amigos de Oakland.

En cuanto al polémico asunto de los grados, Bruce creía que un sistema de clasificación afectaría a la mentalidad y al posterior entrenamiento.

«Sin embargo, por conveniencia, Bruce diseñó y clasificó al JKD en ocho categorías. También nos otorgó certificados. Además, no había pruebas, como en otras escuelas. Él observaba, estudiaba y verificaba, para ver qué rango habíamos alcanzado, y luego otorgaba el certificado. Yo no participé en ninguna prueba».

Dan también recordaba que todos utilizaban la misma camiseta, de modo que, exteriormente, no había ningún signo visible de la graduación que se ostentaba. Esto tenía un significado de cara al entrenamiento, pues el nivel que visiblemente tuvieras podía influir en el comportamiento de tus otros compañeros de entrenamiento. De todas formas, todos sabían quién era más fuerte y quién menos.

En 1969, Bruce dispuso de más tiempo para enseñar, puesto que sus apariciones como actor eran más bien escasas, así que seleccionó a un pequeño grupo, hábil y bueno en combate, para impartirles clases privadas cada miércoles en su casa.

«El entrenamiento se centró principalmente en la velocidad de nuestros golpes y patadas, el tiempo, la distancia, el ritmo, la evasión, los reflejos, etc. Bruce pensaba que los golpes y las patadas son las herramientas más básicas para usar en un combate real, así que debíamos fortalecerlos constantemente, perfeccionarlos, manejarlos de forma competente y permitir que se convirtieran en parte de las reacciones y movimientos instintivos de nuestra lucha».

En una entrevista radiofónica que le hicieron en el 2014 para la revista china *Chinese Wushu*, Dan relató uno de los ejercicios que Bruce les enseñaba para tener buenos reflejos y que yo aplicaría en mis clases de jeet contact con algunas variaciones en cuanto a dificultad. Se trata de colocar delante de ti las palmas de las manos con una pequeña separación que puede oscilar entre los quince centímetros que usaba Bruce hasta algo más. Con esta poca separación, el compañero intenta lanzar un golpe de dedos y tú debes juntar las manos y no dejar que las atraviese. Si es un golpe de puño, entonces se abren un poco más. Por supuesto, hay que colocar las manos algo alejadas del rostro o el cuerpo para no ser golpeado en caso de que el otro sea capaz de atravesar esta línea defensiva. Tanto el que golpea como el que bloquea trabaja los reflejos. El primero debe intentar no telegrafiar el movimiento; el segundo debe estar atento a este detalle. Aquí intervienen otros elementos, como yo solía explicar, como regular la respiración, pues el que lanza debe exhalar casi todo el aire en el momento del golpe, ya que con los pulmones llenos, el movimiento es más lento y menos enérgico y no arranca desde el bajo vientre. Pero, perdona, mi espíritu de profesor surge cuando menos me lo espero, y ahora estoy demorando las historias de Dan Lee.

«Hubo todo tipo de ejercicios de patadas básicas, como practicar varios dirigidos a la ingle. Durante un tiempo, hicimos muchos ejercicios de patadas a sacos de arena. Por ejemplo, en el patio trasero de Bruce había un saco grande y pesado que usábamos para entrenar. Él nos permitía separarnos tres pasos grandes antes de empujarlo con nuestras patadas. El objetivo principal era entrenar nuestra habilidad en movimientos básicos, reflejos, adaptabilidad y otros».

Cuando practicaban «sombra»; es decir, cuando te ejercitas con diferentes movimientos en solitario, la idea era «sentir» que lo hacías frente a un oponente ficticio y no como si estuvieran haciendo katas o una exhibición. Esto es muy necesario y algo que yo inculcaba para que se hiciera cuando uno trabaja solo o ante el espejo. Nunca, repito, nunca debemos perder la sensación de realidad, incluso cuando golpeas sacos o aparatos. Es precisamente la disociación y la mala actitud lo que entorpece la correcta evolución.

Bruce continuó entrenándolos en el juego de piernas básico del JKD. Necesitaba que experimentaran la diversidad de situaciones al avanzar y retroceder, con cambios de línea y guardia, parando y esquivando. Movimientos laterales, retroceder para enseguida cortar y avanzar; y todo ello coordinado con puñetazos y patadas básicas, teniendo que controlar el equilibrio y la necesidad de mantener el peso corporal en el centro. Como decía en mis clases, hay que mantener las rodillas flexionadas y las piernas algo separadas para lograrlo.

«El equilibrio, la distancia y la flexibilidad del ritmo fueron áreas muy importantes en los ejercicios de JKD a los que realmente prestamos atención».

Siendo el juego de pies algo tan importante, Bruce incluso tocaba música para facilitarles la labor siguiendo el ritmo, algo que tú puedes hacer eligiendo cierto tipo de música. Pero la esencia, cuando dominamos el juego de pies, no está en mirarte el ombligo y decirte lo bien que lo haces, sino en poder luego seguir el ritmo de tu oponente y adaptarte a él para poder rompérselo. O a la inversa, puedes hacer que tu ritmo sea el que predomine y, cuando el oponente entra en el tuyo, se lo rompes igualmente. En cualquier caso, la estabilidad corporal, el centro de gravedad, es un imperativo, pues sin él lo demás no sirve para nada. Es mi consejo y el de Bruce, quien también solía decir:

«Una herramienta simple debe ser una obra maestra. Debe tenerlo todo: velocidad, agilidad, potencia, flexibilidad y exactitud. Hasta que no tengas la habilidad de mover el cuerpo y adaptarlo a cualquier objeto que se encuentre frente a ti, y lances puñetazos y patadas desde cualquier ángulo, no serás plenamente eficaz».

Durante los combates de sparring, Bruce observaba, tomaba nota y daba consejos, sobre todo en cuanto a las diferencias que se establecen cuando solo se practica boxeo al estilo occidental, o bien algo más completo con la inclusión de patadas. En este último, todo varía, empezando por el sentido de las distancias, puesto que debes ser capaz de zafarte de una patada y contraatacar enseguida, además de ser rápido a la hora de «cerrar la brecha», que es la distancia entre el oponente y tú, un lugar tan peligroso como el glaciar de Khumbu que precede a la ascensión del Everest.

Dan rememoraba una anécdota que le dejó una secuela de por vida y de la que solía hablar con un gran sentido del humor como un recuerdo permanente de Bruce. Un día, Bruce, que había recibido dos juegos de guantes de boxeo de dieciséis onzas y estaba deseando probarlos, le dijo a Dan que se los pusiera para hacer guantes con él. Todo sucedió rápido, y fueron

Según Daniel Lee, «Bruce siempre estaba pensando y evolucionando»

Inosanto y otro estudiante quienes relatarían mejor el incidente a un aturdido Dan Lee. Al parecer, Bruce fue el primero en abrir fuego con un puñetazo que Dan, con experiencia previa en boxeo, esquivó enseguida para, acto seguido, contraatacar y rozar el rostro de Bruce, que se quedó algo sorprendido y así se lo hizo saber antes de proseguir. Al poco, volvió a suceder y Dan golpeó a Bruce desde otro ángulo. Fue entonces cuando se desató un pequeño tornado. Bruce se puso serio y comenzó a lanzarle a Dan un sinfín de golpes hasta que lo arrinconó. En aquel momento, Dan no entendía por qué Bruce lo golpeaba con esa fuerza y de forma tan insistente. Arrinconado contra el escritorio de la sala de estudio, Dan bajó las manos para aferrarse al borde del mueble, sin pensar que en un intercambio de golpes veloces esto podía ser peligroso. Como era de esperar, un golpe bastante fuerte aterrizó en el lado izquierdo de su barbilla, haciéndole sentir un vivo dolor. En ese momento, acabó el combate.

«Al día siguiente, estaba en mi casa y, al bostezar, de repente descubrí que mi boca se quedaba abierta; no podía cerrarla. ¿Qué me pasaba? Me sacudí la barbilla con la mano y la boca se cerró [...]. Más tarde, cuando vi la radiografía, aprecié que me faltaba una pequeña parte de la encía. Cuando abría la boca, podía oír un sonido y sentir la parte que faltaba».

En la especial vorágine que catalizaba Bruce en relación a las artes marciales, los cambios continuos conformaban su estilo de vida. Uno de estos abruptos cambios fue cuando decidió cerrar sus escuelas. Ya sabemos que a día de hoy se sigue especulando sobre las razones que llevaron a Bruce a tomar una decisión tan drástica. Recordemos lo que dijo Dan en su momento:

«Sucedió en 1970. En ese momento, Bruce tenía poco interés en enseñar y en seguir con las escuelas. Dijo que su arte marcial era para su entrenamiento personal y no para enseñarlo. Por eso en 1970 le pidió a Inosanto cerrar las escuelas y dejar de enseñar. Pero aún había gente que se acercaba para aprender, así que se fueron todos al patio de Inosanto para entrenar JKD [...]. Más tarde, en 1974, Inosanto abrió su propia escuela de artes marciales. Quería desarrollar las suyas propias. Entonces, el entrenamiento de JKD se volvió un poco diferente e incorrecto».

Como consecuencia de estos cambios, Dan dejó de entrenar con Inosanto, ya que le parecía que aquello era inapropiado y mezclaba un poco de JKD con «todas esas cosas de filipinos». Debido a este malestar, a Dan no le quedó más remedio que entrenar de forma particular y dar clases a unos pocos interesados en el patio de su casa, algo que hizo de 1976 a 1984, alternando el JKD con la enseñanza del tai chi.

Para Dan Lee, la filosofía taoísta de la simplicidad envuelve al JKD y, como tal, es un viaje hacia la disminución en lugar del aumento. Calidad en lugar de cantidad.

«Bruce estudió y aprendió mucho, pero su motivo no era complicar sus habilidades en artes marciales. Solo quería resumir la ley, descubrir la esencia y, desde ella, buscar la simplicidad».

Grandes palabras que contienen una sabiduría de la que me hice eco para implantar el concepto en mi jeet contact. Visto así, la tendencia que marca el JKD es la ausencia de complejidades con el fin de obtener el máximo provecho con el mínimo esfuerzo. Una visión sin paliativos que se mezcla con la eficiencia científica a causa de la estructura del ser humano, y en la que se rehúyen los esquemas clásicos. Y es que Bruce dejó bastante sentadas las bases en lo concerniente a la eficiencia en el combate real: adaptación al oponente, sentido de la distancia y ruptura del flujo mediante lo simple y directo. Todos estos principios hablan de la insensatez que representa en JKD acumular aprendizajes de otras artes marciales, cuando se trata de todo lo contrario. Razón por la cual Dan rechaza el concepto de «JKD original». Ateniéndonos a esta argumentación, es plausible que no haya ningún tipo de distinción; el JKD es uno y siempre el mismo, y todo lo demás no es JKD.

Esto es algo que llevo años postulando. La gente malinterpreta muchas cosas. Mantenerlo al día no quiere decir que estés haciendo cambios continuamente, con el peligro implícito de trastocar elementos básicos del JKD. Es una pendiente por la que puedes deslizarte sin apenas darte cuenta. Cuando algo es muy bueno, apenas hace falta añadirle nada, excepto podar de vez en cuando las puntas crecidas del árbol. Por no hablar de que no todos están en disposición de hacer cambios como lo estaba Bruce, que tenía un amplio bagaje en peleas desde joven y era capaz de detectar enseguida lo que era bueno, lo que no era práctico o lo que había quedado obsoleto.

A pesar de que Bruce seguía con el desarrollo del JKD en el momento de su muerte, lo fundamental e importante estaba construido: la postura en guardia, la habilidad para golpear con el puño y con el pie, los desplazamientos, el trabajo de pies y de estructura corporal, las habilidades para combatir, el uso de la velocidad y la potencia, los cinco caminos de ataque, etc. Que sepamos, desde que Bruce nos dejó, el ser humano no ha mutado y las herramientas siguen siendo las mismas; luego sus directrices siguen vigentes.

La concepción «realista» se eleva por encima de ensoñaciones. Entiendo perfectamente a Dan cuando dice que Bruce no fue un prodigio nato de artes marciales, sino el simple resultado de «un entrenamiento sistemático y diligente a largo plazo». Es plausible que, si te sometes a un riguroso y estudiado plan de entrenamiento durante seis, siete u ocho horas al día, los resultados deberían ser superiores. No es de extrañar que alguien con suficiente tesón y entereza llegue a sobresalir tras un trabajo de años semejante. Al respecto, contó Dan:

«Bruce era muy ágil con las manos, un relámpago rápido con el juego de pies, y sus movimientos en general eran absolutamente ágiles, elegantes y suaves. Sus ataques eran extremadamente rápidos, precisos y agresivos. Tenía buena capacidad de evasión y un gran poder explosivo que nadie podía igualar [...]. Durante el combate, poseía un sexto sentido inconcebible; podía leer la mente del oponente y predecir su próximo movimiento. Podía observar el movimiento del oponente, adaptarse rápidamente y obrar en consecuencia, moviéndose libremente antes de la respuesta del oponente para poder golpear a cualquiera frente a él sin esfuerzo».

Dan llegó a reconocer que las actuales competiciones de MMA son lo más parecido a la experiencia real de combate que perseguía Bruce. Aun así, como todos los deportes de competición, se someten a unas reglas que, por añadidura, pueden verse como una serie de restricciones. Si en boxeo está prohibido golpear en la ingle, las orejas y la parte posterior de la cabeza, en la MMA esto se reduce a la ingle. Estas normativas son muy lógicas dentro de unos eventos abiertos al público en los que deben minimizarse los riesgos. Lo verdaderamente interesante es que muchas de las ideas de Bruce toman forma en la MMA, motivo por el cual se ha llegado a decir que este tipo de pelea está influenciada por él. Aun así, las patadas a los genitales o los golpes de dedo a los ojos llegan a ser capitales en una pelea real callejera, sin acotamientos de espacio ni tiempo. Y, llegados a este punto, quiero volver a sacar a la luz el compromiso del JKD como arte de lucha callejera. Según Dan Lee:

«El JKD está pensado especialmente para la lucha callejera y para luchar en varias situaciones de la vida real. La mayor diferencia es que el JKD no está restringido por reglas y regulaciones. Bruce dijo que era como el agua; esto es, adaptarse a varios tipos de circunstancias de lucha callejera no restringidas».

Si esto es así, ¿por qué perder excesivo tiempo con las estrategias y todo lo que tiene que ver con un combate de sparring especializado, o entre profesionales, que nada tiene que ver con la evolución, ritmo, tiempos y actitud de la lucha callejera?

31. Bob Wall

A estas alturas no hace falta decir quién fue Bob Wall y su relación con Bruce, a quien conoció de manera informal en un restaurante de Chinatown en 1963. Años más tarde, se presentó de improviso junto a Norris, cuando este se personó para su trabajo en *El furor del Dragón*. Así las cosas, Bruce lo aprovechó y creó un pequeño papel para él en la película. Al año siguiente, Bruce lo llamó para otro papel en *Operación Dragón*, y aquí es donde se suscitan una serie de problemas entre ambos a raíz de esa escena de la botella en la que Bruce se hiere la mano y que, según la versión, se responsabiliza a uno u otro. Para Bruce, el fallo fue de Bob, y para Bob, el fallo fue de Bruce. Bob Wall también estuvo resentido por la pelea que mantiene su personaje con el protagonista. Se sintió engañado y frustrado, pues se sobreentiende que uno de los mejores esbirros de Han, el malvado de la película, debería ser algo más que un saco de patatas en un combate. Lo cierto es que así parece, ya que el pobre no acierta una en la pelea. Bob Wall también criticó la famosa patada final, de la que se hicieron tantas tomas que acabó doliéndole el pecho, para luego verse un tanto falseada, ya que más que una patada explosiva, se ve como un tremendo empujón. Lo cierto es que aquí también habría que darle la razón a Wall. En cualquier caso, tuvo la suerte de estar con Bruce y quedar inmortalizado para las futuras generaciones. Algo que él sabía muy bien.

Bob Wall está considerado hoy en día como uno de los grandes amigos de Bruce y una de las personas que más lo ha defendido, lo cual le ha hecho ganar el aprecio de todos los fans. Las muchas anécdotas que fue contando en vida —Bob Wall falleció en el 2022 a la edad de 82 años— hicieron las delicias de los seguidores del Pequeño Dragón. Y también lo

Bruce y Bob Wall en el set de *El furor del Dragón*

del pésimo conductor que era Bruce, al punto de que en la serie *El Avispón Verde,* un especialista conducía el coche de los héroes.

«Había algo que los amigos cercanos a Bruce conocían bien: que el gran Bruce Lee era un conductor terrible. En 1972, cuando Chuck Norris y yo estábamos en Hong Kong filmando *El furor del Dragón*, Bruce nos dijo que nos recogería justo fuera del hotel Hyatt, donde nos alojábamos. Bruce llegó en su Mercedes 350SL rojo y nos ofreció un viaje inolvidable al estudio. Estaba tan involucrado en sus planes que en todo momento parecía que iba a chocarse con alguien o que otros camiones y autos iban a chocar con él [...]. Recuerdo haber pensado: "No puede ser. ¡Este gran atleta es un pésimo conductor!". Al final resultó que el coche de Bruce se estrelló al día siguiente y estuvo en el taller durante una semana más o menos».

Todo esto está muy bien, pero no suelo dejarme convencer con lo que ofrece la primera capa de las cosas, así que vayamos por partes.

La objetividad no es tan ubérrima como cabría desear entre la gente que admira a un ídolo de masas. Hasta donde he podido ver, no solo los fans, sino también los estudiosos en los diferentes temas que conciernen a Bruce, siempre han limado asperezas en lo referente a los asuntos oscuros de su vida, y cuando se ha suscitado un tema objeto de duda, siempre se han posicionado en la parte que más lo favorecía. A veces, incluso lo hacen sin darse cuenta. En cierta medida, es algo ya natural en ellos.

Para ejemplarizar el tema que ahora trato, hablaré de la famosa escena en la que Bruce se hirió la mano cuando ensayaba su famosa pelea con Bob Wall en el set de *Operación Dragón*. Se cortó con las botellas de vidrio que sostenía Wall y, para cerrar la herida, necesitó doce puntos de sutura.

Existen dos versiones: la del director de la película, Robert Clouse, y la opuesta, que sostiene Bob Wall, secundada a su vez por el productor Fred Weintraub y también por el ejecutivo de la Golden Harvest, André Morgan, y el fotógrafo, David Friedman. Para empezar, así de buenas a primeras, no deberían existir elementos que justifiquen decantarse por lo que solo son opiniones difíciles de verificar. Lo que quiero dejar claro es que mi postura no se decanta por una u otra versión, pues ninguna aporta pruebas lo suficientemente sólidas. Puesto que, como es lógico, la mayoría de admiradores y estudiosos de Bruce adoptan como válida la opinión que le es más favorable, simplemente me limitaré a exponer los elementos por los cuales uno debería poner en tela de juicio lo que con tanta facilidad se admite.

Pero antes dejemos clara la versión de Robert Clouse. El director cuenta que, tras el accidente, lo telefoneó Raymond Chow, socio de Bruce y productor, para decirle que Bruce estaba hecho una furia y culpaba a Wall de lo ocurrido y que, de acuerdo con el resto de especialistas chinos, amenazaba con tomar venganza y ponerlo en su sitio.

Sobre lo de que Bruce quería matar a Wall, André Morgan llegó a decir que era «un montón de mierda» y que no sabe de dónde se sacó Robert Clouse esa historia. Fred Weintraub alegó que el asunto era una «mierda publicitaria» y que más tarde Clouse se aprovechó de él para volver su libro más sensacionalista. En cuanto a David Friedman, este dijo que no hubo rabia contra nadie y que «toda esa mierda» que se contaba en el libro de Clouse era para vender más.

En principio, y después de tanta «mierda», todo indica que la balanza se decanta a favor de la mayoría, pues son tres contra uno. Además, cuenta

En la escena de las botellas de *Operación Dragón*, Bruce se hirió gravemente la mano y necesitó doce puntos

con algo muy importante: nuestro beneplácito hacia todo aquello que favorezca a nuestro ídolo.

En mi parecer, no entiendo por qué el director de una película se inventaría algo que iba en detrimento de esta, pues lo único que conseguiría sería crear problemas y, en consecuencia, retrasar el rodaje, cuestiones estas que afectan directamente a la responsabilidad de dirección. Sobre lo de vender más su libro, más bien es todo lo contrario. Este tipo de libros tiene unos lectores potenciales muy concretos, con lo cual, perjudicar la imagen de Bruce es granjearse la enemistad de estos, además de abonar con fango el siguiente libro que publicaría sobre la vida de Bruce. Es más, como escritor, puedo decir que lo peor que te puede pasar es perder la credibilidad. Afirmar algo que no es verdad supone perderla y poner en tela de juicio todo tu trabajo.

Las opiniones de Morgan y Friedman son como todo. Seguro que en un juicio, la fiscalía traería al banquillo otros tantos personajes, presentes en el rodaje, que opinarían lo contrario. Por otro lado, sabemos que Bruce era una persona dada a estallidos de genio, y durante el rodaje de la película, la presión era muy fuerte. Recordemos la reacción que tuvo con el guionista Michael Allin y cómo su odio lo llevó a exigir que lo expulsaran de

Bruce culpó a Wall del fallo de las botellas, y Wall culpó a Bruce

Hong Kong. Y también hay que tener en cuenta la imagen que debía mostrar a los suyos ante los estadounidenses, estando en territorio hongkonés.

En cuanto a Bob Wall, cualquiera en su lugar no habría dicho que Bruce se enfadó con él, porque esto, entre otras cosas, sería admitir su culpabilidad en los hechos. Y digo esto a pesar del comentario del fotógrafo, que alegó que lo vio todo a través del objetivo de su cámara y que fue una cuestión de «medir mal el tiempo o una marca equivocada». Para mí, es inconsistente, dada la velocidad de los movimientos de Bruce, que requerían que la cámara rodase a treinta y dos fotogramas por segundo para captar sus veloces movimientos. Lo que quiero constatar es la dificultad de tales apreciaciones a través del objetivo normal de una cámara de fotos.

Hay algo que siempre me ha llamado la atención sobre Bob Wall; a pesar de que siempre ha defendido a Bruce y hablado muy bien de él, como grandísimos amigos que al parecer fueron. Y es que en los años setenta la revista *Vértice* publicó un reportaje en el que él hablaba mal de Bruce, quejándose de su ego, del problema de lo ocurrido con las botellas, de la famosa patada lateral que falseó y de que lo tratara como un incompetente en la pelea que sostuvo con él en la película. No estamos hablando de una pequeña reseña, sino de algo que ocupa varias páginas. Es una entrevista bastante larga en la que habla no solo de *Operación Dragón*, sino también de otras cuestiones que competían a Wall. Me resisto a creer que no tuviera conocimiento de algo así. Entonces, me pregunto por qué no demandó a la revista o ejerció algún tipo de presión, incluso durante los años siguientes, para que esta publicación se retractara. Lo cierto es que, cuando vemos la pelea en la película, nos extraña que un experto en artes marciales y uno de los mejores hombres de Han sea solo un saco de carne frente al protagonista. Y en cuanto a la patada final, cualquier experto en artes marciales se da cuenta de que es más un movimiento de empuje que otra cosa.

Todos sabemos que cualquiera que haya siquiera rozado a Bruce cuando vivió enfatiza la «gran» amistad que tenía con él. A fin de cuentas, ¿quién no lo haría? Es ganar fama y aceptación, así que, con sus más y sus menos, todos suelen magnificar el hecho.

Hablando de credibilidades, Bob Wall tiene otras entrevistas en las que mete el remo, como se suele decir. En una de ellas, afirma que Robert Clouse es «el peor director del mundo». Pues mira, no solo hizo la película que hoy en día todos amamos, sino que también hizo *Más oscuro que el ámbar* (*Darker than amber*, 1970), que tanto le gustó a Bruce. Y además, algunas de sus otras películas, como *Nueva York, año 2012* (*The ultimate warrior*, 1975), *La furia de Chicago* (*Battle Creek brawl*, 1980), *Los cinco invencibles* (*Force: Five*, 1981) o *Gymkata* (*Gymkata*, 1985), no están nada mal.

En *Operación Dragón*, el personaje que encarna Bob Wall es una marioneta a la que Bruce vapulea golpe tras golpe

Wall también llegó a decir que no creía que Bruce hubiera tenido líos con otras mujeres, pero hoy sabemos que sí los tuvo. Y en cuanto al tema de las drogas, afirmó que Bruce solo tomaba, en 1972, unas galletas horneadas con hachís para relajarse y pastillas para calmar el dolor de la lesión de espalda, que Bruce estaba muy en contra de las drogas y que, aparte de estas dos sustancias, nunca tomó drogas y que, ciertamente, nunca habría tomado esteroides.

En fin, a día de hoy, lamentablemente, sabemos que estas afirmaciones tan contundentes de Wall no son ciertas. Así pues, ¿qué podemos deducir de todo esto?

Cuarta parte
Jugando con la muerte

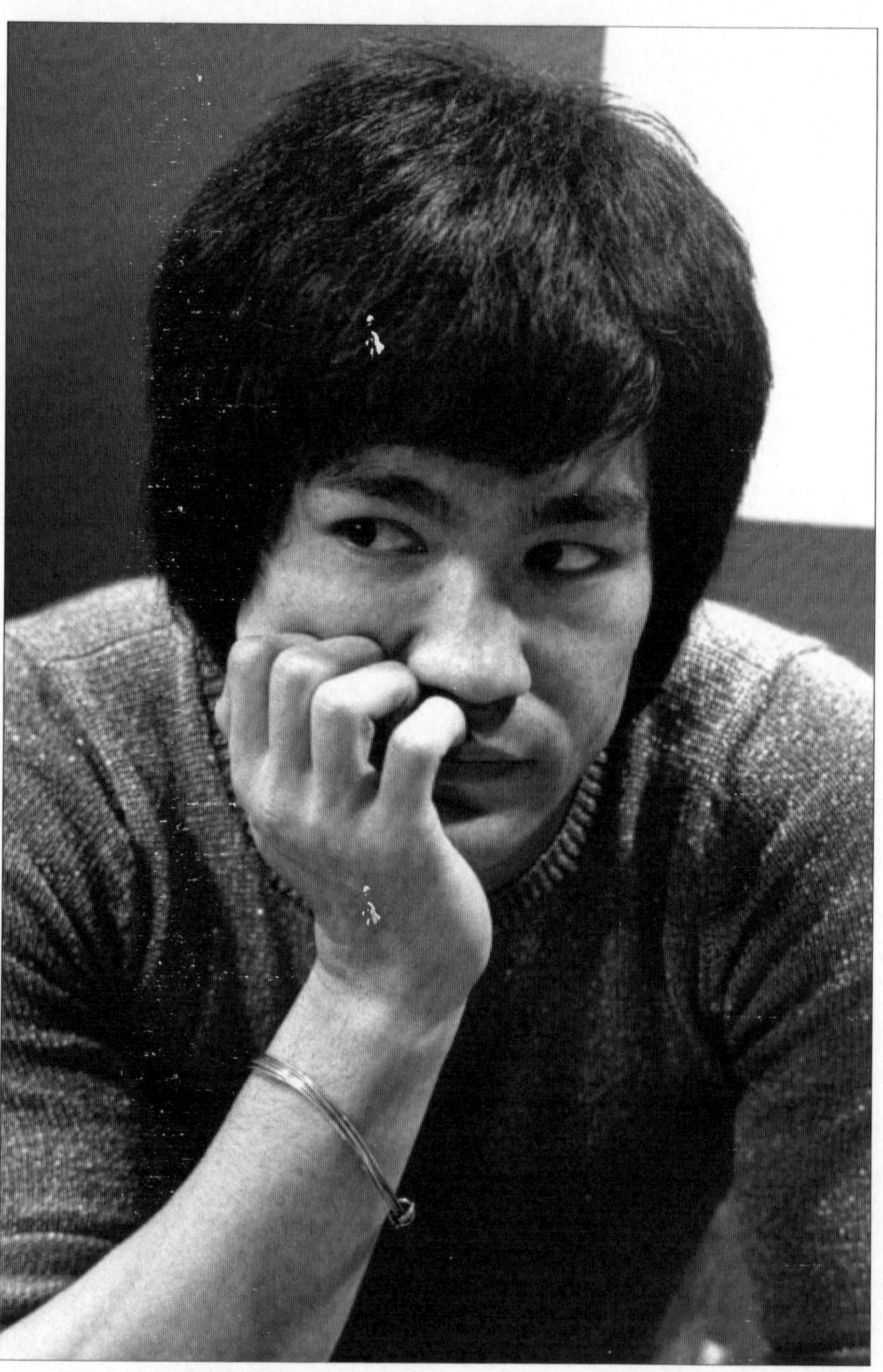

32. Bruce Lee visita al doctor Ng Kong

Llegamos a la temática que más interés ha suscitado y suscita desde que Bruce dejó este mundo con la misma rapidez que caracterizaba sus movimientos. Ha tenido que pasar casi medio siglo para poder saber, sin temor a equívoco, lo que causó su repentina muerte.

Desde quc Bruce se hirió gravemente la espalda en agosto de 1970, durante un ejercicio para lumbares con la barra larga de pesas, el dolor en dicha zona fue una constante en su vida. Con toda seguridad, si su conducta hubiera sido la lógica para estos casos y hubiera suspendido las actividades propias de las artes marciales y los ejercicios violentos, se habría curado. Pero, por el contrario, siguió con un medio de vida inapropiado para una lesión de este tipo, que parecía recrudecerse por momentos. Esto lo llevó a consumir analgésicos y otra serie de productos que pueden causar adicción, con tal de seguir adelante con su proyecto de convertirse en el mejor artista marcial y el actor más popular de todos los tiempos en su medio.

Durante los rodajes, debía relajar la espalda con frecuencia, sobre todo tras las escenas de acción. Fue durante uno de los rodajes en 1972, cuando un miembro del equipo al que llamaban Kim San Jai le habló a Bruce de un especialista que hacía maravillas, el doctor Ng Kong. En principio, Bruce mostró cierta reticencia, hasta que supo que este médico era el hermano menor de Hg Chor-Fan, un actor famoso de los años cincuenta que había trabajado junto a él en la película *The orfan* (*The orfan*, Lee Sun-Fung, 1960), poco antes de irse a Estados Unidos.

El doctor Ng Kong no era un médico occidentalizado; todo lo contrario, practicaba una medicina tradicional china en la que intervienen una

Bruce perdía peso de forma alarmante y tenía dolores de espalda y de cabeza

serie de conceptos dirigidos hacia el «Chi», o energía vital, cuyo principio habla de la necesidad de una armonía de nuestro cuerpo y ser. El menoscabo de esta energía vital puede deberse a diversos motivos. Si es agotamiento físico, descansar lo suficiente es el remedio; si el estrés es mental, recargar la energía vital requiere mucho más tiempo. Los orientales creen que la pérdida total de esta energía vital conduce a la muerte.

Tras el examen que le practicó a Bruce en la primera visita, el doctor Ng Kong llegó a la conclusión de que su paciente tenía la columna vertebral dañada en la zona lumbar y además carecía de energía vital, lo cual, para el médico, era peligroso, ya que afectaba a la circulación de la sangre. Según Ng Kong, en la mayoría de los casos, un sobreesfuerzo laboral y mental y un exceso de actividad sexual ejercen un nefasto deterioro de la energía vital. Las preguntas que le hizo a Bruce y la charla que mantuvieron no solo le indicaron a Ng Kong que Bruce entrenaba en exceso, sino que había otras cuestiones de índole sexual. Bruce admitió que después del sexo se sentía mareado. También le contó, en esta primera entrevista, que el dolor de espalda le resultaba en muchas ocasiones insoportable y que alguna vez se había inyectado calmantes.

Durante las siguientes visitas, el doctor Ng Kong advirtió a Bruce sobre los peligros del entrenamiento excesivo, en el que, como agravante, se practican métodos poco habituales, como lo que hacía con una máquina eléctrica para acrecentar los estímulos musculares o la ingesta diaria e inapropiada de batidos y píldoras. También le aconsejó que disminuyera la actividad sexual, ya que drenaría su poca energía vital, afectaría a su condición física y mental y correría el peligro de convertirse en un «cascarón vacío».

De alguna forma, el doctor Ng Kong supo que su paciente haría caso omiso a sus prescripciones, ya que observó muy claramente que, tras el éxito de sus tres primeras películas, no estaba en disposición de ralentizar su trabajo como actor ni dejar de entrenar para convertirse en el mejor artista marcial. Una suerte de superhombre nunca visto. Así pues, solo pudo aliviarle los dolores de espalda mediante sesiones de masoterapia en las que le aplicaba diferentes grados de masaje específico.

A principios de 1973, Bruce dejó de visitar al doctor Ng Kong y se fue a los Estados Unidos, interrumpiendo el tratamiento. A pesar de lo complicado de la situación y el carácter de su paciente, el doctor Ng Kong dijo que había hecho todo lo que estaba en su mano para ayudar a Bruce y le dio los mejores consejos profesionales que pudo ofrecerle. Pero si Bruce los seguía o no, era algo que ya escapaba a su control. Desgraciadamente, no sería la primera vez que Bruce desatendería los consejos médicos y los tratamientos.

33. Contrastando sucesos

Ahora veamos el flujo de los siguientes acontecimientos. La madre de Bruce declaró en 1974 para la revista *Bruce Lee, The fighting spirit* que fue observando cómo su hijo sufría un paulatino desmejoramiento.

«Después de su creciente fama, Bruce fue adelgazando cada vez más. Regresó a Los Ángeles después de terminar *El furor del Dragón* y me pareció que había perdido mucho peso. Entonces le aconsejé: "Tómate un buen descanso y relájate un poco". Fue el director, el guionista y el actor principal de la película. Trabajaba día y noche. Me preocupaba mucho su salud. Luego comenzó el rodaje de *Operación Dragón* y, cuando lo vi, en mayo de 1973, no podía creer que la persona que tenía delante fuera mi hijo. Había cambiado mucho [...]. Me dijo que quizá no le quedaba mucho tiempo de vida porque, tras examinarlo, los médicos de Hong Kong le habían dicho que tenía algo en la cabeza. Me dijo: "Mamá, no te preocupes. Estaré bien. Incluso si me muero, no tienes que preocuparte de nada. No tendrás problemas económicos". Le reproché de inmediato esas palabras tan desagradables [...]. A finales de mayo de 1973, me llamó por teléfono para decirme que la producción de *Operación Dragón* había llegado a su fin y que vendría a San Francisco para verme en julio. Su voz era tan clara y profunda como antes. Vino en julio, pero dentro de un ataúd».

En mi libro *Bruce Lee. La senda del luchador*, al igual que en otros textos, se habla de esa oscura premonición de Bruce sobre su muerte que, de un modo u otro, llegó a verbalizar. No deseo, pues, repetirme, pero sí seguir comentando este agostamiento que Bruce experimentó progresivamente y que decidió ignorar, aunque muchos lo detectaron. A este respecto, quiero citar a su amigo Wong Shun-Leung, quien también observó el

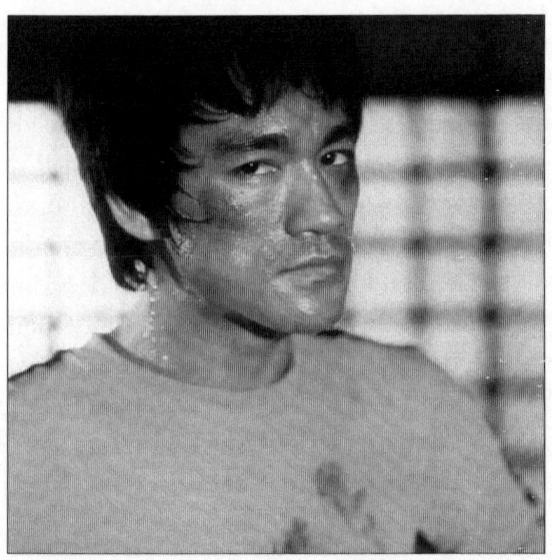

«En *Juego con la muerte*, el blanco y negro de los ojos de Bruce no era nítido», dice Wong Shun-Leung

deterioro que padecía Bruce cuando este lo invitó a hacer una prueba para un papel en la futura *Juego con la muerte*.

«En una escena, nos mirábamos directamente a los ojos y enseguida experimenté una sensación incómoda. Los ojos de Bruce mostraban algo muy familiar para mí, algo que creía haber visto antes en alguna parte [...]. No estaban claros; el blanco y el negro no eran nítidos [...]. Finalmente, encontré la respuesta. Había visto este fenómeno dos meses antes de la muerte de mi tía».

Wong Shun-Leung pensaba que Bruce arrastraba una pesada carga al tratar de mantener su estatus como actor de fama y como gran artista marcial, incapaz de perder ante nadie, lo que lo obligaba a entrenar sin descanso.

«Bruce había llegado a una posición desde la cual solo podía mirar hacia adelante y hacia arriba. No podía mirar hacia atrás porque temía que algún día alguien lo superara. Yo estaba realmente preocupado por ello».

Wong Ak-Chung, de la Golden Harvest, recordaba:

«Fue en algún momento de 1973, mientras rodaba *Operación Dragón*. Bruce se volvió muy apático, muy diferente de como solía ser, mostrando siempre un gran espíritu y energía. Adelgazó mucho y se le veía pálido.

Podías apreciarlo desde su última película. Nadie sabía lo que le había sucedido. Probablemente no descansó lo suficiente».

Estas palabras nos remiten a esa pérdida de energía vital a la que hacía referencia el doctor Ng Kong. Hoy en día, con los medios virtuales y una mayor capacidad de análisis, podemos seguir sin esfuerzo el deterioro y la alarmante pérdida de peso de Bruce. Todo esto nos conduce al famoso colapso que sufrió en mayo en los estudios de la Golden Harvest, motivo por el cual Wong Ak-Chung es la persona idónea para comentarlo.

«Una vez, durante una sesión de doblaje (para *Operación Dragón* en mayo de 1973), Bruce fue al lavabo, pero tardaba mucho en volver. Le dijimos al supervisor de doblaje, Chow Siu-Lung, que fuera a buscarlo y se lo encontró tirado en el suelo, como si acabara de despertarse (fingió estar buscando una lente de contacto). Bruce cogió a Chow Siu-Lung por los brazos y le pidió que no contara nada de aquello y que nunca le dijera a nadie que él había mentido sobre la razón por la que estaba caído en el suelo; de lo contrario, lo mataría. Chow Siu-Lung no se atrevió a contar este incidente hasta varios años después. No se entendía por qué Bruce no quiso que lo supiéramos. Probablemente porque quería mantener una imagen saludable a los ojos del público».

A Bruce y a Betty Ting Pei se les veía a menudo juntos

Linda y Betty Ting Pei se conocieron

En cuanto al tema de rebajar las relaciones sexuales, no parece que Bruce estuviera dispuesto a tal cosa. No puedo verlo como algo insignificante e indefectiblemente me lleva a Betty Ting Pei, de la que seguro has oído hablar porque fue en su piso donde se desencadenó la tragedia final. Durante este medio siglo, los rumores no han dejado de crecer. Los más fanáticos seguidores del Pequeño Dragón siempre lo han exculpado de cualquier asunto oscuro que pudiera achacársele, pero otros siempre se han preguntado si esta actriz de verdad tenía una relación seria con Bruce.

El 27 de julio de 1973, Peter Lee, el hermano mayor de Bruce, le dijo al reportero Chan Fai que, antes de fallecer, Bruce estaba un tanto molesto por su relación con Betty Ting Pei y que le llegó a decir: «¡Admito que me gusta, pero no la amo!». También le dijo que llevaba una semana tratando de romper con ella, pero que Betty iba a su casa a buscarlo. Peter también dijo que, poco después, Betty sufrió un accidente y esto hizo que el corazón de Bruce se ablandara y volviera a verla.

Durante una entrevista para la *Watch Movies Magazine* de China, le preguntaron a Wong Ak-Chung si Bruce era muy popular entre las mujeres y, entre risas, Wong respondió:

«Bruce era muy admirado por muchas estrellas femeninas, pero si llegó a tener otras relaciones, no me atrevo a decirlo. Sin embargo, todas las personas sabían que Bruce y Betty Ting se veían con frecuencia».

Veamos a continuación la opinión del historiador de Bruce, Paul Lee, famoso por su integridad a la hora de verificar la información que da sobre Bruce, lo que lo convierte en una de las fuentes más autorizadas en la materia:

«Ella es una persona extraordinaria. Francamente, creo que todavía está enamorada de Bruce. En contraste con su conocida imagen erótica y sexi de los años setenta, ahora ha cambiado y es una persona completamente diferente, una budista devota. Hoy en día, promueve y estudia activamente el budismo. Bruce Lee la influyó mucho. Cada vez que se le preguntaba acerca de lo que Bruce significaba para ella, nunca dudaba en responder: "Bruce es el Buda en mi corazón"».

Portada de una revista china de los años setenta

Los seres humanos somos muy proclives a creernos aquello que parece surgir del «corazón» en un momento dado y no parecemos darnos cuenta de lo voluble que es nuestro órgano palpitante. Nos apasionamos y soltamos prendas como «he encontrado el amor de mi vida» o «es mi amor verdadero». Dos o tres años más tarde, vemos a estos filósofos del corazón con otras parejas. Esto pasa todos los días y lo vemos en las noticias y en la televisión.

Varios años después de la muerte del añorado Bruce, Betty se prometió y se casó con Charles Heung. Esta relación también mostró el lado más falible del amor y la pareja se divorció tiempo más tarde, aunque siguieron manteniendo una afable relación.

El incisivo Paul quiso averiguar hasta qué punto el recuerdo de Bruce pudo haber sido un escollo en la relación, pero Betty le dijo con toda la naturalidad del mundo que a Charles también le gustaba Bruce, y cuando él se enteraba del pase de alguna de sus películas o un documental sobre él en alguna de las cadenas de televisión, la avisaba para que no se lo perdiera.

Paul le llegó a preguntar a Betty si se arrepentía de haber conocido a Bruce y ella contestó: «Fue el mayor placer en mi vida haberlo conocido».

El historiador dijo que lo más interesante del caso es que este mismo comentario lo oyó también por boca de Nora Miao, Eunice Lam y Pamela Peck en diversas ocasiones, y debemos tomar conciencia de que todas ellas conocieron a Bruce.

Además de lo referenciado, existen otros muchos informes. Bruce y Betty tomaron contacto cuando él rodaba *Furia oriental* y *El furor del Dragón*, en cuyo set la vemos fotografiada junto a Bruce. A Betty también se la vio con Bruce en el set de *La fuerza del puño de Bruce Lee* (*Qi lin Zhang*, Dick Tang, 1973), también conocida como *Fist of Unicorn*, película que protagonizaba su amigo Unicorn, al que Bruce intentaba ayudar con la coreografía de las luchas. Para rematar el asunto, testigos oculares afirmaron haber visto a Bruce frecuentar a menudo el apartamento de Betty en Hong Kong.

34. Cartas reveladoras

En el 2021 salieron a la luz una serie de polémicas cartas que presuntamente estaban en poder de la familia del difunto Bob Baker, alumno, guardaespaldas y amigo de Bruce, quien interpretó el papel de boxeador ruso en *Furia oriental*, en la que rodó una de las mejores escenas de lucha que Bruce dejaría en la gran pantalla.

El grupo de unas cincuenta cartas escritas por Bruce y Linda Lee a Bob Baker desde 1967 hasta 1973, que el 16 de julio la afamada empresa Heritage Auctions de Dallas puso a subasta con los pertinentes certificados legales de autenticidad, estaba llamado a revolucionar el mundo de Bruce Lee y la imagen que hasta este momento se tenía de él. A pesar de que la empresa de subastas expuso solo una muestra de cada carta, la jugosa información que destilan es muy significativa y nos llama poderosamente la atención al contrastarlo con un deportista como Bruce, con una filosofía de superación tan grande. En verdad, resulta contradictorio.

En las cartas se habla, entre otras cosas, del habitual consumo por parte de Bruce de drogas que le suministraba Baker. Le encargaba cocaína, marihuana, ácidos, pastillas y otras sustancias y le decía la mejor forma de contrabandearlas a través de envíos por correo. Al principio hablan en código, pero es fácil detectar a qué se refieren. Paulatinamente, las conversaciones son más desinhibidas. Las cartas, además, revelan otra serie de cosas. El punto álgido del consumo tiene lugar en los años en los que empieza a rodar películas, alcanzando la cota máxima en 1973. Parece ser que Bruce usaba también sustancias alucinógenas para abrir la mente, desarrollar un personaje concreto en una película y mejorar el trabajo o sobrellevar el desgaste; en consecuencia, se ha comenzado a especular sobre

Baker,

I told Linda to call you to forget about the "stuff" because I really don't need them in my training. I feel that I have "gained" in trying them, but excessive indulgence of them just isn't in my road in Jeet Kune Do.

Anyway, I hurt my lower back from "tons and tons of exercise" — a sort of pinching nerve when pressed. Since it doesn't really hinder me too much, I keep up my endurance work but lay off heavy lifting and excessive stretching. It bugs me though.

So my friend see you this coming week-end.

Take Care.

Bruce

P.S. — Thanks for you paper —
this is one of them.

Carta n.º 13. Bruce siente que consumir drogas no es el camino correcto del JKD

Baker,

Have been busy like hell rehearsing— memorizing script, staging, etc.— an on-ward process is going along. You mustn't feel "watchful" of Bob Baker as Baker is one who is capable to produce thought not merely being thought. In the producing, each moment is another unpredictable process — and you know that — so how can you be watchful of something you do not know? Sure you are very familiar with old habits, but why not open the flow in sensing and responding, rather than being the clarity and simplicity of rigidity?

I plan to come up — depending when I finished shooting — from July 2 (Friday nite) to probably tues or wed. (7). One thought here: I "might" come up (fly) with Teresa and she probably stays Friday (july 2) nite, Sat. (jul. 3) nite and leave Sunday (july 4) afternoon or so. The question is is it convenient for Bev. and the kids to spend Friday nite, Sat. and Sunday morning at her mother or somewhere and make up some convenient jazz for I don't want Bev. to know about this. Of course, it has to be convenient or else forget it. My mother and everybody

Carta n.º 33. El asunto de Teresa

los efectos en su mente y sus capacidades físicas; es decir, una especie de dopaje. Por eso, todos los críticos y detractores de Bruce se ríen ahora del tema en una serie de publicaciones y vídeos.

Las cartas también revelan que Bruce ya tenía problemas crónicos de espalda antes de la lesión de 1970, y es a finales de 1969 cuando empieza a salir a la luz el tema de las drogas, cuyo consumo se hace cada vez más patente a través de los pedidos que le hace a Baker. En cierto momento, Bruce, como portavoz que es de grandes e higiénicos ideales, es muy consciente de los efectos negativos que este consumo tiene sobre él. Concretamente, en la carta n.º 13, fechada el 17 de junio de 1970, reflexiona sobre lo mal que se adecua su consumo de drogas con el camino que marca el JKD.

«Siento que he ganado al probarlas, pero una excesiva dependencia de ellas simplemente no está en mi camino en el JKD».

Bruce era consciente de que este camino se apartaba del ideal que siempre enfatizó, pero no pudo evitar el consumo de drogas, que fue aumentando paulatinamente hasta el momento de su muerte. En 1971, en una de las cartas, le pide a Baker que organice en su casa una fiesta secreta para que pueda llevar a una tal Teresa, que posiblemente sea el nombre en clave de una amante o tal vez se trate de una forma de llamar a una droga. Bruce le aseguraba a su amigo que tendría un buen papel para él en su próxima película, *Furia oriental*.

En la carta n.º 41, de finales de 1972, Bruce afirma: «Estoy jodidamente drogado, pero estoy trabajando en el próximo personaje. Algo de coca ayudaría en la formación de lo que quiero crear».

En la n.º 43, de la misma época, Bruce lamenta que el suministrador de Baker haya sido arrestado, pero le pide más droga. En la n.º 44, de marzo de 1973, Bruce, que está agobiado por el duro trabajo en la nueva película, le pide a Baker más droga. La n.º 45 es de Linda, pidiéndole a Baker coca de calidad y alguna otra sustancia, porque Bruce está trabajando mucho en la que sería *Operación Dragón*.

Cuando estos hechos salieron a la luz, acudió a mi mente el libro *The Bruce Lee story* (Ohara, 1988), escrito por el exmarido de Linda Lee, Tom Bleecker, y ella misma. El matrimonio duró dos años, de 1988 a 1990. En 1996, Bleecker acometió la tarea de escribir otro libro en el que se revelaran una serie de aspectos oscuros y poco conocidos de la vida de Bruce. En *Unsettled matters: The life and death of Bruce Lee* (Gilderoy, 1996),

Bob,

Been resting and reading your book that you've sent. By now you should have received my money order. Though I feel that it might be a slight delay because of your friend's situation, I hope you will send me the "quality" stuff you said you will send ("it has never been from the street") In the meantime I'm getting a "quality" spoon and a Quadrabeam scale. DO send it "AIR-MAIL" like yesterday (HA! HA!)

Take good care my friend
Bruce

Carta n.º 43. Bruce lamenta que el suministrador de Baker haya sido arrestado y le pide más droga

Bob,

Just want you to know that Linda had yesterday send the ADDITIONAL money you have requested.

I had a hard day, a REAL HARD day.

You take good care of yourself and your family. By the way, I'll be waiting for the 1 oz. of H. oil I have ordered from you — send it as soon as you can.

Peace

Bruce

Carta n.º 44. Agobiado por el duro trabajo de su nueva película, Bruce pide más droga a Baker

habla sin pudor de la adicción de Bruce a las drogas. En su día, y puesto que la idolatría de Bruce estaba incólume, nadie hizo caso a estas declaraciones de Bleecker, que fue tachado de mentiroso oportunista y acusado de que tal vez lo había escrito como venganza por lo de su divorcio. Cualquier cosa era válida con tal de desmentir tamañas difamaciones. Si revisamos con ojos sin prejuicios el libro de Tom Bleecker, su exposición del fenómeno Bruce Lee es un tanto diferente a la habitual, pues la obra está dominada por los claroscuros. En la sinopsis del libro se dice:

«Esta es una biografía contundente para los lectores interesados en un relato completo y veraz de la vida y la muerte de Bruce Lee. Además, el autor es coautor de *The Bruce Lee Story,* con la viuda de Lee, Linda Lee». El destacado biógrafo y amigo cercano de Lee, Joe Hyams, escribió: «La esclarecedora información de Tom sobre la muerte de Bruce Lee finalmente une las piezas del rompecabezas; una obligada lectura para todos los artistas marciales».

Como es natural, el asunto de las cartas corrió como la pólvora e incendió los establos más fortificados. Un silencio sepulcral invadió el mundillo de Bruce Lee, las respiraciones se contuvieron y, durante días y días, nadie dijo nada ni se posicionó al respecto. Todo el mundo estaba conmocionado; las semanas se sucedían y el sintomático silencio perduraba.

Odio la hipocresía y amo la sinceridad, por lo cual tengo que admitir que, como muchos, al principio me sentí defraudado, luego dolido y al final enfadado. No podía evitar las dudas que me asaltaban y corroían sobre muchos aspectos. Eran suficientemente dañinas como para alterar mi percepción del hombre al que admiraba. Me decía: Si la muerte de Bruce es un ejemplo claro de negligencia por su parte al llevar el cuerpo y la mente al límite, ¿es esto un buen ejemplo a seguir? ¿Es esta la imagen del deportista íntegro y del filósofo sabio? Todo esto me creaba una desconfianza y una pérdida de sustancial credibilidad en torno a la figura de Bruce. A partir de ahora tendría que aprender a vivir con otra percepción del hombre que había sido uno de los guías en mi vida.

Era de prever que en la subasta del 16 de julio del 2021 en Dallas alguien adquiriría las cartas y las haría desaparecer, esperando que el paso del tiempo echara tierra al asunto y todo se olvidara. Pero yo sabía que debía alzar mi voz y hacerla pública. En cierta medida, como añejo especialista en Bruce en este país, sentía la obligación. Así es como el 17 de julio del

March 29

Dear Bob,
Received your four letters.
Bruce is in the midst of shooting—
working very hard.
Well, forget about your making
some money out of the last orders.
I've bought a gram measurer
and enclosed you will find the $500.
for the amount of C you quote that
Bruce can get. I'll measure it, but
the quality (that goes without saying)
plus the quantity Bruce himself will
have to judge. I hope you will
send him the mostest along with
the one oz. of H. oil and/or
whatever.
Hello to Bev.
Bruce also says hello.

Linda

Carta n.º 45. Linda pide a Baker cocaína de calidad y otra sustancia

2021 publiqué al fin un alegato a favor de Bruce en el grupo «Bruce Lee. La senda del luchador». Al poco, otras voces comenzaron a surgir, de forma lenta pero segura, afianzándose en mi forma de ver las cosas.

Soy consciente de que, tras una vida manteniendo una imagen ideal de alguien, resulta muy difícil cambiarla. En el caso de Bruce, siempre tenderé de forma instintiva a exonerarlo de toda culpa y buscaré justificaciones, por más increíbles que sean. Por otro lado, la vida privada de cada uno no tiene por qué ser intachable. Cada persona la vive a su manera. Lo que debe tenerse en cuenta es lo que el ser humano ha aportado a otras vidas y a la sociedad. En el caso de Bruce, sus logros profesionales y su legado están muy por encima de sus devaneos privados, y esto es lo que deberíamos ver. Y hablando de observar, he de recordar que ya en 1982 la revista *Penthouse* hizo una referencia incómoda a Bruce y a las drogas en un artículo del cual dijo Inosanto: «No me gustó. Hay muchas cosas negativas en el artículo. Creo que, si alguna vez escribes cosas negativas, también debes escribir cosas positivas, y pienso que se pasaron. Hicieron que Bruce pareciera un demonio drogadicto, y eso no es cierto».

Nuestra opinión se ha ido flexibilizando con el paso de los años al tomar conciencia de que el carácter de nuestro ídolo no era tan perfecto, que su ego era a veces desmedido, rayando en la chulería, que ofendía a otros con su forma de hablar, que no era un dechado de virtudes y que podía tener líos de faldas. Pero todo esto lo íbamos asimilando poco a poco mientras se nos revelaba la imagen más humanizada de la persona. Sin embargo, el tema de la adicción de drogas era como trazar una línea entre lo que era políticamente correcto y lo que no, llevando el asunto a otro nivel en el que se nos exigía contemplar otras incómodas debilidades de Bruce. Esto, no obstante, y como reitero, no debería empañar la valía de Bruce como gran artista marcial, capaz de trazar un rumbo tanto para los artistas marciales que persiguen la realidad en la lucha como para los amantes de una filosofía que Bruce pudo acercar al gran público y a la gente joven, llenándola de buenos principios. Que él, en un momento particular, no pudiera aplicárselos a sí mismo es harina de otro costal. No obstante, no todo es tan fácil como parece, por lo que se hace necesario un análisis más profundo, así que sigue leyendo.

35. La muerte de Bruce. Conclusiones finales

La ahora constatada y revelada adicción de Bruce a las drogas de diferentes tipos afecta de forma directa a todas las teorías sobre su extraña muerte. Toda una revolución informativa que salió a la luz y que comenzó a verse en Google y en periódicos digitales como *The Sun*. En *The Times* ya hablaban de la carta de finales de 1972, en la que Bruce demandaba una gran cantidad de cocaína, y de otra en la que pedía a Baker que lo ayudara a meterse más en sus papeles como actor. *The Times* incluyó la carta en la que Bruce pide coca en gran cantidad, hierba y ácido en cantidad justa. En otras páginas se comenta la implicación de Linda, pues Bruce llegó a pedirle a ella que escribiera a Baker, pidiéndole ciertas cantidades de droga, haciendo hincapié en la calidad de la misma. La verdad es que son misivas muy elocuentes.

La mezcla de sustancias ha llevado a la muerte a muchísimos famosos, como Prince, Whitney Houston o Philip Seymour Hoffman. Podemos citar igualmente el caso del actor John Belushi, muerto por sobredosis en 1982, y que, a pesar de su obesidad, realizaba volteretas siempre lleno de una vitalidad y energía fuera de lo común, algo que sabemos propician las drogas.

Para algunos, la forma que tenía Bruce de tratar ciertos asuntos de la vida tuvo mucho que ver con su repentina muerte. Veamos una de tantas opiniones, esta vez de Chan Wui-Ngai, quien trabajó con Bruce en *Kárate a muerte en Bangkok*, *Furia oriental* y *Operación Dragón*.

«Personalmente, creo que se debió a entrenamientos excesivos, así como a una sobredosis de droga. Ya sabes, la primera vez que lo vi, llevaba varios frascos grandes y pequeños de todo tipo de píldoras vitamínicas. En varias ocasiones, vi a Bruce bebiendo sangre de buey [...]. Usó a menudo descargas eléctricas para estimular sus músculos y entrenar sus reflejos. Una persona normal requeriría de cinco o seis horas de levantamiento de pesas para alcanzar el objetivo deseado, pero, usando una descarga eléctrica, bastaban unos segundos para lograr el efecto similar. Creo que fue este extraordinario y excesivo esfuerzo de energía lo que finalmente lo condujo a su trágica muerte».

Tal y como cité en una de mis reseñas sobre el libro de un buen amigo e investigador:

«Tenía dolores fortuitos de cabeza y agudos de espalda, pérdida de peso, trabajaba veinte horas al día, apenas dormía y entrenaba como si le fuera la vida en ello. Es curioso que su propia madre, al recibir la noticia, dijera en tono empírico: "Demasiado trabajo"».

Sí, demasiado trabajo sin apenas descanso. Cualquier otro tipo de labor llevada a cabo desde esta premisa hubiera repercutido en cualquiera, pero el trabajo de Bruce exigía un desgaste físico tremendo a causa de las peleas para la pantalla, con sus ensayos previos y ulteriores repeticiones hasta conseguir el efecto deseado. Y, por supuesto, entrenar en privado para mantener esa calidad, tanto en las películas como en la vida real.

William Cheung mantuvo una última conversación telefónica con Bruce, dos o tres semanas antes de que falleciese, en la que notó el agotamiento de su amigo, aunque este seguía trabajando en continuos proyectos:

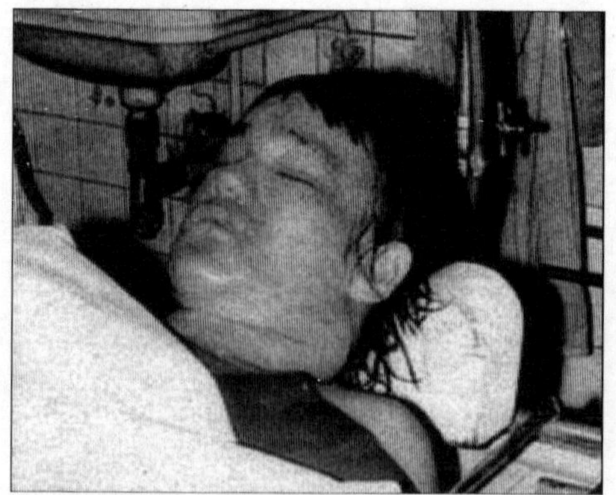

«Creo que su muerte se debió a entrenamientos excesivos y a sobredosis de drogas», dijo Chan Wui-Ngai

«Estaba muy deprimido y parecía muy cansado. Recuerdo que también mencionó que, tras *Juego con la muerte* prepararía *La flauta silenciosa*».

Meses antes de su muerte, Bruce hablaba con sus familiares y amigos sobre su posible desaparición temprana, tal y como recuerda también Kareem Abdul-Jabbar. Ahora todo ello parece cobrar mayor sentido. Bruce no era tonto y sabía que algo no funcionaba bien en su organismo, y que tal vez su adicción a la droga para sobrellevar su trepidante ritmo y su poco descanso podría llevarlo a un punto tan incierto como fatal.

El tema de las drogas se ajusta como un guante a la hora de examinar las causas de su muerte. Existieron muchas lagunas y puntos oscuros de difícil explicación en las autopsias que se le hicieron y en los análisis clínicos, además de otros hechos que salieron a la luz en el juicio posterior y que hoy en día son reprobatorios ante las falsedades que se vertieron y lo que se ocultó a causa de intereses monetarios, pues el consumo de drogas del fallecido hubiera repercutido inexorablemente en el cobro de la prima del seguro de deceso al incumplir una de las cláusulas. Si nos ceñimos al análisis médico, explicaciones que tenían fácil respuesta en su día de haber sabido lo del consumo de drogas quedaron en el limbo, suspendidas en un enigma. El proceso de deterioro que sufrió Bruce formaba parte de un cuadro de drogadicción, tal y como los médicos vieron en aquel momento; sin embargo, fueron incapaces de descubrir por qué el cuerpo de Bruce no tenía restos de drogas.

Para empezar, se tardó mucho en dilucidar qué hacer tras el colapso de Bruce en el apartamento de Betty. Al final, lo llevaron a un hospital a cinco kilómetros de distancia, teniendo otro a menos de un kilómetro y un segundo a unos tres kilómetros, perdiendo así un tiempo que quizá fue vital. La razón es que el Queen Elizabeth no estaba sujeto a la normativa que exigía informar a las autoridades de cualquier problema de drogas que pudiera tener el paciente, mientras que los otros dos sí lo exigían. En el hospital, intentaron reanimar a Bruce, pero todo fue inútil y se le dio oficialmente por muerto a las 23:30. Desde las 21:30, cuando Betty se percató del estado de Bruce en el apartamento, habían pasado, lamentablemente, dos largas horas.

Algunos testigos hablaron de unos paquetes de polvos blancos en la cama del apartamento y de polvo blanco en su ropa, que misteriosamente desaparecieron. A esto hay que añadir que hubo reticencias para que a

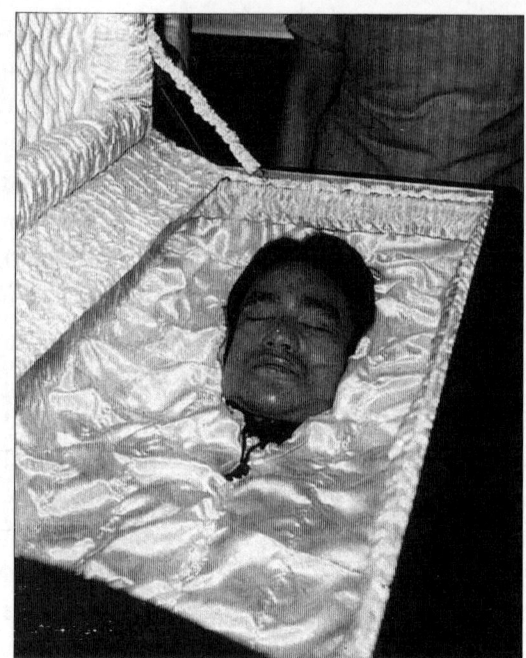

Las cartas reveladas en el 2021 sobre el consumo de drogas de Bruce ponen punto y final al misterio de su muerte

Bruce se le practicara la autopsia, así que, cuando al fin se la hicieron, no había rastros de droga porque tanto la cocaína como el cannabis desparecen de la sangre, saliva u orina en un lapso de tiempo variable, siendo el máximo tres días. Claro está que ante tantas sospechas y puntos oscuros se podía haber practicado después una autopsia mucho más exhaustiva, pero para entonces el cuerpo de Bruce ya no estaba en Hong Kong, y de ese modo, el rastro que puede permanecer en el cabello incluso meses, también se desvaneció.

Cuando decimos que Bruce presentaba un cuadro clínico típico de un drogadicto, es porque el consumo excesivo de cocaína llega a producir una constricción de los vasos sanguíneos del cerebro que los encoge y obstruye, tal y como se vio en el cerebro de Bruce. Como consecuencia, se acumula fluido y se producen dolores de cabeza. Es más, la hinchazón del cerebro también la puede producir una sobredosis de droga.

Lo que motivó toda esta mascarada fue ocultar cierta información para poder cobrar las sustanciosas indemnizaciones de los seguros de vida que meses antes había contratado Bruce, ya que las cláusulas anulaban cualquier pago si se detectaba que el asegurado había tomado drogas. Según describe Tom Bleecker en su libro, una de las pólizas estaba contratada con el Screen Actors Guild por un importe de 5000 dólares. Otra fue suscrita a través de American International Assurance Company, también conocida con las siglas AIA, por un importe de 200 000 dólares. Y la tercera y más importante, con Lloyds of London, fue solicitada por Linda Lee el 30 de abril de 1973 y era por un importe de 1 350 000 dólares. Los tres seguros se contrataron el 5 de mayo de 1973.

Tras la muerte de Bruce, y puesto que no quedó muy claro el asunto de las drogas, tanto la AIA como la Lloyds of London intentaron no pagar las indemnizaciones, ya que apreciaban cuestiones sospechosas. Tras tres años de batallas legales, y ante la tesitura de afrontar los costes del litigio o llegar a un acuerdo, las compañías claudicaron y se pactaron los pagos por cantidades sustancialmente inferiores. Como un travieso guiño a todo esto, Bleecker afirma que en 1989 Linda aún conservaba la pipa de agua con la que Bruce fumaba la heroína y los demás artilugios para el consumo de droga.

No está en mi ánimo diseccionar aquí todo el proceso de la muerte; no obstante, para quien desee conocer al milímetro todo el asunto, le recomiendo que lea la segunda edición del magnífico libro de Marcos Ocaña, *La muerte de Bruce Lee* (autopublicación, 2022), ya que el autor, ante las importantes informaciones y evidencias reveladas en las cartas, se ha visto en la necesidad de reformular ciertas partes del texto con el fin de cerrar el caso de la muerte de Bruce, esta vez de forma definitiva.

Parece ser que al fin el misterio queda al descubierto tras tantos años de interrogantes, alocadas especulaciones y teorías conspirativas. Y esto ha sucedido poco antes de conmemorar el cincuentenario de su fallecimiento, el cual, justo es decirlo, debería haberse contemplado con ojos nuevos. Espero que algo cambie y los seguidores y estudiosos de Bruce, y aquellos que están en un lugar preeminente, no sigan omitiendo su humanidad y ocultando la temática de las cartas. Porque si lo hacen, estarán llevando a cabo el mismo y denigrante proceder de ciertas personas, creando malestar, desengaño y confusión, que de otro modo no habría tenido lugar. Aceptémoslo, hablemos de ello sin tapujos y sigamos adelante. Los logros profesionales de Bruce y su legado no se resienten; él continuará maravillándonos con sus habilidades y, en definitiva, eso es lo que más cuenta.

Quinta parte

Ideas para un nuevo milenio

36. Un nuevo concepto didáctico

Tras haber leído y diseccionado muchos temas en relación al JKD, compartir mi experiencia no deja de ser algo relativo. Ya decía Bruce que todos somos distintos, y mi forma de visualizar, entender y procesar las cosas no tiene por qué coincidir con la de los demás.

Quizás encuentres aquí algo de mi experiencia que te sea útil, y si no, espero que al menos te sirva de agradable distracción. Con toda la humildad de la que soy capaz, comenzaré por hablar, aún a riesgo de repetirme en relación a ciertas exposiciones del libro, de lo que entiendo que debe ser un nuevo y necesario enfoque dentro de lo que representa una enseñanza moderna en las artes marciales.

Durante los años que he sido profesor, he ido experimentando con diversas fórmulas en las clases hasta encontrar un rigor formal y equilibrado que permitiera sudar la camiseta y al mismo tiempo disfrutar dentro de una atmósfera afable, envuelta en grandes dosis de compañerismo. Soy renuente por naturaleza y tiendo a subvertir las reglas del juego. Cada maestro tiene su propia forma de enseñar, pero muchas veces, los que han estado bajo el influjo de una escuela determinada tienden a repetir el esquema de enseñanza que han conocido y les han inculcado como el idóneo. Esta fórmula es, evidentemente, parcial y discriminatoria, ya que siempre excluye al resto de sistemas didácticos. Esto ocurre en casi todos los medios de enseñanza. En cuanto a las artes marciales, parece que su mismo nombre lo aboca a una tipología en la que prima la dureza castrense. Y así, el tipo de entrenamiento debe ser al uso militar, lo que implica una dureza en el trato, aunque suavizada en nuestro caso, dado que el alumno es un cliente que paga y no debemos maltratarlo excesivamente, o al menos no se de-

Al principio, Bruce conducía las clases con regia disciplina

bería. En realidad, tratar así una clase de artes marciales es un asunto mental tan primario como tradicional.

Romper con esquemas clásicos milenarios no es nada fácil, sobre todo cuando, por añadidura, pensamos en la causa y efecto como algo lógico. Arte de lucha parece que debe ser sinónimo de enseñanza disciplinaria y dura. Pues bien, no tiene por qué ser así, al menos hasta cierto punto. El entrenamiento clásico en artes marciales que raya lo militar tiende a la despersonalización, pues se trata de obtener una mente de conjunto y compenetrada, propia de la colmena de hormigas; una organización eficiente en la que el individuo es lo último que cuenta. Todo lo contrario de lo que Bruce intentaba mostrar, puesto que en sus ideas, el individuo está por encima del estilo o el sistema.

Bruce, en un principio, parece que se mostraba duro y rígido, con una mecánica inflexible en las clases, ajustado a una disciplina más o menos tradicional en la que la voz y figura del maestro eran poco menos que las de Dios. Por lo tanto, se trataba de un respeto sagrado, no exento de temor. Más adelante, aliviaría bastante esta fórmula, sobre todo en los entrenamientos particulares en su casa.

La vida evoluciona, así como las costumbres que la arropan, y depende mucho del país donde te ha tocado vivir. En el mío, así como en otros del mundo occidental, social y tecnológicamente avanzado, el ritmo rápido de la vida, las presiones, los problemas y la falta de tiempo parecen un denominador común. Estas personas carecen de lo fundamental para digerir una filosofía compleja, y menos aún para lanzarse a un paciente estudio de años en una de las ramas de las artes marciales. En consecuencia, pronto me di cuenta de que las clases también constituían un medio de evasión para sus agitadas vidas, y yo no iba a añadirles más presión con una disciplina aterradora. Todo lo contrario, lo que hice fue mostrar mi lado más comprensivo, afable y humano, de modo que entrenaran duro, pero en un ambiente fraternal. Es como en la medicina, en la que muchos médicos no muestran el calor humano que necesitan los pacientes.

Yo no era alguien colocado en un pedestal como profesor; los estudiantes me respetaban, no por unas reglas o imposición. En las clases era uno con ellos, entrenando y participando de los muchos ejercicios cuando podía, y nunca pedí que hicieran abdominales al final de la clase sin estar yo entre ellos como uno más. Me ganaba el respeto y me devolvían mi afecto con creces. A menudo me contaban sus problemas personales y yo los aconsejaba. Pero lo mejor de todo, y esto es algo que constato a través de mis años como profesor, es que el nivel de la enseñanza nunca decayó y cada uno sentía que era alguien con un carácter y personalidad reconocida por el profesor. Seres humanos que trabajaban juntos codo con codo, dirigidos por alguien que los comprendía y estimaba, ayudándolos a ven-

El trato con mis alumnos era cordial, dentro y fuera de las clases. Una familia en armonía que trabajaba duro

cer sus limitaciones. Por este motivo, cuando me reencuentro con algún alumno, siempre me habla con un buen recuerdo de aquella época dorada en mi centro.

¿Qué conclusión sacamos de todo esto? Pues que aquel antiguo refrán, «la letra con sangre entra», es una concepción retrógrada y feudalista, propia de otras épocas y otros lugares, a la hora de aprender artes marciales. Se puede aprender y entrenar duro a través de técnicas didácticas más humanizadas y amables. Doy fe de ello.

37. Rutinas de entrenamiento

He aquí un punto en el que los maestros pueden ejercer su creatividad, diferenciando su método de otros y confiriéndole una personalidad al conjunto, a pesar de que las raíces de su estilo sean inamovibles y siempre tengan que respetar las directrices del arte marcial que aprendieron.

Mucho de lo que pueda decirte en estos capítulos finales ya fue esbozado en *Bruce. Lee la senda del luchador*, pero refrescarlo viene bien. Así que te comentaré que nunca creí en ese largo y oneroso preliminar con el que se suelen comenzar las clases de artes marciales, en el que uno se agota ya antes de empezar la enseñanza propiamente dicha. He visto y asistido a clases cuyo previo duraba ¡media hora!, justo la mitad del tiempo marcado para aprender el arte marcial. El acondicionamiento no parecía terminar nunca y siempre pensaba que en un enfrentamiento en la calle no se tiene tiempo de calentar. Así que me decía aquello de: «Cuando sea padre, no enseñaré así a mis hijos».

Dicho y hecho, fui acortando paulatinamente el tiempo del preliminar hasta reducirlo a unos escasos diez minutos, suficiente para comenzar a entrenar. Usando un poco la cabeza, los primeros movimientos de artes marciales tras el exiguo calentamiento no deberían ser muy bruscos y el pateo debería comenzar por niveles de rodilla e ir subiendo poco a poco.

A la hora de calentar, empezaba por la parte alta; es decir, por el cuello, haciendo rotaciones y demás. De aquí a los hombros, codos, muñecas, dedos, cintura, rodillas y todo el asunto de la flexibilidad y elasticidad, aunque esta no de forma exhaustiva. Se terminaba con unos ejercicios de equilibrio, aunque a veces podía alterarse el ejercicio final. Repito, ¡todo en diez minutos!

Tras el breve calentamiento, la clase debe orientarse al aprendizaje del arte marcial

Como sucede con las rutinas de pesas, que deben modificarse cada cierto tiempo porque los músculos se acomodan, a veces empezaba las clases directamente, prescindiendo de esos minutos de aclimatación física. Para hacer esto, el profesor debe saber cuál es la progresión idónea y elegirá los movimientos de artes marciales adecuados como calentamiento. Cuando se tiene ya cierta experiencia, el practicante de artes marciales debe ser capaz de actuar sin este tipo de muleta, que se impone en las clases con el fin de evitar tirones y demás. Al menos debe incluirlo en sus rutinas de entrenamiento.

La elasticidad, como la musculación o la resistencia, es algo que se debe entrenar fuera de la clase, porque una clase de artes marciales, sobre todo una orientada a la defensa personal, no debe andarse por las ramas y perder el tiempo en un condicionamiento que debe ser un anexo y tratado como tal. A fin de cuentas, y en relación a la musculatura, Bruce decía que era un medio para un fin y no un fin en sí mismo. Para mí fue fácil verlo así. La idea de cultivar el cuerpo me fue implantada en la niñez y la adolescencia a través de Steve Reeves y Gordon Scott, los héroes musculosos de la pantalla grande en mi época. De alguna forma, siempre lo tuve claro y no mezclé los conceptos.

Los ejercicios específicos del arte marcial sí entran dentro de la estructura de la clase. Hay una extensa variedad de ellos, como ese ejercicio de reflejos con las palmas abiertas al frente que antes se ha comentado, pero, como digo, la ecuación es variable y depende mucho de la buena intuición del profesor a la hora de aplicar y diseñar este tipo de ejercicios, que suelen ser específicos, ya sea para reflejos, alerta, reconocimiento, velocidad, potencia, equilibrio, defensa, ataque, contraataque, interceptación, dureza, absorción, etc. Con esto hay que tener también cuidado para no caer en lo que yo denomino «juegos de recreo», absolutamente inapropiados, y que pueden incluirse con el mero interés de hacer amenas las clases para sortear el tedio que provoca la rutina.

Por descontado, dentro de la ruta de entrenamiento debe incluirse el trabajo con saco, escudos y almohadillas. Aquí, tanto el que sostiene el elemento de golpeo como el que incide en él con sus golpes tiene una labor concreta que realizar y debe atenerse a una serie de normas y consejos, algunos de los cuales ya he comentado en un capítulo anterior.

Es evidente que el programa debe incluir en cada clase técnicas específicas del arte marcial, y no solo dedicarse al notable e indispensable campo del acondicionamiento, pues sin este nada de lo que vayamos construyendo tendrá un efecto positivo. Hay quien otorga más importancia a la enseñanza y mecánica de los golpes y técnicas de ataque y defensa que a la base; es decir, buena guardia, equilibro-balance, juego de pies, distancia, ritmo, etc.

A la hora de poner en práctica lo que vamos aprendiendo, no hay nada como trabajar con diferentes tipos de personas delante de nosotros. Pasivos, agresivos, analíticos, rápidos, lentos, bajitos, altos, delgados y los de mayor complexión. Emplear lo aprendido con ellos redunda en una experiencia única. También es interesante saber moverse hacia delante con ataques, manteniendo los ojos cerrados, o dar una serie de vueltas sobre sí mismo con los ojos cerrados y luego atacar. Es un buen ejercicio y una forma de averiguar el sentido de la orientación a oscuras.

Las técnicas de lucha también deben saber realizarse estando en el suelo o acostados, y hay unos ejercicios interesantes para ir aprendiendo el trabajo en condiciones adversas, ya sea sin luz, habiendo sido derribados o en distancias muy cortas. Cada persona tiene unas cualidades físicas que debe adaptar a su forma de ejercer lo aprendido. Por ejemplo, ser bajo o alto redunda en un sentido de las distancias diferente, y tanto a larga distancia como a corta, o cerrado contra el adversario, las técnicas y golpes se vuelven un tanto diferentes. Aquí el tamaño sí importa.

El combate de sparring debe ejercitarse contra todo tipo de adversarios, pero nunca recomendaré que, de buenas a primeras, se incluya en ellos a alumnos sin una adecuada formación porque es evidente que pueden ser lastimados y llevarse una impresión errónea de lo que estudian. Aquí toda la responsabilidad recae en el profesor, quien debe poner unas normas y controlar de cerca los ejercicios de combate, muchos de los cuales pueden requerir de protecciones al efecto. Bruce estaba muy al tanto de los combates y no consentía que nadie se sobrepasase con el compañero.

«Si pillo a alguno de mis estudiantes más fuertes golpeando a uno de los nuevos en un combate, rápidamente pararé el combate y tomaré su lugar. Cuando lo haga, el abusón tendrá que prepararse bien porque descargaré el infierno sobre él. Solo lo haré para enseñarle una lección. Para que sepa cómo se siente uno cuando está en la otra parte».

Al término de los combates, es recomendable que, con la guía del profesor, se comenten los diferentes aspectos de lo visto en dichos encuentros, revisando las cualidades y defectos de cada alumno. Hacer sparring en frío y con ropa vieja de calle es también una gran experiencia.

Mis clases siempre terminaban con una buena sesión de abdominales en suelo, trabajando los altos, medios y bajos. Otro tipo de endurecimiento, como golpear con directos y ganchos el estómago, aprendiendo a soltar el aire y cerrar bien la boca del estómago, uno de nuestros puntos débiles, es algo que yo incluía dentro del apartado de acondicionamiento. Por supuesto, el que golpea debe llevar guantillas de saco. En cualquier caso, siempre me vanaglorié de hacer todo esto junto a ellos, marcando el ritmo y los breves descansos, que a menudo eran inexistentes entre los ejercicios.

Ejercicios y técnicas especificas se combinan

38. El supermercado de las armas

Como ya dejé claro al empezar este viaje, uno de los motivos de *Bruce Lee. La senda del luchador* y de *Bruce Lee. Las revelaciones del Dragón* es ofrecer información y otras perspectivas, como hace un psicólogo, y estimular a la gente interesada a pensar de otra forma. La idea de Bruce y la mía confluyen en un mismo río. Me gusta ofrecer nuevos puntos de vista en diversidad de asuntos, y esto es algo que viaja conmigo desde que fui adulto. No hay otro camino en la búsqueda de esa ensoñada libertad.

También se dice que seguir el camino del JKD es un asunto de eliminación y no de acumulación. Esto es algo que yo he podido experimentar a lo largo de mi carrera. Mi primera etapa en el jeet contact, el sistema que fundé y enseñé durante treinta años, estuvo marcada por cierta acumulación. Aún conservo los ocho o nueve programas correspondientes a las diversas etapas de aprendizaje, que más tarde disolví para hacer un planteamiento general con todo ello. Ya en la etapa de madurez, que fue la última década, fui puliéndolo todo hasta que solo quedaron los elementos más básicos y útiles, en los que primaba la sencillez, lo directo y lo más efectivo.

Parafraseando a Dan Inosanto: «Una patada bien ejecutada en las espinillas puede ser la llave para poner a alguien fuera de combate. Lo que nos lleva a la cuestión de la relativa importancia de las patadas y los puñetazos».

A esto se refiere Bruce, pero no solo hablamos de algo físico, sino de algo total, y por esta razón también aligeré el equipaje en muchas otras áreas de la vida.

Mi idea primigenia, y no descabellada, era ofrecer al alumno una serie de herramientas para que, en una situación dada, tuviera a su alcance diferentes tipos a elegir. Los instaba a que se liberaran de ideas preconcebidas y contemplaran la posibilidad de golpear con cualquier parte de su cuerpo, incluso con brazos y hombros, y usar diversos tipos de golpes y ángulos de golpeo. Se puede decir que todo está ya inventado y que la única diferencia radica en cómo lo empleas, pero estudié algunos ángulos que eran susceptibles de modificar, manteniendo el original. Al final, dispuse de un ubérrimo repertorio de golpes de mano-puño y pierna y, aunque lo pulí todo mucho, como he comentado, algunos de estos golpes permanecieron porque su probada utilidad así me lo hizo ver. Algunos de ellos fueron el directo curvo, el gancho en diagonal, la patada semifrontal o la patada circular a la zona media con la punta del zapato o zapatilla.

Prístino, como el agua clara de un manantial de montaña, es que puede resultar sustancialmente tedioso dedicarse a trabajar lo esencial en cuanto a los tipos de golpes. Por este motivo, incluía en el programa muchos tipos de ellos, sobre todo patadas altas y de giro, que poco o nada tienen que ver con una pelea real. Ahora bien, constantemente le decía al alumnado que esto amenizaba la enseñanza y constituía un ejercicio para acrecentar las habilidades, pues si eres capaz de lanzar patadas altas con soltura, qué no harás cuando patees bajo. En este sentido, hablaré de dos tipos de golpes.

La patada lateral en giro de 180º

No es una patada fácil. Tiene la ventaja de la sorpresa por el cambio de eje y ángulo a la hora de golpear, pero si fallas, te deja muy expuesto, a menos que tengas muy trabajada la recuperación. Por supuesto, no es recomendable para la calle. En combate de sala con compañeros es practicable, y en competición se la he visto a muy poca gente. Uno de ellos era Benny Urquidez. Su forma de lanzarla era digna de estudio, puesto que era efectiva, aunque luego está lo de conseguir lo máximo con el mínimo esfuerzo, y esto no entraría en dicha categoría. Por cierto, aquí me viene a la mente el comentario de William Cheung y Dan Inosanto cuando, en una entrevista, coincidieron en que Urquidez tal vez era el único que habría podido dar un buen combate a Bruce. Igualmente, ambos estuvieron de acuerdo en que este habría podido ganar a Bruce en el ring, pero no en un combate callejero sin reglas. Pero sigamos con la patada de giro y empecemos por el principio.

La patada lateral en giro 180º de Benny Urquidez

Lo primero que se debe aprender es el movimiento inicial desde la guardia. Sin mover los pies, los pivotas y giras el cuerpo por tu espalda, como deseando mirar hacia atrás. Desde esta posición, vuelves la cabeza y, por encima del hombro, observas hacia atrás al supuesto blanco. Al hacerlo, ya estás alineado y solo tienes que lanzar la patada sin esperar a situarte lateralmente, alineado con el oponente, como hace Urquidez. Es casi como si dieras la patada estando todavía algo de espaldas, como una rápida coz. Hacerlo así significa ganar tiempo y velocidad, pero siempre tienes que ser capaz de controlar al oponente con la mirada.

En guardia

Parada del puñetazo directo con mano adelantada

En muchas ocasiones, nos desequilibramos al lanzar este golpe. La mayor parte de las veces es porque sacamos la pierna demasiado separada de la de sostén. Mi consejo es que casi roces a la que te sostiene, ya que, de esta manera, se tiene más equilibrio, pues el golpe sale mucho más recto. Pruébalo en el saco.

Esta patada requiere que estudiemos muy bien su terminación, porque, como he dicho, fallarla nos deja en muy mala situación. Cuando la lances, lo más recta posible, tu brazo adelantado debe ir por encima de la pierna, apuntando y amenazando al oponente, y en esta posición debes acabar, con el pie en el suelo y en guardia. Mientras no domines esto tan importante, correrás un riesgo.

Es mejor incluirla dentro de una combinación de golpes que lanzarla en solitario. Y es particularmente efectiva dentro de una combinación de puñetazos. En el primer caso, después de la primera patada, al tocar suelo con el pie adelantado, ya lo torcemos un poco para quedar en posición para el giro. Nos valemos del movimiento de los puños para ocultar la patada y nos medimos con ellos para calcular la distancia. Por ejemplo, si lanzo un directo o un puñetazo de revés, ya me posiciono bien para continuar con la patada de giro.

Mi recomendación es que sea un golpe penetrante y no uno que estalle en la superficie. Es como si el pie llevara un peso que lo lanza hacia delante, pero hay que tener cuidado con no profundizar en exceso, porque al fallar, estaremos en desventaja y muy desequilibrados.

El brazo adelantado por encima de la pierna sirve también como un puntero, una guía para la patada, y viene bien si luego deseamos seguir golpeando.

Puñetazo de giro en 180º

Aunque parezca mentira, cuando se sabe dominar, es un golpe bastante efectivo, tanto atacando como a la contra en combate de sala. Esto es porque el ángulo de ataque es más sorpresivo al no recurrir a la línea recta. Como en todos los golpes de giro, se debe dominar a la perfección la terminación del movimiento, de forma que, si fallamos, estemos todavía en una posición ventajosa o en disposición de seguir lanzando golpes.

La misma mano baja para bloquear la patada con economía de movimiento

Para no perder tiempo, la mano sube en puño de martillo ascendente

Lo primero que se debe dominar es el giro en sí. El de 180º es por la espalda desde la posición de guardia. Debemos ser capaces de girar y parar en seco, quedando frente al compañero con la guardia cambiada y bien hecha. La mayoría no pueden hacerlo al principio y se desequilibran. Mi consejo es que, con el pie adelantado, frenes, haciendo un movimiento parecido al de pisar un botón en el suelo. Esta fórmula me dio muy buen resultado en la enseñanza de este golpe.

Cuando ya somos capaces de dominar el giro, le añadimos el golpe. El mejor, sin duda alguna, es el gran revés, como si lleváramos un sable en la mano y cortáramos por la mitad al enemigo. Es un golpe devastador, ya sea en horizontal o en diagonal.

Para ser más rápidos y hacer mejor el giro, lo primero que debe comenzar a dar la vuelta por atrás es el brazo; en este caso, y estando de guardia, es el atrasado. El mismo movimiento del brazo nos ayudará a girar. Cuando demos el golpe y completemos el giro, debemos quedar bien cubiertos, con el otro puño cerca de nuestra cara.

Es un golpe que entra muy bien dentro de una combinación y que es muy

Puñetazo de giro 180º

efectivo a la contra cuando nos atacan. En este sentido, cuando lo entrenamos con el compañero, hay que tener cuidado para no hacerle daño. Antes, es muy aconsejable practicarlo en el saco y también con las almohadillas. Estas últimas, al ser más pequeñas, nos ayudan a ser precisos para golpear en el blanco.

Dentro del repertorio de golpes poco comunes u ortodoxos, que pueden funcionar en la calle, está la siguiente modalidad:

Puñetazos en salto

No es muy habitual, pero hay que decir que es efectivo, dependiendo de las circunstancias. Todo salto requiere de una ocultación y, por lo tanto, de la sorpresa, y para ello se debe, además, minimizar todo lo posible el movimiento.

Un salto puede desbaratar la defensa de un adversario, y el golpe, alzarse por encima de la guardia. Como es natural, no todos los puñetazos combinan bien con el salto. Yo propondría el salto con un directo o un gancho, aunque hay un gran margen para la creatividad.

Gordon Scott (izq.) y Steve Reeves (dcha.)
fueron mis referentes musculares en la niñez y la adolescencia

También hay una fórmula, mediante la cual bloqueamos o inmovilizamos uno de los brazos del contrincante, y de aquí saltamos. Todo esto antes ha de ejercitarse con el saco, el escudo y las almohadillas de mano, aunque también puede llevarse a cabo contra los guantes del compañero, que los mantiene levantados delante de él y separados. Un ejercicio bueno es saltar y, en el aire, lanzar dos puñetazos a la almohadilla o guante del compañero antes de aterrizar. Y un salto golpeando a las almohadillas que sostiene el compañero en cada mano. ¿Podrían ser tres puñetazos a una de las almohadillas antes de pisar el suelo?

39. Estrategias de guerra

La experiencia es un grado, qué duda cabe, pero también dicta que la de cada uno es diferente a la de otro, y el resultado es un filosofar personal y a veces gratuito. La mía, tras muchos devaneos con el arte marcial bajo el influjo de Bruce, adaptada a mi forma de ser, mentalidad, constitución y habilidades, redundó en la más natural simplicidad, esa que tanto enfatizaba él. Sí, al final te das cuenta de que tenemos dos brazos y dos piernas y de que nuestras atribuciones físicas dictan el modo de fluir en un combate real. Y en este sentido, lo que funciona de verdad son unos pocos golpes de pie y pierna, casi siempre los mismos, junto al acondicionamiento de base y alguna que otra estrategia. Las películas se llenan de luchas vistosas que entorpecen la visión de lo que es una auténtica pelea sin reglas.

El combate de sparring con otro practicante de artes marciales es muy diferente a la pelea real callejera

Como decía Dan Lee: «La película es película. Bruce era un actor, por lo que tenía que hacer los espectáculos más dramáticos y atractivos para el público. Esos gritos eran para las películas».

Esto, por fuerza, nos lleva hasta un problema que, a día de hoy, sigue siendo irresoluble: lidiar en las clases con tan poca materia prima, pues al cabo de unos meses, será un asunto tedioso y muchos alumnos perderán el interés. Todo esto me conduce a un lugar poco transitado. ¿Por qué tanta complejidad en las artes marciales, plagadas de estilos, fórmulas y prerrogativas cuasi bíblicas, cuando con poco consigues una eficacia apabullante, sobre todo en defensa personal?

Como añadido práctico, otra interrogante cabriolea siempre en la transmisión sináptica de mi cerebro, que las neuronas repican incesantemente. Si el JKD, filosofía de la que bebe mi arte marcial, es ante todo defensa personal, ¿por qué Bruce siempre acomete el asunto como si se tratara de un sistema para luchar contra otros expertos en artes marciales? Sus explicaciones y exposiciones son casi siempre las propias de quien necesita dominar una serie de técnicas, habilidades y estrategias de cara a vérselas con otro artista marcial, ya sea en un ring o fuera de él. Esta es una gran antítesis en el postulado del JKD. Si lo piensas, es una incongruencia, ya que un

En la calle todo es inesperado y rápido.
Te mueves por instinto y no tienes tiempo de pensar

No tienes tiempo para calentar y no llevas la cómoda ropa del gimnasio

método de defensa personal no requiere de esa serie de planteamientos, más propios de la lucha profesional, a menos que tengas la mala suerte de ser agredido en la calle por un experto. De todas formas, ante esa hipotética agresión, que tal vez nunca se dé en la vida, es una falta de pragmatismo lanzarse a una complejidad de la que se podría prescindir, y con más razón si además se desea preservar aquello de lo máximo con lo mínimo. Esto mismo ocurre, como ya he citado, con la filosofía del JKD, demasiado compleja para un camino que persigue la simplicidad. Ambos elementos deberían regirse por el mismo principio. Una persona que desea aprender a defenderse en la calle solo necesita trabajar bien los atributos, practicar técnicas de defensa y agresión y un poco de sparring. Esto es algo que he aprendido tras mis treinta años como profesor de defensa personal. Ir más allá y embarullar a la persona con métodos que le permitan defenderse de una patada circular o lateral, o de un golpe de revés o un *uppercut*, es algo irrelevante dentro de este contexto. Es enredar la cuestión. Creo que debemos ser más prácticos y cultivar la sencillez. De hecho, si vemos los libros del método de lucha de Bruce, llama la atención el tratamiento tan diferente que lleva a cabo en el dedicado a la defensa personal. A esto me refiero.

Creo que Bruce, ensimismado con el estudio de las artes marciales y sus estrategias de pelea y con el hecho de ser el mejor artista marcial posible, mezcló todo en un solo cuenco y, al final, su método redundó en un enfoque habitual en lo referente a que la mayoría de las artes marciales se enredan con una serie de cuestiones, aunque a través de ellas consigamos un medio de defensa personal. En la calle, lo más probable es que te enfrentes a un tipo que no sabe artes marciales y que va a utilizar un ritmo roto y una técnica desconocida. Todo lo contrario de lo que nos encontramos en la escuela, con gente que se mueve con un ritmo continuo y específico y utiliza las mismas habilidades y conceptos que tú. Y en los combates sucede lo mismo, aunque la experiencia que puedes aglutinar es la

El ritno roto o quebrado es el usual en la calle, en lugar del continuo en los combates del gimnasio

Sucede todo tan rápido que las distancias se acortan y las manos o puños suelen hacer casi todo el trabajo

referente a tus reacciones ante alguien que, en un momento dado, se abalanza sobre ti con una lluvia de golpes o te acorrala en un rincón y debes aprender a aprovechar la situación y los huecos. Cualquier análisis de uno de estos combates dentro de un sistema de pura defensa personal debe relegarse a experiencias concretas y no a la estrategia de pelea vista desde una óptica de combate profesional. Son dos mundos distintos y como tales hay que tratarlos, o al menos se deberían tratar. Una vez más, el maestro es el responsable de marcar las diferencias y obrar en consecuencia.

En mi caso, debía incidir en ello constantemente, con el fin de separar ambos conceptos y que los alumnos tuvieran claro lo que es útil para la calle y lo que lo es de cara a ese otro mundo orientado a los enfrentamientos entre gente de artes marciales, a la hora de hacer sparring. En este campo, y como vengo diciendo, también facilité ciertas claves en *Bruce Lee. La senda del luchador*, por lo que ahora me limito a añadir algunos datos de utilidad. Como comprenderás, es imposible tratar al detalle mucho de lo que aquí digo sobre artes marciales, ya que requeriría de un libro entero dedicado al tema.

La pelea, para mí, es un asunto de dos caras. Si en la escuela solo puedo acceder a pelear con gente de mi estilo, difícilmente podré adaptarme a una pelea real a la que no estoy acostumbrado y, como resultado, la reacción del agresor y la mía son imprevisibles. ¿Cómo puedo paliar este problema de forma efectiva y sencilla? Como decía Joe Lewis y enfatizaba Bruce con lo del ataque, solo tengo a mi disposición dos elementos: el golpe y la velocidad.

No hay nada más sencillo que cultivar la perfección en el golpe y dejarse de atrapes y llaves, lo cual siempre implica un gran riesgo y agrede el ego del adversario, que luego se tornará en alguien más furioso y peligroso. La velocidad dirime la cuestión en muchos deportes y, de forma especial, en las artes marciales, así que podrás alzarte por encima del otro y golpearlo más y mejor. ¿Qué tipo de golpes? En la calle, los puños trabajan más. Soy de la opinión de que se han de utilizar los que sean contundentes, como ganchos y directos, dejando el golpe de revés y similares para un trabajo que requiera un daño relativo y que sirva como advertencia. Todo dependerá de la situación. A veces, ya de entrada, hay que ir a por todas. Las patadas deben ser bajas, a las piernas y a la ingle, y frontales, al estómago y pecho. En cuanto a la velocidad, y como simple comentario, decirte que hay tres tipos: 1. Velocidad de percepción. 2. Velocidad de reacción. 3. Velocidad mecánica o física. Las tres entran en juego para formar un todo final. Esto, evidentemente, debes aprenderlo en la escuela.

Con el fin de contextualizar, incidiré en algunos aspectos más. El primero tiene que ver con la resiliencia; es decir, la capacidad de adaptación. Adaptarse al oponente es como hacerlo con el medio, los sucesos y embates de la vida, y es una necesidad para sobrevivir y salir airoso. En la escuela podrás emular la parte que nos ocupa a base de ejercitarte en situaciones planteadas previamente y que te sitúen en desventaja. Por ejemplo, empezar estando arrinconado en una esquina o contra una pared, caído en el suelo, atrapado por la espalda, etc. Además, será conveniente que el compañero con el que haces sparring utilice diversos métodos de ataque: agresivo, metódico, descontrolado. Debe utilizar golpes callejeros y, por un momento, olvidarse de las estilizaciones. También es útil moverse con diferentes tipos de personas, desde los ágiles hasta los pesados. Aquellos que tienen una gran complexión te lo pondrán algo más difícil. Aprende a utilizar los golpes con diversos tipos de potencia; los que marcan, los que inciden con fuerza relativa y los potentes. Dominando esto, no te harán falta otras muchas cosas. La habilidad a la hora de golpear desde cualquier

Definitivamente, la pelea en el gimnasio no tiene nada que ver con la de la calle

distancia y situación, unida a la gran velocidad, suele llevar al éxito, tal y como enfatizaba Bruce.

Los grandes luchadores, y esto tiene aplicación para la pelea en la calle, disponen de una guardia perfecta y cerrada, dominan el juego de pies y la movilidad, el sentido de la distancia para escoger el golpe adecuado en cada momento y procuran no caer en el ritmo-juego del adversario. ¡Ah!, el dichoso ritmo. No es fácil lo de adaptarse al oponente en un breve intercambio con el fin de estructurar la fórmula a seguir para cada caso, imponer tu juego y, como decía Bruce, interceptar o romper su flujo emocional. Como siempre, hay ejercicios dedicados a aprender esta difícil habilidad. Y digo difícil porque nuestra personalidad parece dictar cómo nos tenemos que mover y tendemos a emplear una misma forma de pelear y ritmo, no importa de qué oponente se trate. Esto lo he visto a lo largo de mi carrera como profesor y te puedo decir que muy pocos conseguían hacer suya esta gran habilidad, que es toda una estrategia de guerra. Y, por descontado, un buen luchador sabe encajar golpes, algo que se tiene que aprender en la escuela.

Me dejo muchas cosas por comentar, soy consciente, pero este no es un libro dedicado al arte de la lucha, así que pasemos al capítulo siguiente.

40. Ser un genuino artista marcial

En *I Ching: El libro de las mutaciones*, en la versión de Richard Wilhelm del 2022 (Hispano Americana), sobre un texto que data alrededor del siglo XIII a. de C., se dice: «Observad el cielo para prever el cambio; observad la humanidad para entender el mundo». Aplicado al corazón del artista marcial, es muy significativo, pues a todo hombre dedicado a cultivar este arte, con toda la comprensión interior que comporta tras años de vencer dificultades, dolor y fatiga a través de un camino de superación, le llega un momento en el que debería ser capaz de conectar lo aprendido con valores más puros y ver cómo, en su cielo particular, se obra el gran cambio. Esa transformación debería permitirle observar a la humanidad con nuevos ojos y entender el mundo que lo envuelve y en el que se expresa.

No muchos artistas marciales son capaces de alcanzar este estado —sobre todo en el mundo occidental, sumido en la rapidez y el cambio—, en el que el aprendizaje del arte marcial es un elemento más al que solo dedicarle algún que otro año.

Si hace años me hubieran preguntado lo que significa ser un genuino artista marcial, mi respuesta se habría ido por vericuetos de tres al cuarto. Ahora, sin embargo, ya estoy en disposición de ser veraz y dar una respuesta de la que no tengo duda alguna. Un artista marcial genuino es alguien que suele combatir la violencia, a la que de algún modo denigra, y solo hace uso de su arte para preservar la paz y la vida. Es alguien que se ha sometido a un combate consigo mismo para afrontar sus miedos y defectos y erigirse como una persona que equilibra mente y cuerpo y, como tal, aun teniendo las respuestas elementales, persiste en la búsqueda de un conocimiento superior. Daniel Lee dijo que Bruce estuvo aprendiendo durante

**En 1985, lucía mi flamante cinto negro de full contact.
En aquel entonces, las apariencias me importaban mucho**

toda su vida, pues no hay límite para el conocimiento, no importa los años que uno viva. Pero deseo matizar que no se trata de una búsqueda vehemente, pues el auténtico guerrero ya tiene aprendidas las verdades importantes; solo se trata de seguir asimilando todo lo que el mundo y la vida pueden ofrecerte a cada paso.

Para mí, esto es lo opuesto a la filosofía del *bushido* y a la del samurái. Y a quien lo dude, le exhorto una vez más a que profundice en esta doctrina medieval. Yo no respondo emocionalmente ante ningún otro ser humano ni me debo a él hasta el punto de entregarle mi vida, ateniéndome a un código de honor creado por los mismos hombres a sus intereses. No comulgo con un sentido de castas que acreciente mi ego, y el don más preciado que poseo, la vida, la valoro tanto que soy incapaz de inmolarla por algún ideal humano, que va, viene y cambia con los tiempos. Como valoro mi vida, le doy gran importancia a la de los demás. Me he llegado a preguntar si, de alguna forma, la filosofía del *bushido* que tanto le gustaba a Bruce contribuyó a que mirara la vida como lo hizo. Ese ir a por todas, pase lo que pase, aunque te cueste la vida.

Mi doctrina moral y espiritual, como buen artista marcial, es solo mía, personal e indivisible, formada en la tenacidad de un duro aprendizaje y rociada con incontables horas de un íntimo y progresivo esfuerzo no exento de dolor. Un camino personal que nadie ha recorrido por mí. Como la vida misma, el acto de nacer y morir me pertenece por derecho propio, así como las experiencias acumuladas a lo largo del viaje. Todo está en paz y en armonía. Comprendo la existencia con una perspectiva realista y no me creo falsas expectativas con lo que no se puede alterar. No sé si puedo estar trasmitiéndote correctamente lo que es y significa. Tal vez diciéndote que hay un poder en mí, o una energía que permanece viva y ardiente, aun con el trascurrir de los años y la edad. Mi mente está fresca y ligera cuando se ha despojado de lo que no es importante. Y el poder está relajado, aun-

Como artista marcial, he sostenido un duro combate conmigo mismo para afrontar mis miedos y defectos

que a punto; lo puedo sentir recorriendo como una suave electricidad mi cuerpo y puedo convocarlo en milésimas de segundo y hacerlo estallar con la fuerza de un relámpago. Esta energía vital corre por mis venas y por las neuronas de mi cerebro. Pero eso, como te digo, solo es una parte del conjunto, pues la forma de ver la vida y asimilar sus alegrías e infortunios es muy especial. Estar siempre alerta por si puedes ser asaltado en la calle se ha convertido en una atención a los pequeños detalles del mundo que me rodea. Ahora estoy altamente sensibilizado a las pequeñas cosas que antes me pasaban desapercibidas.

Hay una razón en aquello que apunta a una vuelta al estado primigenio, a la unidad de tu alma o energía interna con la misma esencia de tu naturaleza, tras un viaje de aprendizaje hasta alcanzar la maestría. Te sientes todo lo libre que puedas estar, y esa sensación hace que pueda trascender las filosofías, los códigos, las leyes, religiones, normas y preceptos que los seres humanos imponen sin cesar siglo tras siglo, arrastrándote hacia sus ideales. No se trata de un mero acto de rebeldía, sino de una tranquila y sopesada cuestión de conocimiento. Al final del viaje entiendes que el auténtico artista marcial no es alguien violento o que ama la violencia y la hace su medio de expresión. Esto podría darse en las etapas iniciales, pero si te quedas pegado a esto, no absorberás la finalidad y la esencia, solo su materialidad. La inteligencia y el intelecto son herramientas que se deben usar para evitar llegar a las manos.

No soy perfecto, ni pretendo serlo. Esto sí sería una quimera que podría conducirme a un precipicio no deseado. Estos valores como artista marcial lo son en una serie de cuestiones de gran importancia, pero hay otras que se escapan y te hacen errar. Esto no es algo desdeñable; todo lo contrario, es necesario en la balanza del yin y el yang, pues la faceta menos agraciada impele a la otra, otorgándole su razón de ser.

41. El legado del jeet contact

Toda persona ansía dejar algo tras de sí, o al menos lo desea una gran parte de nosotros. Yo siempre quise trascender dejando algo más duradero que la propia vida, los hijos y la familia, que son devorados a corto plazo por la marea del tiempo. No es vanidad, solo realismo.

A veces, algunos lo consiguen con unos golpes de suerte, pero otros lo alcanzan a base de mucho esfuerzo y tesón y no todos lo logran. Otros no están en disposición o no valen para ello. Además, el esfuerzo es grande y la mayoría elige el camino más cómodo, aunque también es cierto que a otros muchos les da igual esto de la trascendencia.

En mi caso, llega un momento en el que dudas si en verdad esto es factible. No sé a ciencia cierta si algo de lo que he hecho en la vida merecerá pervivir cuando ya no esté. ¿Las siguientes generaciones recordarán el club de Bruce Lee que creé? ¿Alguien hablará del jeet contact, de su creador? ¿Perdurarán mis libros sobre Bruce Lee? ¿Lo harán mis otros libros? ¿Mi amada saga de Aristarco de Alejandría, tal vez? Todo se mece en una niebla. Por otro lado, aunque lo lograra, ¿por cuánto tiempo sería? Al fin y al cabo, pienso que todos seremos borrados de la faz del recuerdo con el transcurso de cientos, miles o millones de años. En cualquier caso, la objetividad hace que solo enfoque un futuro cercano, sin aspirar a mucho más.

Nuestros caminos por la vida son peculiares. A veces, cuando miro atrás, me pregunto qué tal me hubiera ido si en los puntos de inflexión hubiera elegido otro camino. Nuestro mundo mide el triunfo por la cantidad de dinero, fama y poder acumulado. En este sentido, soy un perdedor. Pero ¿y si existe otro tipo de éxito? Las artes marciales nunca me hicieron rico, ni mucho menos, tampoco todo lo referido a Bruce Lee. Sin embargo, creo

Paco Oliva al frente del grupo de jet contact

que di felicidad a muchas personas con el Bruce Lee JKD Club y que, a día de hoy, aún se recuerda, tal y como veo con el reciente *Bruce Lee made in Spain* de Eduardo J. Hernández Pérez (autopublicación, 2023). A través de mis muchos años como profesor, creo que también he implantado en muchas personas algo más que un eficaz sistema de defensa personal. Y, por último, puede que con estos libros haya dado algo más de felicidad y aportado mi pequeña contribución al tejido humano. Si a esto le sumamos el cariño de mis amigos, muchos de los cuales los he conocido gracias al rumbo que elegí, más el amor de mi familia, entonces sí que puede hablarse de ese otro tipo de éxito.

Ahora dejaré que otra persona sea quien refleje aquí lo concerniente a mi legado como artista marcial.

Mi nombre es Paco Oliva Díaz y soy maestro, instructor de jet contact. Quisiera poner al lector en situación y poder describirle y trasladarle sensaciones que se me hace difícil plasmar en un escrito.

Comenzaré diciendo que empecé a entrenar kárate shotokan a la edad de once años. Pronto me percaté de que los comienzos son duros, pues te ves solo, en un mar de dudas, y todo lo que se te muestra no se cuestiona. Esto se debe a que no estás lo suficientemente preparado para abrir tu mente, ya que te ves inmerso en un proceso de adaptación y te limitas a ejecutar lo que se te enseña. Más tarde continué con el full contact y finalmente me desarrollé en el taekwondo durante más de diez años. Competí y entrené con los mejores maestros de esta disciplina y, cuando me convertí en maestro, comprendí que, a pesar de todo y del bagaje acumulado hasta ese momento, era entonces cuando comenzaba mi verdadero aprendizaje. Disponía de todo un armamento para mi desarrollo, pero carecía de la psicología necesaria para expresarme libremente. A fin de cuentas, ¿qué importa tener todo ese armamento si no sabes canalizar las situaciones? Empecé a tener claro que no deseaba establecer un sistema que impidiera moldearme y en el que tuviera que hacerme constantes preguntas para seguir avanzando y evolucionar, incorporando lo que necesitaba y desechando aquello que no me dejara fluir. En una palabra, tu actitud te hará libre y tu pensamiento te hará consciente de todo lo que ocurre a tu alrededor, porque, ¿qué sentido tiene la vida si no te detienes un minuto a comprenderla?

Cuando decidí empezar a caminar sin ataduras, es cuando el jet contact empezó a tener sentido en mi vida, una vida en la que busqué a través de Bruce Lee ese último escalón al que todo artista marcial desea encaramarse desde el mismo día en que comienza a entrenar.

Tratando de comprender a Bruce, encontré al maestro Sales. Re-

Cursos orientados al acoso escolar y a las mujeres maltratadas

Paco Oliva enseñando la patada circular alta

cuerdo la primera vez que, siendo niño, me detuve delante de su gimnasio en Valencia. He de reconocer que, para la mente de un niño, observar aquel gimnasio era como estar delante de un mundo diferente; y lo era, sin duda alguna. Tardé mucho tiempo en entrar y durante esos años veía su cristalera cuando el autobús pasaba frente a él, hasta el día en que me decidí y comprendí que lo mejor estaba dentro.

José Ramón es una persona cercana en el trato y profundo en sus reflexiones, y hablar con él de cualquier tema te confirmaba que no era un maestro más. Pionero en muchas cosas, también lo fue en el arte marcial que creó, ya que el jet contact te incitaba a caminar y comprender muchos elementos a lo largo de su sendero. En cierto modo, no había nada nuevo, pero el planteamiento a la hora de fluir marcaba la diferencia. Y es que, mientras no existan personas con tres brazos y cuatro piernas, crear un arte marcial diferente es imposible. Pero en jet contact había que "sentir" y adaptarse a la situación, y aquí radicaba todo.

Tener a José Ramón como amigo es un privilegio, pero oír al maestro Sales hablar de jet contact, eso sí es un regalo. Al principio, el maestro me concedió el privilegio de dar clases de taekwondo en su gimnasio, pero al comenzar a observar sus clases de jet contact, empecé a hacerme preguntas. Al poco, comencé a entrenar con él y, con el tiempo, me tituló para dar clases de su amado arte marcial.

La vida nos separó, pero dentro de mí quedó todo aquello que me enseñó: simplicidad de pensamiento, velocidad en la técnica y reacción mental ante cualquier situación. Esto es para mí el jet contact. Adaptarse a la situación y dar forma al pensamiento. Empecé a trabajar con estos conceptos y terminé por dejar el taekwondo para empezar a fluir con el jet contact. Con los años, le comenté a mi amigo y maestro, Vicente Soler, la posibilidad de dar forma a nuestro jet contact sin olvidar al maestro fundador y, con toda humildad, comenzamos a entrenar.

Creamos la Asociación de Jet Contact y la pusimos a disposición de las personas que más lo necesitaban: las mujeres que habían sufrido maltrato, así como a los niños que sufrían acoso escolar. Por nuestra asociación han pasado muchísimas personas y estamos orgullosos de haber estado siempre junto a todos ellos, creciendo unidos y formando lo que hoy en día es un grupo extenso de "amigos para siempre". Todo este trabajo, los cursos que realizamos en centros escolares, el día a día con tantas personas necesitadas de comprensión, dieron sentido a todo y, hoy por hoy, el crecimiento de nuestra asociación es algo que no puedo explicar con palabras.

En el jet contact damos una importancia relativa al calentamiento al comienzo de las clases. Entendemos que nuestro cuerpo debe estar lo más preparado posible para el normal desarrollo de una clase, pero también es cierto que debemos ser conscientes de que en el momento en el que tengamos que defendernos ante una agresión no habrá tiempo para calentar y no será posible estar al cien por cien acondicionados para esta situación real. Y este es también el motivo por el que al principio las técnicas deben ser suaves y fomentar la adaptación física y mental para el desarrollo de nuestra clase diaria.

Una foto de grupo en la que estoy flanqueado por Paco Oliva y Vicente Soler

Son muchos los elementos a barajar, pero si nos centramos en el hecho de aprender a defenderse y en la pelea, cada contrincante o luchador es diferente; y así, la técnica que nos puede servir con un individuo será totalmente inútil con otro. Si vamos a trabajar la distancia, lo haremos con técnicas de control, anticipación y neutralización de nuestro rival o agresor. Golpeo con mano adelantada y bloqueo a la cadera con la pierna para obtener la distancia oportuna es muy aconsejable. Utilizamos la patada denominada *lowkick* a la pierna contra rivales más fuertes, condicionando así su acometida y poniendo el punto de atención en su desgaste físico y emocional.

No hay prisa. Debemos entender el desarrollo de lo que es un combate como una partida de ajedrez, en la que cada movimiento debe provocar sensaciones de desgaste y desconcierto en nuestro contrincante. Es esencial que nuestro trabajo de piernas sea rápido y enfocado, y en un alto porcentaje dirigido a la zona media del cuerpo. Las patadas altas nos conducen a la pérdida de estabilidad y damos a nuestro rival la oportunidad de acabar rompiendo nuestra guardia fácilmente. Claro está que podemos utilizar una pata alta al rostro, pero siempre que entendamos que no vamos a sacrificar algo que le permita a nuestro rival romper nuestra estrategia final.

En cuanto al tema de las agresiones o peleas en la calle, todo cobra otra dimensión, pero es evidente que el hecho de realizar sparring ayuda muchísimo. Jet contact es un sistema vivo y, como cualquier cosa que fluye, no termina de adaptarse a las situaciones al cien por cien, por más que intentes planificarlas. No existe un camino claro y despejado a ningún lugar ni existen atajos para llegar a cualquier sitio. La perseverancia y el control de nuestras emociones te hacen comprender cada vez mejor el proceso final. Por esta razón, la evolución del jet contact está unida a la del pensamiento. Es posible que pienses que tu conexión con lo que ocurre no es total, ya que, por ejemplo, si trabajas con alguien con temor, este realizará sus movimientos con lo que siente. Por este motivo se debe conocer y entender nuestras capacidades físicas y mentales, para convertirlas en confianza interior.

Se debe trabajar el combate en todas sus expresiones posibles, aprender a utilizar la distancia corta, media y larga y, por supuesto, el trabajo en el suelo. Los días no son siempre iguales, las noches tampoco, aunque nuestra vista nos pueda confundir en la oscuridad. El ser humano está cambiando a cada minuto de su existencia. Esto es jet contact, evolución y confianza.

Y todo esto gracias a un soñador. A un ser humano especial que supo dar forma a sus pensamientos y librarnos al resto de la niebla que no dejaba ver el camino. Cada persona que pasa por nuestras vidas es única, pero solo algunas dejan algo especial que no se borra jamás.

Gracias, José Ramón, maestro y amigo.

Asociación Jet Contact
Contacto: pacoolivadiaz34@gmail.com
Tel. 666184223

Epílogo

A veces es idóneo detenerse un poco en el camino y meditar. A lo largo del libro han quedado demasiados elementos expuestos como para que ignoremos ciertas cuestiones, la mayoría de ellas bien expresadas por el propio Bruce y que conviene repasar.

Medio siglo es un buen periodo de tiempo para pararse a analizar la evolución del mito de Bruce Lee desde su muerte. Puesto que yo lo he vivido, puedo reflexionar sobre el recorrido.

Los primeros años tras su desaparición estuvieron repletos de una ingente cantidad de revistas y publicaciones por todo el mundo. El fenómeno «Bruce Lee» arrancó lentamente, pero con fuerza en los años setenta, siendo el *boom* en los años ochenta. Su rostro aparecía en multitud de revistas, deportivas o no; sus otras películas, tras *Operación Dragón*, llegaron al resto del mundo y se reponían una y otra vez en los cines de la época. Junto a todo esto comenzó la llegada de libros hablando de su vida y de su arte marcial. Este furor comenzó a palidecer con la llegada de los noventa, una década en la que todo fue enfriándose para pasar de las llamas al calor de los rescoldos. El siglo XXI ha ido cambiando todavía más todo lo referente a Bruce Lee y su legado; si bien aquella euforia mundial desapareció, ha crecido en algunos puntos, aumentando, si cabe, la leyenda.

Recordemos que en su época él se sintió profundamente atraído por el psicólogo Friedrich Salomón Perls y su terapia Gestalt. El psicólogo y humanista afirma que una persona aprende cuando experimenta y siente las cosas, cuando las vive en sus carnes, y es que la teoría y la realidad difieren notablemente. Si esto es así, y es muy lógico, entonces tenemos que entender que aquello que no experimentamos solo se mueve en el terreno de la interpretación relativista. Por este mismo motivo, vemos ahora que Bruce dejó de someter a la experiencia una serie de pensamientos y filosofías que no pudo llegar a contrastar, tanto en las diferentes etapas de la vida que no llegó a vivir como en los tiempos por venir, con sus consiguientes cambios. De ahí que él, muy consciente de estos hechos, promulgara constantemente que solo era el señalador de un camino, que sus verdades no eran las de otros y que tanto el JKD como su filosofía deberían ir adaptándose a las etapas y a los tiempos para, de alguna forma, ir más allá de él mismo, hombre circunscrito a un período de vida. Lamentablemente —y como aquello de que todo tiene dos lecturas o es arma de doble filo—, la publicación de libros que hablan y analizan la filosofía y el pensamiento de Bruce en aquellos lejanos años del siglo pasado, además de informar, producen una solidificación y ayudan a crear una atmósfera evangélica en la que toda palabra surgida de la boca de aquel vital hombre joven se convierte en ley irrefutable y, como tal, incuestionable. Y así, todo lo que dice Bruce empezamos a verlo como un dogma, una especie de verdad y sabiduría sin parangón.

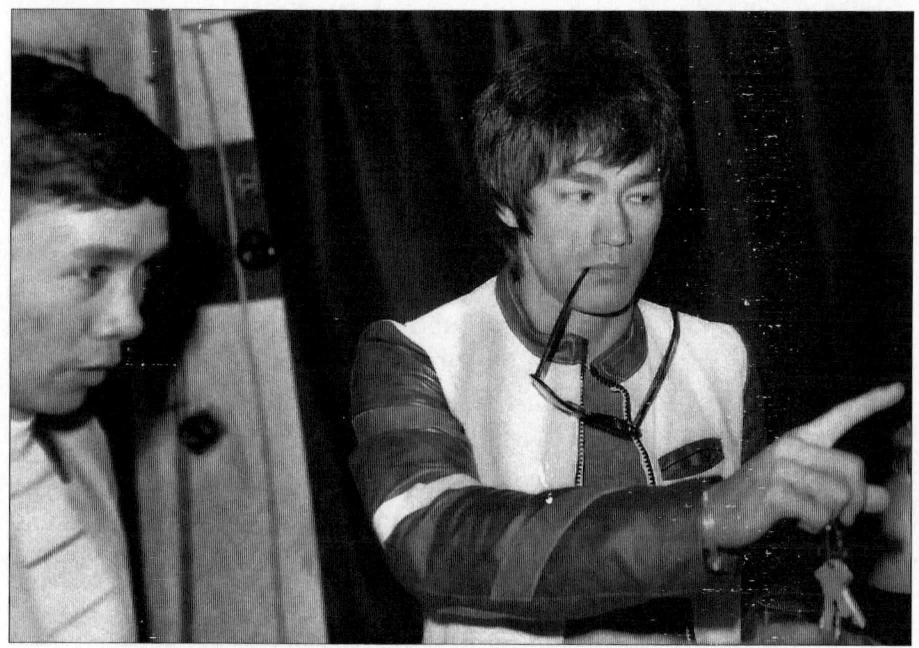

A personas singulares, ideas y propuestas singulares

Se hace muy difícil y complicado ir contra la corriente generalizada, tanto como entender que el común denominador no es un indicativo de que las cosas han de hacerse como dicta la mayoría. Si fuera así, las sociedades irían mejor, no habría calentamiento global, ni especies en vías de extinción, ni deforestación incontrolada, ni hambre, ni... Y, de repente, como ha acontecido en diversas generaciones a lo largo de la historia, aparecen personas con ideas nuevas y diferentes, a las que siempre se suele tachar de revolucionarias, anarquistas, herejes o similar, y que, en definitiva y como luego se ha visto, son las que han originado cambios de singular importancia en los diferentes estratos de la vida humana. Bruce, a su forma, fue una de esas personas.

A personas singulares, ideas y propuestas singulares. Lo peor de esta singularidad es que el vulgo no suele estar nunca a la altura de estos genios, y en su esfuerzo por comprenderlos, imitarlos o analizarlos, se asimila este conocimiento de una forma incompleta, banal o errónea. Como cualquier mente cabal y sensible puede entrever, todo aquello que pensamos y decimos a lo largo de la azarosa vida va transformándose junto con nosotros, quienes ponemos a prueba nuestros puntos de vista a lo largo del camino y por los avatares que surgen en él. Por lo general, no pensamos igual a los treinta que a los setenta, y en Bruce, esto habría sido el no va más, dada su adicción al cambio como medio para poner al día sus ideas y filosofías. Su amigo William Cheung está convencido de que, de haber seguido vivo, Bruce habría proseguido su búsqueda en las artes marciales con el fin de simplificarlas más y más.

Como no dejo de repetir, si ya en vida y a lo largo de unos pocos años alteró y suprimió muchas de sus ideas, es una necedad seguir al pie de la letra muchas de las cosas que él ya habría evolucionado a nivel filosófico y marcial. Solo hace falta meditar un poco para darnos cuenta de que cualquiera de nosotros somos producto de nuestro tiempo, cultura y experiencias personales, como Bruce lo fue del suyo.

Se ha dicho que aspiraba a ser un artista de la vida. Algo de difícil consecución, ya que, además del asunto de drogadicción, no fue capaz de aplicarse en un momento dado sus propias filosofías. Reforzaré esta cuestión a través de un comentario de Linda Lee en 1976:

«Sus problemas se multiplicaban [...]. Las tensiones se intensificaron mucho cuando decidió hacer *Operación Dragón*. Estaba nervioso y con cierto temor de llevarla a cabo [...]. Esa fue también una época en la que sufrió muchos altibajos emocionales [...]. Las presiones a que se vio sometido en ese periodo lo convirtieron temporalmente en un hombre fácil de alterar».

Bruce debería haber recordado la carta que tiempo atrás él le enviara a Jhoon Rhee en la que le decía:

«Recuerda, pues, que al que está dominado por las preocupaciones no solo le falta el aplomo necesario para resolver sus propios problemas, sino que sus nervios e irritabilidad producen nuevos problemas a los que lo rodean».

Como a todos nos suele suceder, a menudo somos incapaces de llevar a cabo los buenos consejos que damos a los demás. Bruce hablaba de la materialidad de la fama y el dinero, pero él perseguía ambas cosas denodadamente. Filosofaba sobre la paz interior, pero su interior era un torbellino; le daba importancia a la humildad, pero carecía de ella; hablaba sobre la materialidad del dinero, pero le daba una gran importancia; comentaba la virtud de aprender la derrota, pero no la soportaba.

Sigue diciendo Linda Lee:

«Yo había tratado de hacerle comprender que ya no necesitaba trabajar tanto, que su carrera ya se había encauzado y que el futuro estaba asegurado [...]. A pesar de todo, siguió viviendo la vida con su acostumbrado brío y energía casi napoleónicos y, sin embargo, yo me daba cuenta de que las tensiones y las presiones bajo las que se encontraba estaban llegando a su culminación. Si no hubiera muerto, estoy segura de que habría descubierto una satisfacción interior basada en su filosofía de vida».

También se hace preciso comprender que algunas filosofías pueden ser dañinas si se hace una mala aplicación de ellas o se llevan a un extremo. Veamos lo que dijo Bruce en una ocasión: «La grandeza impone la toma de riesgos, por eso tan pocos la logran».

Esto ya dice mucho de su mentalidad y el riesgo que estaba dispuesto a correr con tal de llegar a lo más alto.

Y en momentos de extrema presión su frase favorita era: «¡A la porra el torpedo, avante a toda máquina!».

La toma de riesgo habla por sí sola.

Y también: «Teniendo la no-limitación como limitación».

Pero sin barreras ni limitaciones es fácil mecerse en el filo de un abismo que apenas intuimos.

Bruce perseguía crear un tipo de artista marcial diferente a lo establecido

Al igual que con el estudio de otras artes marciales, Bruce asimilaba la filosofía de los grandes pensadores y la digería para luego regurgitarla a su modo. Otras, ni siquiera se molestaba y las hacía suyas tal cual. Dejando a un lado evaluar si podemos o no considerar a Bruce como un genuino filósofo, lo que sí debemos reconocerle es su esfuerzo para aunar filosofías profundas, aplicarlas al arte marcial y darlas a conocer al gran público occidental a través de un vehículo tan atractivo como son las artes marciales.

Por mi parte, tras medio siglo estudiando y analizando su postulado filosófico y marcial, prescindiendo de toda epifanía, ya no me cabe la menor duda de que Bruce no deseaba que su JKD se comercializase y se enseñara fuera de un ámbito privado y elitista, tratándolo como un arte marcial más, con sus escuelas, vestimenta, grados, etc. Perseguía crear un tipo de artista marcial diferente, saliéndose del canon establecido. Bruce comprendió, no sin razón, que su creación solo podía ser asimilada por muy pocas personas y que la mayoría la malinterpretaría. Él quería que la gente lo viera como un camino de superación personal liberado de ataduras, con lo cual después había que abandonar el bote del JKD y no atarlo a la espalda como un lastre. Esto le hacía preconizar que cada uno siguiera su propia senda. Por esta razón, creo que los que han desarrollado la filosofía de Bruce y han seguido su propio camino de artes marciales se han acercado más a lo que él deseaba. Es evidente que Bruce tampoco estaba en contra de que alguien como Dan Lee lo practicara y enseñara de forma privada a un grupo elegido. En este sentido se ha especulado mucho sobre lo que Bruce hubiera hecho con el JKD en caso de seguir vivo.

Hoy en día, los más expertos asistimos a la desinformación que los gurús de la nueva era están lanzando por las autopistas de internet. No voy a citar nombres, pero es lamentable ver cómo en algunos canales de YouTube se dicen verdaderas memeces que la gente está dispuesta a creer a pesar de la inconsistencia de la información y los errores. Todo esto ocurre porque cualquiera puede crear un blog, una página web o un canal de YouTube y empezar a filosofar. Los que se acercan a dichas personas al menos deberían ver qué avales tienen. Como esto no ocurre, el mal está servido. Puede que en tiempos como estos, el gran público se haya hecho acreedor de este tipo de «maestros del saber». Así que, cuando nuestra generación fenezca, puede que todo caiga en manos de esta miríada de falsos mercaderes de la información.

Conforme cumplo años y venzo las etapas de la vida, me doy cuenta de todo lo que Bruce se ha perdido. A veces me pregunto: ¿Por qué no se detendría ante tantos avisos de alerta? Cualquier persona normal lo habría hecho. ¿Fue su obsesión por alcanzar su meta de fama y fortuna lo que no lo dejó frenar o había otra cosa? Ahora contamos con las cartas que han arrojado luz y mostrado su repercusión en la muerte. Luces y sombras. En cualquier caso, yo no puedo recriminarle a Bruce cómo llevó su vida privada o si no la gestionó adecuadamente, aun con sus fatales consecuencias. Quizá Bruce se sirvió de las sustancias como un medio más para alcanzar su meta y también las usó para aliviar los dolores de espalda, el estrés o el cansancio.

Antes de dar por concluido este ardoroso recorrido, desearía hacer ver a los admiradores de Bruce que es hora de dejar atrás la mitificación y afrontar las nuevas realidades en torno a su figura. Al final, tarde o temprano, las verdades salen a la luz, y está en nuestras manos que nos recuerden cómo generaciones las buscaron y preservaron, al menos en lo referente a ciertas cuestiones que no tienen que ver con su legado. También es cierto que algunos elementos nos han abocado a una necesaria falta de percepción. Tal y como cita Jaime Elías en su libro, en referencia a la biografía de Linda Lee de 1975: «A partir de las palabras de su viuda, nadie se cuestionó si las mismas podían ser reales o no».

Tan cierto como que respiramos. Lentamente, a lo largo de los años, se han ido omitiendo aquellos asuntillos que menos favorecían la imagen del ídolo, y así se ha ido construyendo la de un hombre tan perfecto como irreal.

Mi amigo y gran historiador de Bruce Lee, Marcos Ocaña, debió de pensar tanto como yo las palabras finales de su obra *La muerte de Bruce Lee*. Él lo resume con precisión: «Luchó y se esforzó por lograr sus sueños, pero a un muy alto precio».

Por esta misma razón, a partir de ahora se debe tener esto muy en cuenta a la hora de convertir en ejemplos algunos puntos de su vida. Bruce se hizo a sí mismo de la nada, transformándose en lo que llegó a ser a base de mucho esfuerzo, sacrificio y determinación. Se impuso una meta y fue a por ella con todo su ser hasta alcanzarla. Este hecho en sí es encomiable y un ejemplo a seguir a la hora de hacer realidad nuestros sueños, pero debemos ser capaces de llevarlo a la práctica con coherencia.

Tenemos que ser realistas, aunque la realidad nos duela, no queramos verla y nos lancemos a especulaciones sin ninguna base sólida y demostrada. Es irrevocable la adicción de Bruce a diferentes tipos de sustancias y que su consumo era preocupante para su propio suministrador, pues los pedidos de droga se habían hecho demasiado frecuentes en la última etapa. También es innegable que su muerte se debió a ellas y a otras circunstancias que también tienen que ver con su personalidad.

Todo esto no impide que lo recordemos por sus otras atribuciones y su maravilloso legado. Un ser humano que ha contribuido con su labor a mejorar las artes marciales, nos ha inducido a bucear en la filosofía y a reflexionar sobre muchas cuestiones de la vida. Nos ha abrumado con sus mo-

Él no querría que le lloráramos, sino que tomáramos alegremente la sabiduría que nos dejó

vimientos en las películas, con su magnética presencia, y ha conseguido que gente de todo el mundo se una a través de un vínculo común, forjando amistades y lealtades. Contemplemos su mensaje como un camino de superación personal, pero con los límites que impone el buen raciocinio y la cordura. Y no olvidemos que el Bruce Lee que nos gusta y amamos es la suma de todas sus partes, positivas y negativas, y si alguna faltara, tal vez no sería el hombre y el artista marcial que conocemos, así que hay que aceptarlo y admirarlo con todo su equipamiento.

Antes de terminar, ahora que los murciélagos dormitan en los lugares oscuros y recónditos de mi batcueva, te daré mi visión del tema de las drogas. Soy consciente de que puedo estar ejerciendo mi papel como abogado del diablo, que puedo estar equivocado, o tal vez no tanto. Pero ahí va: Conociendo la personalidad de Bruce, su tesón, su fuerza de voluntad, su intelecto y carácter, me inclino a victimizarlo. Me explicaré. Estuvo en un lugar y en un momento en el que el consumo de estupefacientes era algo normal en el mundillo del cine estadounidense. Estaba muy cerca la época de los hippies, del amor libre y la no violencia. El contacto de Bruce con esta farándula tuvo lugar en un momento desmoralizador y crítico para él, cuando vio cancelada la serie de *El Avispón Verde*, el rechazo de su intervención en la serie *Kung-fu* y la falta de papeles en películas. Debido a eso, tuvo que vivir de las migajas y favores de los que estaban en mejor posición. Para rematar tan aciago panorama, sufrió una terrible lesión de espalda que le dejó dolores de por vida a punto de empezar a trabajar en el cine. Sabemos que, entre otras cosas, la cocaína tiene un efecto anestésico y actúa sobre el sistema nervioso central, y también que la ingesta de Bruce fue acrecentándose conforme rodaba más películas y coreografiaba complejas escenas de lucha con su habitual sentido de la perfección. Pero al final, como bien sabemos, también crea una dependencia que puede llegar a tener consecuencias fatales, como ocurrió en su caso. De ahí que me incline a ver a Bruce como a una víctima de las circunstancias que le tocó vivir. Por otro lado, siendo así lo mejor que hizo fue moverse rápido y aprovechar el tiempo en su grado máximo.

Cojamos finalmente todo el conjunto y asumamos una perspectiva más amplia. La forma de morir de Bruce no borra su vida ni lo que hizo con ella. Su contribución a las artes marciales, a la cultura y a la filosofía de superación sigue intacta. Esto sienta las bases de respeto y admiración. Nos cuesta aceptar que aquellos a quienes admiramos sean tan humanos como nosotros, pero dicha humanidad no disminuye su genialidad, sino que la hace más real. El error o la debilidad no anulan la grandeza. La caída no borra la cima, simplemente nos recuerda que la alcanzó un ser humano, más real y complejo que el mito. Una persona que luchó contra sus propios demonios y, aun así, pudo alcanzar extraordinarias cotas de disciplina y creatividad. Lo importante no es el final trágico de Bruce, sino la filosofía que inspiró, la búsqueda de libertad y la autoexpresión; algo que sigue vivo. Existen muchos ejemplos de lo que digo, pues Bruce ha encauzado y fortalecido muchas vidas. Yo mismo me he servido de su filosofía para recorrer la mía y la he enseñado a mis alumnos durante años con patentes beneficios, tanto en el ámbito marcial como en el personal. Así que su legado se hizo carne en mi práctica diaria y en la de quienes me rodearon. Desde esta mirada madura, honesta y sin idealizaciones, he comprendido que honrar a Bruce es mostrarlo completo, con luces y sombras, ayudando a que las nuevas generaciones lo conozcan de un modo auténtico.

Y ahora sí, hemos llegado al final de este recorrido. Espero que hayas disfrutado con la lectura y que a partir de ahora veas a Bruce Lee de forma más real y humanizada, admirándolo por su tesón y por todo lo que hizo en tan corto plazo y nos ha legado. Y no estés triste, porque el final, hoy por hoy, solo es el principio de algo que se renueva. Además, como dijo Linda Lee:

«Él no querría que le lloráramos, sino que tomáramos alegremente la sabiduría que nos dejó».

Bibliografia y otras fuentes de documentación

«An interview with Bruce Lee's mother», en *Bruce Lee. The Fighting Spirit. Bruce Lee JKD Club Hong Kong* (1977).

BAX, Paul: *Number one: Reflections of Jesse Glover, Bruce Lee's first student*, Independently publishing, 2016.

— *Disciples of the Dragon: Reflections from students of Bruce Lee*, Independently publishing, 2019.

— *Descendants of the Dragon: The second generation of jeet kune do and beyond*, Independently publishing, 2019.

BEASLEY, Jerry: *JKD: High-risk* sparring, Houston, Texas: Chos Taekwon Do Pub House, 2009.

— «Tony Lau interview», en *Wu Shu* (noviembre, 2011).

BLEECKER, Tom: *Unsettled matters: The life and death of Bruce Lee*, Lompoc (California): Gilderoy, 1996.

BLOCK, Alex Ben: *La leyenda de Bruce Lee*, Barcelona: Garbo, 1974.

«Bruce Lee. An impulsive dragon», en *Watch Movies Magazine*.

CHANG, Chaplin: *The Bruce Lee they knew,* Hong Kong: Unicorn Publishing House, 2013.

CHANG, Iris: *La violación de Nanking*, Madrid: Capitan Swing, 1997.

«Dan Inosanto Interview», en *Bruce Lee JKD Club Hong Kong* (octubre, 1977).

«Dan Lee interview», *en Wu Shu* (2014).

«Entrevista al historiador Paul Bax» [en línea], diciembre, 2013, en USAdojo.com. <https://www.usadojo.com/paul-j-bax>.

HO, Eric Peter: *Tracing my children's lineage*, China: Universidad de Hong Kong, 2010.

INOSANTO, Dan: *Jeet kune do. The art and philosophy of Bruce Lee*, Los Ángeles: Know How, 1976.
— «The Dragon seeks its way. Interview with Wan Kam Leung» [programa de radio], Hong Kong, 1978.
«Interview with Dan Inosanto and William Cheung», en *Fighting Stars*, vol. 9, n.º 6 (diciembre, 1982).
LEE, Bruce y Mito UYEHARA: *Bruce Lee's fighting method*, Los Ángeles: Ohara, 1977.
LEE, Bruce: *Tao of jeet kune do*, Los Ángeles: Ohara, 1975.
— *Chinese gung fu: The philosophical art of self-defense*, Los Ángeles: Black Belt Communications, 1987.
LEE, Linda y Tom BLEECKER: «Bruce and Dr. Ng Kong», en *The Contemporany Martial Arts Circle* (Hong Kong, 1973).
— *The Bruce Lee story*, Los Ángeles: Ohara, 1988.
LEE, Linda: *La vida y la muerte trágica de Bruce Lee*, México: V Siglos, 1976.
LITTLE, John: *Palabras del Dragón*, Madrid: Dojo, 2006.
— *Be water, my friend*, Madrid: La Esfera de los Libros, 2008.
OCAÑA RIZO, Marcos: *Bruce Lee. El guerrero de bambú*, publicación independiente, 2019.
— *La muerte de Bruce Lee*, publicación independiente, 2022.
RAFIG, Fiaz: «Bruce Lee. The charm left behind», en *Macao Daily* (septiembre, 2012).
— *Bruce Lee conversations: The life and legacy of a legend*, Mánchester: HNL, 2011.
UYEHARA, Mitoshi: *Bruce Lee. The incomparable fighter,* Los Ángeles: Black Belt Comunications, 1993
VAUGHN, Jack, y Mike LEE: *The legendary Bruce Lee*, Los Ángeles: Ohara, 1986.
WATTS, Alan: *El camino del Tao*, Barcelona: Kairós, 1976.
WHITMORE, Jim : «Una entrevista con Bob Wall», en *Vértice* (1982).